U0330365

殊未已

田东江 著

报人读史札记十集

中山大学出版社
SUN YAT-SEN UNIVERSITY PRESS
·广州·

图书在版编目（CIP）数据

殊未已：报人读史札记十集／田东江著. —广州：中山大学出版社，2023.12

ISBN 978 - 7 - 306 - 07977 - 0

Ⅰ. ①殊…　Ⅱ. ①田…　Ⅲ. ①史评—中国—文集
Ⅳ. ①K207 - 53

中国国家版本馆 CIP 数据核字（2023）第 242698 号

出　版　人：王天琪
责任编辑：裴大泉
封面设计：林绵华
责任校对：周明恩　梁恺桐
责任技编：靳晓虹
出版发行：中山大学出版社
电　　话：编辑部 020 - 84110283，84113349，84111997，84110779，
　　　　　84110776
　　　　　发行部 020 - 84111998，84111981，84111160
地　　址：广州市新港西路 135 号
邮　　编：510275　　　传　真：020 - 84036565
网　　址：http://www.zsup.com.cn　E-mail:zdcbs@mail.sysu.edu.cn
印　刷　者：佛山市浩文彩色印刷有限公司
规　　格：880mm×1240mm　1/32　12.625 印张　323 千字
版次印次：2023 年 12 月第 1 版　　2023 年 12 月第 1 次印刷
定　　价：66.00 元

序

彭玉平

　　东江兄的"报人读史札记"竟然出到了第十集，不佩服真是不行。而且这一集的名字竟然叫《殊未已》，不免有点引人遐思，我记得的"殊未已"，就是唐代宋之问在《题大庾岭北驿》诗中说的"阳月南飞雁，传闻至此回。我行殊未已，何日复归来"。"殊未已"对应的是"复归来"，似乎预示着还有"下回分解"的意思。但他通过微信命我作序时，却说不拟继续了，要我为他的这一系列"画上美妙的终止符"。我这才知道，他的"殊未已"，大概是本心殊未已的意思，而文心似乎要"已"了。天下第一等的好事就是读书、遐想与作文，他在全世界的宠溺下，不劳旁骛，只是自在地读书，安静地遐想，悠闲地作文，三样都兼了，而且兼得本色当行，异样出色，这么好的事情，却要硬性终止，岂不可惜！

　　从现实中拈个话头，到古典里寻个源流，再在文史群籍之中左右旁衍、纵横立说，导引一种广博的知识和清澈的理路，推出一种全新的认知和精准的判断，这大体是东江兄的创作风格所在。这话看着容易，做起来却是千难万难的，两者要自然不隔，要从眼前景、当下事中看出特别的精气神，要博征文献却不能有掉书袋之嫌，要从一条一条连缀的材料中彰显锐眼，没有一等的识见，文章很可能就"雾失楼台，月迷津渡"了。东江兄的文字兼具情感的温度、思考的深度与智慧的亮度，跟着他的文字旅行，兴味酣畅之余，眼界与精神也为之闪亮一振，这便是文字和思想的魅力了。

我得承认，我结识东江兄有年，偶尔也把盏言欢，但确实没有端详过东江兄的眼神。他戴着眼镜，即便在理论上目光炯炯，也是藏在镜片后面的，若我这般粗心大意的人哪里能注意到呢！但能照亮别人眼神的人，总是闪着光芒的，对这一点我深信不疑。我也没有去过东江兄府上，但我能想象到他邺架的丰盛之形，若一套二十四史，自是必备之长物，其他如别集总集、经子之部，总是见证了他诸多的惬意时光，出入四部而归诸一心，才能心有定力而文有风采。我也越来越相信，若果然读得一部二十四史，不光让自己心智透亮，恐怕连文笔也因此带着质感的。谓予不信，请读斯书。

东江兄娓娓道来的本领，不用我赘言，读过他书的人，大概都有这种印象。一旦话题被他拈出，那些经史子集中的典故、旧事对他如对亲人，络绎奔会而来，接下来就是他一个人在那里貌似孤独其实快乐地沉潜含玩、取精用弘、妙笔生花的事情了。一个能把书读活的人，首先是一个能读透生活、感受别趣的人。他偶访海珠湿地公园的"莫奈花园"，那是一个专门种植"冰岛虞美人"的地方，群花争艳，芬芳四溢，当然是新异、热烈而好看的。我也曾慕名踏访过，五色杂陈于前，令我有点目眩神迷。我恍惚能想到的有点煞风景，竟然是李白的"坐愁群芳歇"之句。

在广州这个地方，除了一树一树的花开，还有一地一地的花开，总是这样一年四季不知疲倦地开着，以至于我们常常淡忘了季节变换。我也很好奇，广州的花何以如此长葆着不败的精神，令我的意兴也只能时时高举着，不能掉下来。而如今面对的是冰岛的虞美人，我虽然有点担心她的水土不服，但仍然顽强地希望这个花圃就这么一直热热闹闹下去，闹他个春长在、夏无影、秋难觅、冬远游，但哪里有这种可能呢？我能现实一点的想法便是欧阳修告诉我的："纷纷红蕊落泥沙，少年何用苦咨嗟。春风自是无情物，肯为汝惜无情花。"我当然不是诗中的少年，而是诗外的永叔，所以与六一居士高度共鸣。换句话来说，我头脑里转来转去的无非是花开花落两无情的情形。我深刻地知道，中文人的优点我不一定都具备，但毛病我几乎都拥有。

但是，我要说但是了，东江兄进了花圃却硬是不说花，无论这花多么令人啧啧称奇，多么让人眼花缭乱，他一例将其视为背景，甚至视同无物，他的眼神明亮而神秘，因为他只盯着在花丛中或飞舞或吸粉的蜜蜂。他从孙枝蔚诗、《开元天宝遗事》聊到电影《五朵金花》，从《诗经》、《拾遗记》聊到《资治通鉴》，从《博物志》、《西游记》聊到《世说新语》，而最后落到"四声八病"中的"蜂腰"以及当下竞相要占的C位上面，他聊的既是生活是艺术，也是一种学术。在一种剧聊当中，我们除了跟着他精骛八极、心游万仞，其实也没有别的选择了。

　　他的文章有的时候属于灵光乍现一类，集中有一篇题作《和面》，说他在家里和着面，准备包饺子，脑袋里忽然跳出《朝野佥载》里的"溲几许面"。可见他平时读书，是留着印记的，否则哪里会"忽然跳出"呢。所谓召之即来，从来都是对有心人说的，这就是东江兄在四部文献中游刃有余的本领了。他是真的把书读活了，也是真的把生活读到书本里去了，他就这样来来回回穿梭在读书与生活之间，乐此不疲，逍遥自在，似乎永远沉浸在"采采流水，蓬蓬远春"之中。

　　东江兄这人看上去温文尔雅，而内里充盈着一种果敢正直之气，所以他的笔墨常常是带着锋芒的。他无法忍受吃相难看、斯文扫地的做派，《绝交》一篇在看似不经意间把绝交的话题说今道古，其实批评的力道是很重的。他的《恶少》一文写唐山女子被多名恶少围殴的视频传出，唐山开始了整顿社会治安的"雷霆风暴"，虽取成效于一时，但若无制度保障，或终究流于治标不治本的状态。"文章合为时而著"，他的文字一醒世人耳目，既有力地折射着时代的影子，又使人登高望远，而逸怀浩气，超然于尘垢之外。

　　世事洞明皆学问，人情练达即文章。我确实有一点崇古耽古的倾向，原因是古人留给我的往往是洞明的世事和练达的文章，让我省去了不少暗中摸索、苦苦挣扎的时光。而今我在东江兄的文章中也读到了他如同古人一般的学问与文章。这是不是再次印证了古今之间的界限原本就是模糊不清的？与其辨古今，不如辨然否，即此之谓乎？

　　我其实深感困惑的主要还不是古与今的问题，而是究竟如何处理生活与读书的关系问题。东江兄到底是从生活走入读书，还是从读书走入生活，我有时读得也有点迷茫。他在做胃肠镜检查的深度麻醉中醒来，便是一篇谈古说今的《麻醉》；看央视午间新闻报道收割小麦，便引发了他考察麦的文化起源及曾经发挥的军事意义；他去一趟小洲村，在"鹅公馆"与友人小聚，接下来就把经史典籍与小说笔记中关于鹅的文字梳理成了一篇美文。他的文字好像就在你身边，却总能引你到远方。至于在纯粹的学术小品文之后，无痕对接到今日之事，切理餍心而摇曳多姿，就更是一种常态了。诸如此类，都是他洞明练达的证明。我去年写过一首自勉诗云："平生万物作芳邻，从此湖山我主人。往事皆从心上过，周旋自在自由身。"仿佛是为东江兄写一样，我也在这里把这首诗悄悄送给他。

东江兄酒兴不浅，酒量也好，几次对酌，我都认了下风，不是技不如人、万不得已，我哪里会低首如此！但话及学术小品文，其实要的不是烈酒，而是清茶。我总觉得他的文章好像是在茶室里完成的，闲坐谈往，烹茶说今，有点清风道人的感觉。我下次去茶室，看看能不能偶遇清风道人田东江……

目 录

张冠李戴

12 月 31 日央视晚间"年轮 2021"节目，对过去一年的时事进行了全方位盘点。在前人对未来的畅想环节，第一个登场亮相的是"新世纪函授学社社长"章衣萍，大屏幕上出现了他的一段话："我理想中的中国，最低的限度，要大家有饭吃，有衣服穿，有房子住，有路可走。…… ——这个简单的梦，也不知哪一年可以实现。"标点的叠加且不说它，令人遗憾的是，"章衣萍"的头像配图其实是青年胡适！对胡适稍有了解的人，对那照片都不会陌生。

节目的这种做法，前人早就凝练出了成语，叫作"张冠李戴"。把姓张的帽子戴到姓李的头上，比喻认错了对象或弄错了事实。当然，张冠李戴有时是故意掉包舞弊。如孙承泽《天府广记》"锦衣卫"条云："彼卑官小卒，以衙门为活计，惟知嗜利，鲜有良心……甚至张冠李戴，增少为多，或久禁暗处，或苦打屈服。"

一个有趣的话题是，中国的姓氏那么多，光是宋朝蒙学读物《百家姓》就收了四五百个，何以单单拎出张、李言事？东汉应劭《风俗通义》云："张、王、李、赵，黄帝赐姓也。"因为姓之得来，或以号，如唐、虞、夏、殷，或以谥，如戴、武、宣、穆，还有以爵、以国、以官、以字、以居、以事、以职，总计九种，而张、王、李、赵四姓却不依据这些，都是黄帝赐的。也许是这层特殊性导致四姓后人铺天盖地而常见的缘故吧，张三李四或张甲李乙，作为假设的姓名，早就成了某人或某些人的泛指。

《三国志·王修传》裴松之注引《魏略》中，有曹操与王修书。在曹操眼中，王修"澡身浴德，流声本州，忠能成绩，为世美谈，名实相副，过人甚远"，但王修只是官居司金中郎将，掌冶金等事。曹操承认"使此君沉滞冶官。张甲李乙，尚犹先之，此主人意待之不优之效也"。为什么阿猫阿狗的官职都跑王修前头去了？曹操也进行了解释，此处不表。

《梁书·范缜传》载，范缜在南朝齐世时，尝侍竟陵王萧子良，然"子良精信释教，而缜盛称无佛"。范缜在《神灭论》中针对佛教徒"虑体无本"的观点，指出一个人的精神活动必须以其生理器官为物质基础，"心为虑本"。他说："眼何故有本而虑无本；苟无本于我形，而可遍寄于异地。亦可张甲之情，寄王乙之躯；李丙之性，托赵丁之体。然乎哉？不然也。"

《五灯会元》中便直言张三李四了。如酒仙遇贤歌："张三也识我，李四也识我。"又如，僧问："如何是学人自己？"裕禅师曰："张三李四。"又问："比来问自己，为甚么却道张三李四？"师曰："汝且莫草草。"又如，僧问："如何是佛？"澄湜禅师曰："张三李四。"诸如此类，还可以列举一些。

王安石《拟寒山拾得二十首》诗中，也有好几处提到张三李四。其八，"幸身无事时，种种妄思量。张三裤口窄，李四帽檐长"云云。其十，"昨日见张三，嫌他不守己。归来自悔责，分别亦非理。今日见张三，分别心复起。若除此恶习，佛法无多子"云云。其十四，"莫嫌张三恶，莫爱李四好。既往仸即晚，未来思又早"云云。

《曲洧旧闻》的说法似可作结："俚语有张、王、李、赵之语，犹言是何等人，无足挂齿牙之意也。"所以，宋徽宗时"王将明、张子能、王履道、李士美、赵圣从俱在政府。是时张、王、李、赵之语，喧于朝野，闻者莫不笑之"。所以听到要笑，自然是因为四姓凑得太巧，理论上本该"无足挂齿牙"的人，却天天在朝野发声。

张王李赵这四姓，后世连用之，确实用以泛指一般的人。《通俗编》认为，四姓的排序，"正依《梁书》张甲、王乙、李丙、赵丁之次，非俚俗所偶然杜撰"。因此，不要轻看了范缜将"李乙"改成"王乙"。而张三李四的升级版，该是张公李公。

唐孙棨《北里志》收有"张公吃酒李公颠，盛六生儿郑九怜"的唱曲，为平康里"轻薄小儿"所唱。张鷟《朝野佥载》收有武则天时流传的"张公吃酒李公醉"，作者认为"张公者，斥易之兄弟也；李公者，言李氏大盛也"。这里怕是有附会的成分。明田艺蘅《留青日札》收有《张公帽赋》："谚云：'张公帽掇在李公头上。'有人作赋云：'物各有主，貌贵相宜。窃张公之帽也，假李老而戴之。'"在我的故乡，对村中谁都瞧不起的人，有时见面会刻意说一句"您老人家"，貌似尊称，实则满含挖苦。感觉张公李公与之相去不远，仍指寻常人等，未必有讽意就是。

手边有2010年的人口普查统计资料，王、李、张姓人口分列中国姓氏前三甲，分别为9520万、9340万和8960万，赵姓排去了第九，人口也有2670万。四姓合计，占到当时全国总人口的22.9%，则张王李赵沿用下去，既是遵循传统，又是时势使然了。

说回央视，所以出现这样的低级错误，该是资料准备人员依赖"百度"的恶果。输入"章衣萍"，头两张出现的正是胡适，央视采用的是第二张，胡适的青年时期。其实他们只要稍微留意一下第一张明显的老年胡适也标着"章衣萍"，就应该心存疑问。而倘若再"百度"一下"胡适"，则可见他们采用的那张"章衣萍"照片，明明白白地有主人手书"胡适一九一四年照片"的字样。比较奇怪的是,该节目主持人白岩松难道也不认识胡适吗?

2022 年 1 月 2 日

元稹

自今年 1 月 1 日起,《中华人民共和国监察官法》正式施行。这一法律的制定实施,既是深化国家监察体制改革的重要举措,也是促进监察官依法履行职责的重要保障以及建设高素质专业化监察官队伍的现实需要。

在没有相关法律可依的古代,监察官员的作为则大抵全凭个人修养。由此想到元稹的"奉使东蜀"。元稹以唐朝著名诗人享誉后世,与白居易共创了"元和体"诗风,然其 31 岁时曾职司监察御史,在东蜀即剑南东川做了件大事。"元稹为御史,以直立其身。其心如肺石,动必达穷民。东川八十家,冤愤一言伸。"白居易写给友人的诗,就是对元稹那次行使监察职能所予以的高度评价。

元稹、白居易以"元白"并称,陈寅恪先生名作《元白诗笺证稿》,即以二人作品为例来诠释以诗证史。白居易《和微之诗二十三首》小序,借《三国志》曹操"所谓天下英雄,唯使君与操耳",来比拟他们两人在当世无以匹敌。当然他也承认是玩笑:"戏及此者,亦欲三千里外一破愁颜,勿示他人,以取笑消。"孟棨《本事诗·徵异》云,元稹那次出发之后,白居易还在长安,某天"与名辈游慈恩寺,小酌花下",想到了元稹,赋诗寄去:"花时同醉破春愁,醉折花枝作酒筹。忽忆故人天际去,计程今日到梁州。"而元稹那时也果真到了梁州下属的褒城,亦赋诗寄白:"梦君兄弟曲江头,也向慈恩院里游。驿吏唤人排马去,所惊身在古梁州。"孟棨感叹:"千里神交,合若符契,友朋之道,不期至欤。"二人的心灵感应到了不可思议的地步。

《旧唐书》元稹本传对其此行记载颇为简略,只说宪宗元和四年(809),他"奉使东蜀,劾奏故剑南东川节度使严砺违制擅赋,又籍没涂山甫等吏民八十八户田宅一百一十一、奴婢二十七人、草千五百束、钱七千贯"。然佐以其他材料,不难一窥其详。

元稹在《使东川》所赋三十二章之《百牢关》小序中,对此行任务有个交代:奉使推小吏任敬仲。诗曰:"嘉陵江上万重山,何事临江一破颜?自笑只缘任敬仲,等闲身度百牢关。"任敬仲,泸川监官。不料,元稹在查处其"赃犯"之时发现了意外线索,"于彼访闻严砺在任日"的种种不法行为。严砺,剑南东川节度使,时已病亡。节度使,乃地方军政长官。就是说,因为调查任敬仲这只"苍蝇",牵出了严砺这只"老虎"。

严砺究竟有些什么不法行为,元稹在《弹奏剑南东川节度使状》中记述非常具体。除了上面说的涂山甫等八十多户受害者,严砺"于管内诸州元和二年两税钱外,加配百姓草共四十一万四千八百六十七束,每束重一十一斤";又,"于梓、遂两州,元和二年两税外,加征钱共七千贯文,米共五千石"等。并且,他下属的那些刺史,遂州的柳蒙、绵州的陶锽、普州的李愀、合州的张平、剑州的崔实成、荣州的陈当、渝州的邵膺、泸州的刘文翼,谁"加征""擅收没"了什么、有多少,全都事实清楚,办成了铁案。而唐德宗在出台两税法时便已明确:"敢在两税外加敛一文钱,以枉法论。"

元稹认为,作为本地人的严砺,本该"抚绥黎庶,上副天心,蠲减征徭,内荣乡里",然而却"横征暴赋,不奉典常,擅破人家,自丰私室"。虽然严砺死了,"而犹遗患在人",所以"宜谥以丑名,削其褒赠,用惩不法,以警将来"。

查处这么多"苍蝇"和"老虎",工作量之大是可以想象的,用元稹《望喜驿》的诗说:"满眼文书堆案边,眼昏偷得暂时眠。子规惊觉灯又灭,一道月光横枕前。"然而悲催的是,"稹虽举职,而执政有与砺厚者恶之。使还,令分务东台"。就是说,尽管元稹此行非常尽职、称职,但回来后便遭遇严砺同伙的打击报复。当下,监察官法在明确监察官义务和权利的同时,还专设一章,对监察官的职业保障作出规定:任何单位或者个人不得要求监察官从事超出法定职责范围的事务,监察官的职业尊严和人身安全受法律保护等。元稹地下有知,或能感到慰藉了。

在文学成就上,《连昌宫词》《莺莺传》都是元稹的代表作。洪迈评价:"元微之、白乐天在唐元和、长庆间齐名,其赋咏天宝时事,《连昌宫词》《长恨歌》皆脍炙人口,使读之者情性荡摇,如身生其时,亲见其事,殆未易以优劣论也。然《长恨歌》不过述明皇追怆贵妃始末,无他激扬,不若《连昌宫词》有监戒规讽之意。"《莺莺传》则为《西厢记》之本。有趣的是,陈寅恪先生指出,《莺莺传》为元稹自传,只是他"之所以更为张姓,则殊不易解"。

"初节甚高,及为学士,有上眷,中人争与之交,逐党中人,以阻裴度,非复昔日之稹之矣。"此刘克庄《后村诗话》对元稹的非议之处。《旧唐书·元稹传》载,"长庆二年,拜平章事。诏下之日,朝野无不轻笑之"。《资治通鉴》卷二四一载,元和十五年(820),元稹"为祠部郎中、知制诰,朝论鄙之"。为什么大家要轻笑、要鄙视?因为元稹后来的提拔,端赖依附宦官。《新唐书·武元衡传》载,有天大家一起吃瓜,"蝇集其上",武元衡堂兄弟儒衡一边挥动扇子扇苍蝇,一边指桑骂槐:"适从何处来,遽集于此?"因为大家心照不宣,"一坐皆失色"。落到被比拟苍蝇的地步,该算元稹的人生败笔吧。

2022 年 1 月 9 日

陨石

1月10日出版的今年第1期《南方人物周刊》有一篇《猎陨江湖:天外陨石的名利场》,使我们知道国内居然有一个参与人数众多的"猎陨"——寻找陨石的群体,围绕这种天外来客,还形成了掺杂名利的江湖。真是开了眼界。

陨石是坠落于地面的陨星残体,有纯铁质、纯石质的,以及铁质石质混合的。《左传·僖公十六年》载:"十六年春,陨石于宋五,陨星也。"这是说,五块陨石掉在了宋国。鲁僖公十六年,即公元前644年。识者指出,这是世界上关于陨石的最早记载。此前,鲁庄公七年即公元前687年,"星陨如雨,与雨偕也"。张守节正义《史记·天官书》之"星坠至地,则石"云,这就是《春秋》所说的"星陨如雨",斯时"吴郡西乡见有落星石,其石天下多有"。可惜庄公七年没有挑明,否则陨石的最早记载又可以提前几十年。

《汉书》中已有颇多陨石的字样。如《郊祀志》载,汉武帝"复修封于泰山。东游东莱,临大海。是岁,雍县无云如雷者三,或如虹气苍黄,若飞鸟集械阳宫南,声闻四百里。陨石二,黑如黳,有司有以为美祥,以荐宗庙"。遗憾的是,"方士之候神入海求蓬莱者终无验"。不难看到,只有对"尤敬鬼神之祀"的汉武帝,周边人等才视陨石为祥瑞,讨得他高兴罢了,他时则不然。

如《天文志》载，成帝元延元年（前12）四月某时，"天暒晏，殷殷如雷声，有流星头大如缶，长十余丈，皎然赤白色，从日下东南去。四面或大如盂，或如鸡子，耀耀如雨下，至昏止。郡国皆言星陨"。此一番，时人便记起了"《春秋》星陨如雨为王者失势诸侯起伯之异也"。后来的班固审视历史更弄明白了，这是王莽把持国柄的征兆啊，"王氏之兴萌于成帝时，是以有星陨之变，后莽遂篡国"。又，《五行志》载，秦始皇三十六年（前211），"石陨于东郡"，有人在陨石上刻了"始皇死而地分"几个字。同样是"马后炮"认为："阴类也，阴持高节，臣将危君，赵高、李斯之象也。始皇不畏戒自省，反夷灭其旁民，而燔烧其石。"于是，"是岁始皇死，后三年而秦灭"。

最奇的是蒲松龄讲的聊斋故事。其《化男》云，苏州木渎镇"有民女夜坐庭中，忽星陨中颅，仆地而死。其父母老而无子，止此女，哀呼急救"。一会儿民女又醒来了，笑曰："我今为男子矣！"验之果然。被陨石砸中脑袋，断无生还且变性的道理，蒲松龄这个故事想说明什么呢？识者指出，该民女很可能是双性人，借助陨石的神秘莫测导演这出戏码，使变性的事实顺理成章。有些道理。

在野史笔记中，也有不少捡到陨石的。唐李绰《尚书故实》云，李师诲"曾于衲僧处得落星石一片"。人家告诉他："于蜀路早行，见星坠于前，遂围数尺掘之，得片石如断磬。其一端有雕刻狻猊之首，亦如磬，有孔，穿绦处尚光滑。"接下来的一句不知是实话实说还是幽默十足："岂天上乐器毁而坠欤？"五代杜光庭《录异记》云，洪州昭仙观前掉下一块陨石，"五色烟雾，经月而散"。始而"石长七八尺，围三尺余，清碧如玉"，然而随着时间的推移，慢慢变小，一周七日尚"长三尺"，又过几天，"石长尺余，今只及七八寸，留在观内"。据说"杜撰"一词即源自杜光庭，这段话更要姑妄听之了。宋邵博《邵氏闻见后录》云，唐太庙长安乾明寺"庭中有星陨石，状如伏牛，有手迹四，足迹二，如印泥然"，传说是"武氏革命"那天掉下来的。又，"兴平一道观中，有星陨石，如半柱满，其上皆系痕，岂果系于空中邪？"这一块是西晋时掉下来的。

《清史稿》中的陨石记载，不像前面的史书归入《天文志》《五行志》，而是径直归入《灾异志》。关联广东的，如"康熙二十年（1681）正月二十日，海丰有星陨化为石，其形三角，重九斤。二十四年（1685）正月初六，饶平星陨黄冈五丈港，声闻数十里，化为石，其大如斗，其色外青内白"等。《荀子·天论》便已指出："星坠、木鸣，国人皆恐。"然荀子通过假设的问答明确其并不足忧。"是何也？""无何也，是天地之变，阴阳之化，物之罕至者也。怪之可也，畏之非也。夫日月之有蚀，风雨之不时，怪星之党见，是无世而不常有之。"如果"上明而政平，则是虽并世起，无伤也"，但是如果"上暗而政险，则是虽无一至者，无益也"。

事实上，对僖公十六年"陨石于宋五"那次，董仲舒、刘向即释为"象宋襄公欲行伯道将自败之戒"，说什么"石阴类，五阳数，自上而陨，此阴而阳行，欲高反下也"，而"襄公不寤，明年齐桓死，伐齐丧，执滕子，围曹，为盂之会，与楚争盟，卒为所执。后得反国，不悔过自责，复会诸侯伐郑，与楚战于泓，军败身伤，为诸侯笑"，貌似很合逻辑，却全不如叔兴的见解。针对宋襄公对陨石的疑问："是何祥也？吉凶焉在？"时聘于宋的周内史叔兴，当面应付了一句"今兹鲁多大丧，明年齐有乱，君将得诸侯而不终"，退出来讲了真话："君失问。是阴阳之事，非吉凶所生也。吉凶由人。"

围绕陨石，前人尽情展示了自己的"三观"。但能够成为财路的一种，怕是他们万万不曾料到的。

2022 年 1 月 16 日

瞒报

日前,国务院常务会议审议通过了河南郑州去年"7·20"特大暴雨灾害调查报告。令人触目惊心的是,郑州市因灾死亡失踪实为380人,而在不同阶段瞒报了139人。瞒报,即隐瞒真情。就性质而言,往往属于欺骗。而就官员而言,瞒报的出发点,显然在于开脱或减轻自己的责任。

在制度存在漏洞或者震慑威力不足的前提下,瞒报会是必然,从前更不用说了,宋朝之初就有一则瞒报水灾。《宋史·太祖本纪》载,开宝四年(971)十一月,"河决澶州,通判姚恕坐不即上闻弃市"。这里的"不即上闻",便有瞒报的意味。参诸《外戚传》,可稍得其详。杜审肇"起为右骁卫上将军,俄出知澶州",太祖"以审肇未尝历郡务,乃命司封郎中姚恕通判州事,以左右之"。杜审肇,太祖赵匡胤的亲舅舅。"未几,河大决,东汇于郓、濮数郡,民田罹水害。太祖怒其不即时上言,遣使案鞫"。追究的结果,却是把姚恕给杀了,舅舅仅仅被"免官归私第",而"俄复旧官,令致仕,特以潍州刺史月奉优给之",表明当初的罢官只是平息民间义愤。风头过后,杜审肇不仅官复原职,还享受了相应级别的退休待遇。再参诸《续资治通鉴长编》卷十二,还可知事情没有瞒报那么简单。"人谓恕罪不至此,普实报私怨耳",有赵普借机除掉姚恕的因素，姚恕是赵光义那边的人。

方方面面都有瞒报，民间亦然。如人的年龄，为了规避租赋，每会"诈老诈小"。《隋书·食货志》载，文帝开皇三年（583），"是时山东尚承齐俗，机巧奸伪，避役惰游者十六七。四方疲人，或诈老诈小，规免租赋"。这里说的"山东"与"齐"，关联的是前代北齐国。有鉴于此，文帝杨坚采取了一项措施，"令州县大索貌阅"。貌阅，即通过验看人的面貌来核实户籍登记册上的人数和年龄。"户口不实者，正长远配，而又开相纠之科。大功已下，兼令析籍，各为户头，以防容隐"。这一招收效显著，"于是计帐进四十四万三千丁，新附一百六十四万一千五百口"。同书《裴蕴传》另载，炀帝时"承高祖和平之后，禁网疏阔，户口多漏。或年及成丁，犹诈为小，未至于老，已免租赋"，文帝时的情形再现。裴蕴"历为刺史，素知其情，因是条奏，皆令貌阅。若一人不实，则官司解职，乡正里长皆远流配"。同时鼓励举报，"若纠得一丁者，令被纠之家代输赋役"。这一年是大业五年（609），收效依然显著，"诸郡计帐，进丁二十四万三千，新附口六十四万一千五百"。炀帝对百官赞许道："前代无好人，致此罔冒。今进民户口皆从实者，全由裴蕴一人用心。"

相映不成趣的是官员年龄的瞒报，至少始自汉代。瞒报的目的，像当代早些年不少领导干部改户口一样，为了多在官位上待些时日。

汉代的，可以东汉末年司马朗为例。《三国志·司马朗传》载："（朗）年十二，试经为童子郎，监试者以其身体壮大，疑朗匿年，劾问。"个头太大，不像12岁的孩子，难免起疑。司马朗回答："朗之内外，累世长大，朗虽稚弱，无仰高之风，损年以求早成，非志所为也。"如此豪迈的背后，意味着存在有人瞒报的潜在事实。

宋朝官员的年龄瞒报已是公开的秘密。洪迈《容斋四笔》云："士大夫叙官阀，有所谓实年、官年两说。"实年，实际年龄；官年，具报官府的年龄。为什么会这样呢？"大抵布衣应举，必减岁数，盖少壮者欲藉此为求昏地；不幸潦倒场屋，勉从特恩，则年未六十始许入仕，不得不豫为之图"。所谓未雨绸缪，司马朗被疑，或正此种。还有一种情况则相反，"至公卿任子，欲其早列仕籍，或正在童孺，故率增抬庚甲有至数岁者"，把年龄改大。只有那些"守义之士，犹曰儿曹甫策名委质，而父祖先导之以挟诈欺君，不可也"。洪迈举例说，江东提刑李信甫，"虽春秋过七十，而官年损其五"；又，"知房州章骃六十八岁，而官年增其三"。在洪迈看来，从这时起，"实年、官年之字，形于制书，播告中外，是君臣上下公相为欺也"。

岳珂《愧郯录》亦云："今世出仕者，年至二十，始许莅官，才登七旬，即盍致仕……利害互出，故世俗多便文自营。年事稍尊者，率损之，以远垂车（退休）；襁褓奏官者，又增之，以觊速仕。士夫相承，遂有官年、实年之别。间有位通显者，或陈情于奏牍间，亦不以为非。"改大改小，全看需要，公私皆见怪不怪。岳珂发现，"祖宗时，此事亦有明禁"。那是宋英宗治平四年（1067）的一道诏书："劾内殿崇班郭继勋增加岁数情罪以闻。以其陈乞楚州监当，自言出职日实尝增十岁也。"岳珂推测，这该是郭继勋想当那个官，"必缘其年之高而不得授，所以复自言而丐损焉"。

王士禛《池北偶谈》云，到了清朝也还是这样："三十年来士大夫履历，例减年岁，甚或减至十余年；即同人宴会，亦无以真年告人者，可谓薄俗。"

河南水灾发生后，时任《环球时报》主编胡锡进先生断言："我相信河南灾害的情况不会被瞒报，在我们的体系中已经无法产生这种情况下的瞒报动机。"现在,退休了的胡先生承认错了。在任何时候,官员一旦丧失对天地苍生的敬畏感,瞒报就成必然。这是不以谁相信不相信为转移的。

2022 年 1 月 22 日

壬寅年

春节过后,农历就进入壬寅年了。

"叟!不远千里而来,亦将有以利吾国乎?"《孟子》开篇之《梁惠王章句上》,第一句即梁惠王对孟子的发问。孟子周游列国传播自己的政治主张,其来到魏国的时间为公元前319年,这一年正是壬寅年。梁惠王,魏国第三代国君。孟子反感他的出口言利,回答道:"王!何必曰利?亦有仁义而已矣。"

历史上已经过了那么多壬寅年,自然也记载了诸多影响当时乃至后世的事情。

比如壬寅年去世的名人:102年有班超,282年有皇甫谧,762年有李白,1062年有包拯,1662年有郑成功。李白、包拯、郑成功鼎鼎大名,实则班超、皇甫谧的作为亦不遑多让。班超在西域凡31年,既平定了城郭诸国的内乱,又击退了北匈奴、月氏等外族的入侵,使西域50余国遣质子臣属于汉。自西汉设立西域都护以来,前后担任此职者无人能与班超的功绩相比。皇甫谧在医学上颇有建树,其著作《针灸甲乙经》乃中国第一部针灸学专著,其本人亦被誉为"针灸鼻祖"。

壬寅年还有几次起义或造反被镇压。42年,伏波将军马援破交趾,斩徵侧、徵贰姐妹。徵侧自立为王,一度"寇略岭外六十余城"。马援随后做了一件很有意义的事情,"立铜柱,为汉之(南方)极界也"。东晋孙恩、卢循起义虽然在410年才被刘裕击败,而在402年那个壬寅年,孙恩已兵败而"赴海自沉",是"余众复推恩妹夫卢循为主",起义才又坚持了九年。1542年,以杨金英为首的十余名宫女,因不满嘉靖皇帝暴行而发动"壬寅宫变",险些将睡梦中的皇帝缢死,这该是中国历史上仅见的宫女造反了。

1722年那个壬寅年,康熙皇帝去世,皇四子胤禛登基成为雍正皇帝。这是正宗的。壬寅年也出了几个土皇帝。卢循攻克广州后,"自摄州事,号平南将军,遣使献贡",无土皇帝之名有土皇帝之实。942年,广东博罗县吏张遇贤"称中天八国王,改元永乐,置百官,攻掠海隅",只因"有神降于博罗县民家",且大言曰:"张遇贤当为汝主。"1362年,元末与朱元璋等逐鹿中原的明玉珍,定都重庆,国号大夏。

比较来看,发生在壬寅年的若干文化事件辉煌耀眼,最可称道。

462年,南朝宋祖冲之创制《大明历》呈宋孝武帝。大明,宋孝武帝年号。《南齐书·文学列传》载,祖冲之奏上之后,"孝武令朝士善历者难之,不能屈",可惜的是,"会帝崩,不施行"。祖冲之首次引入了"岁差"概念,从而使历法更加精确,以后诸历多从《大明历》所出。

642年,《括地志》问世,该书创立了地理著作的新体裁,为后来的《元和郡县志》《太平寰宇记》开了体例先河。主编李泰是唐太宗李世民的第四子,以"好士爱文学"而知名。贞观十二年(638),李泰采纳司马苏勖"以自古名王多引宾客,以著述为美"的建议,奏请编撰《括地志》。至于真正的作者,《旧唐书》中也留下了姓名:著作郎萧德言、秘书郎顾胤、记室参军蒋亚卿、功曹参军谢偃等。《括地志》为唐、宋人广泛应用，张守节《史记正义》注释古代地名，便完全依据之。

702年，科举制度中的武科即武举诞生。《新唐书·选举志》载："武举，盖其起于武后之时。"《唐会要》的时间点更明确："长安二年正月十七日敕：'天下诸州，宣教武艺，每年准明经、进士贡举例送。'"胡三省注《资治通鉴》引《唐六典》道明了武举的评判标准，即"以七等阅人"：一曰射长垛，二曰骑射，三曰马枪，四曰步射（以上考武艺）；五曰才貌，"以身长六尺以上者为次上，已下为次"（考形象）；六曰言语，"有神采堪统领者为次上，无者为次"（考表达）；七曰举重，也就是翘关，《新唐书》云："翘关，长丈七尺，径三寸半，凡十举后，手持关距，出处无过一尺。"只是重量多少没说。自武周以后，武举为大多数封建王朝所承袭，成为网罗武备人才的重要制度。

1422年，郑和第六次下西洋归来。出发时，郑和是受命送还忽鲁谟斯等16国使者，到达了今天阿拉伯半岛东南岸的阿曼一带。回国时，暹罗、苏门答剌、哈丹等国派使者随船队入贡。《剑桥中国明代史》评价郑和下西洋：把明帝国的声威最大限度地远播到海外，在这个过程中进行了15世纪末欧洲地理大发现的航行以前，世界历史上规模最大的一系列海上探险。

1782年，第一部《四库全书》缮写告成，入藏紫禁城文渊阁。《四库全书》是中国历史上卷帙最大的一部丛书，除收录中国历代各种典籍外，还有朝鲜、越南、日本，以及印度和明清之际来华的欧洲传教士的一些著作。以北京图书馆所藏原文渊阁本统计，《四库全书》共收书3503种，79337卷，36304册。全书共抄录七部。必须看到，在修书过程中，清廷禁毁的书籍总数也相当惊人。

1902年这个壬寅年，清政府重建京师大学堂。京师大学堂始创于清光绪二十四年（1898），是中国近代最早的国立大学，为戊戌变法的"新政"措施之一。1900年，八国联军入侵北京，京师大学堂遭到破坏，校务停顿，1912年易名北京大学。

"叠鼓夜寒，垂灯春浅，匆匆时事如许。"姜夔的句子。时事固然匆匆，但是可以肯定，无论哪一年，都为后世留下了可堪咀嚼回味的宝贵文化遗产。

2022年1月30日

冰雪运动

2月4日，北京冬奥会拉开了序幕。冬奥会是世界上规模最大的冬季综合性运动会，每四年举办一届。这是第24届，创下了不少"之最"：产生金牌最多、女性运动员占比历届最高、跳台滑雪赛道最长、制冰技术最环保、造雪系统最节水等。

传统体育项目大抵都源自日常的生产生活，具有相应的实用功能。冬奥会集聚的是冰雪运动，如滑冰、滑雪、雪橇等，也不难在典籍中找到"蓝本"，无不发生在北方就是。

《隋书·北狄列传》载，突厥室韦部落，冬季"地多积雪，惧陷坑阱，骑木而行"，这里就不难窥见滑雪的影子。《新唐书·东夷列传》亦载，流鬼部落"地蚤寒，多霜雪，以木广六寸、长七尺系其上，以践冰，逐走兽"。《回纥列传》说得更具体。拔野古部落"俗嗜猎射，少耕获，乘木逐鹿冰上"；又，"东至木马突厥三部落，曰都播、弥列、哥饿支，其酋长皆为颉斤。桦皮覆室，多善马，俗乘木马驰冰上，以板藉足，屈木支腋，蹴辄百步，势迅激"。前人滑雪的姿态已经活灵活现地跃然纸上了。

沈括《梦溪笔谈》云："信安、沧、景之间，多蚊虻。夏月牛马皆以泥涂之，不尔多为蚊虻所毙……冬月作小坐床，冰上拽之，谓之'凌床'。"凌床，又可窥雪橇之端倪，且宋朝已用作冬季交通工具。

沈括说他按察河朔时，"见挽床者相属，问其所用，曰'此运使凌床''此提刑凌床'也。闻者莫不掩口"。为何听到之后大家一起坏笑？不得而知，从沈括将此条列入"讥谑"类来推断，实话所答可能在谐音或者其他方面让人产生了另外的联想。

明清之时，凌床已然径呼为冰床。《帝京景物略》"水关"条云："冬水坚冻，一人挽木小兜，驱如衢，曰冰床。雪后，集十余床，垆分尊合，月在雪，雪在冰。"水关，即水入北京城之关口，位于城西北德胜门以西。寒冬腊月，十余冰床聚在一起，结合前文来看，想是诗人们冰上豪饮吧。《燕京岁时记》"拖床"条云："冬至以后，水泽腹坚，则十刹海、护城河、二闸等处，皆有冰床。一人拖之，其行甚速。长约五尺，宽约三尺，以木为之，脚有铁条，可坐三四人。雪晴日暖之际，如行玉壶中，亦快事也。"紧挨冰面的木板加上铁条，该是冰床的2.0版本了。少年时我在京郊生活，冬天小朋友们都这样自制冰车，在村中冰冻了的水塘上嬉戏。

《帝京岁时纪胜》"冰床、滑擦"条亦云："太液池之五龙亭前，中海之水云榭前，寒冬冰冻，以木作床，下镶钢条，一人在前引绳，可坐三四人，行冰如飞，名曰拖床。"且云有的"更将拖床结连一处，治酌陈肴于上，欢饮高歌，两三人牵引，便捷如飞，较之坐骡乘车，远胜多矣"。至于"滑擦"，则与今天的滑冰无异了。"冰上滑擦者，所著之履皆有铁齿，流行冰上，如星驰电掣，争先夺标取胜，名曰溜冰。都人于各城外护城河下，群聚滑擦。"这种热闹景象，像我这种在北方生活过多年的人完全不难想见。

清朝的"冰嬉"即冰上运动，已成"国俗"。《日下旧闻考》云："西苑太液池，源出玉泉山，从德胜门水关流入，汇为巨池，周广数里。"在这里，"冬月则陈冰嬉，习劳行赏，以简武事而修国俗"。从《养吉斋丛录》看，冰嬉具有了冬运会的性质。"岁十二月，西苑三海层冰坚冱，于是择令辰，圣驾御冰床临观焉"。但见"参赛者"都穿冰鞋，"以一铁直条嵌鞋底中，作势一奔，迅如飞羽"。始而比"抢等"，先"去上御之冰床二三里外，树大纛，众兵咸列。驾既御冰床，鸣一炮，树纛处亦鸣一炮应之，于是众兵驰而至。御前侍卫立冰上，抢等者驰近御坐，则牵而止之。至有先后，分头等、二等，赏各有差"。继而比"抢球"，这时"兵分左右队，左衣红，右即衣黄。既成列，御前侍卫以一皮球猛踢之至中队，众兵争抢，得球者复掷，则复抢焉。有此已得球，而彼复夺之者；或坠冰上，复跃起数丈，又遥接之"。进而比"转龙射球"，这时"按八旗之色，以一人执小旗前导，二人执弓矢随于后，凡执旗者一二百人，执弓矢者倍之，盘旋曲折行冰上，远望之婉蜒如龙。将近御座处，设旌门，上悬一球，曰天球，下置一球，曰地球。转龙之队疾趋至，一射天球，一射地球，中者赏。复折而出，由原路盘曲而归其队"。乾隆有《冰嬉赋》，道光也有观冰嬉诗，"坚冰太液镜中边，翠辇行时竹爆宣"云云，表明"抢等"时的鸣炮已改成了鸣鞭炮。

《郎潜纪闻初笔》云："禁中冬月，打滑挞。先汲水浇成冰山，高三四丈，莹滑无比。使勇健者着带毛猪皮履，其滑更甚，从顶上一直挺立而下，以到地不仆者为胜。"这也是冰嬉的项目了。

"往来冰上走如风，鞋底钢条制造工。跌倒人前成一笑，头南脚北手西东。"《都门竹枝词》收录的《冰鞋》诗，讲的该是初学者。其实滑冰像骑自行车一样，一旦掌握好了平衡，完全可以闲庭信步。冰雪运动从来是北方的专利，科技的进步，使其如今在南方也正在成为时尚。这于前人而言，该是万万不会想到的。

2022 年 2 月 7 日

退位

1912年2月12日,宣统皇帝颁布退位诏书,标志着清王朝正式结束。实际上,是爆发于前一年10月10日的武昌起义,点燃了清朝灭亡的导火线。如诏书中所云:"今全国人民心理,多倾向共和。南中各省,既倡义于前,北方诸将,亦主张于后。人心所向,天命可知。"因而,"予亦何忍因一姓之尊荣,拂兆民之好恶"。

历史上有诸多帝王退位,以传说中的禅让最受推崇,也就是将位子让授予贤者。但如孔颖达疏《书·尧典》所云:"若尧舜禅让圣贤,禹汤传授子孙。"尧传给舜、舜传给禹,相互间没有亲属关系,夏禹、商汤就不同了,开始传给自己的儿子。现实中的所谓禅让,基本上是后一种,有主动与被动之别就是。

主动的,赵武灵王和乾隆皇帝算是代表。赵武灵王推行"胡服骑射",赵国从而跻身战国七雄之一,众所周知。《资治通鉴》载:"赵武灵王爱少子何,欲及其生而立之。"乃于盛年之际退位。按《史记·赵世家》的说法,"二十七年五月戊申,大朝于东宫,传国,立王子何以为王……武灵王自号为主父"。乾隆退位后则是被称为"太上皇",那也是他自己的意思。《清史稿》载,退位前一年他有个吩咐:"朕于明年归政后,凡有缮奏事件,俱书太上皇帝。其奏对称太上皇。"乾隆主动退位,是申明自己不"贪婪宝位",登基时就已焚香告天，"昔皇祖御极六十一年，予不敢相比"，所以他只干满 60 年，不超过爷爷。

而太多的退位却是被逼。拣正史序列改朝换代的那些，逼前代的，有王莽、曹丕、司马炎、杨坚、赵匡胤等。因为是逼宫，大抵都要上演一出戏码，继位的往往要显示自己有无奈的成分。

如王莽接手西汉。《后汉书·平帝纪》载："帝年九岁，太皇太后临朝，大司马莽秉政，百官总己以听于莽。"又，"群臣奏言大司马莽功德比周公，赐号安汉公"。《后汉书·王莽传》载，"孟通浚井得白石，上圆下方，有丹书著石"，写的是什么呢？"告安汉公莽为皇帝。"得此符命，"莽命群公以白太后"，太后曰："此诬罔天下，不可施行！"然话音甫落，有人点拨她："事已如此，无可奈何，沮之力不能止。"未几，"太后听许"。

又如杨坚接手北周。《周书·静帝纪》载，杨坚也是先大权在握，"为相国，总百揆，更封十郡，通前二十郡"，享有"剑履上殿，入朝不趋，赞拜不名"等特权，尤其是"又加冕十有二旒，建天子旌旗，出警入跸，乘金根车，驾六马，备五时副车，置旄头云罕，乐舞八佾，设锺虡宫悬。王后、王子爵命之号，并依魏晋故事"，就是个事实上的皇帝。不过，《隋书·高祖纪》载，北周静帝"祇顺天命，出逊别宫，禅位于隋"时，杨坚曾"三让，不许"，推脱了半天。之所以登基，是因为"百官劝进"。

再如赵匡胤接手后周。这个"陈桥兵变"的故事也是众所周知。周世宗柴荣驾崩后，七岁的恭帝柴宗训即位。《宋史·太祖本纪》载，赵匡胤领军正驻扎在陈桥驿，"夜五鼓，军士集驿门，宣言策点检为天子"。天快亮时，军士"逼寝所"，且"露刃列于庭"，齐声要赵匡胤当皇帝，匡胤"未及对"，一件黄袍便给披上了，于是"众皆罗拜，呼万岁"。必须承认，这出戏码演得相当精彩。

在王朝更迭之外，同一朝代内部出于各种原因也有不少退位。唐朝如高祖李渊、玄宗李隆基，宋朝如徽宗赵佶、高宗赵构等。

李渊、李隆基俱为无奈。《旧唐书·高祖本纪》载，武德九年（626），"秦王以皇太子建成与齐王元吉同谋害己，率兵诛之"。这就是著名的"玄武门之变"。李渊是站在太子那边的，但面对这种结果，只有"诏立秦王为皇太子，继统万机"，再"诏传位于皇太子"。《太宗本纪》载，立为皇太子后，世民已经"庶政皆断决"，且"纵禁苑所养鹰犬，并停诸方所进珍异，政尚简肃，天下大悦。又令百官各上封事，备陈安人理国之要"，换言之，李渊已经被架空了。

李隆基是另一种被迫承认。"安史之乱"中他逃到四川成都，太子李亨逃到宁夏灵武。《旧唐书·玄宗本纪》载，天宝十五载（756）八月，"灵武使至，始知皇太子即位"。那还是一个月前的事，李亨来了个先斩后奏。《肃宗本纪》记载了过程。七月，裴冕、杜鸿渐等从容进曰："今寇逆乱常，毒流函谷，主上倦勤大位，移幸蜀川。江山阻险，奏请路绝，宗社神器，须有所归。万姓颙颙，思崇明圣，天意人事，不可固违。伏愿殿下顺其乐推，以安社稷，王者之大孝也。"李亨说急什么，"俟平寇逆，奉迎銮舆，从容储闱，侍膳左右，岂不乐哉！"裴冕他们却更急了，"凡六上笺，辞情激切"。李亨没办法，好吧。一望而知，这又是一出表演。

赵佶、赵构则是出于惧怕，惧怕金兵。宣和七年（1125），金军分东西两路南下，一路势如破竹，徽宗便赶快把宝座给了钦宗。《宋史·钦宗本纪》载，时"趣太子入禁中，被以御服。泣涕固辞，因得疾"，这个 15 岁孩子都给吓出病来了，还是非得继位不可。而赵构的甩锅与赵佶相比，只是五十步与百步之别。

必须看到,宣统皇帝的退位迥异于先前的任何一个,在于不仅他是清朝的最后一位皇帝,同时也是自秦始皇创立皇帝制度以来的最后一位皇帝,在中国延续了两千多年的封建帝制就此寿终正寝。

2022 年 2 月 12 日

荸荠·乌芋

友人寄来"北乡马蹄"若干。此粤北乐昌特产,中国国家地理标志产品。介绍说,那里的马蹄个大肉嫩、清甜多汁、爽脆无渣。食之信然。

马蹄,广东人的叫法,30多年前我负笈于此才知道,我们那里叫它的学名荸荠,喜欢恶作剧的人又叫它"鼻涕"。这种多年生草本植物,种植于水田,地下的茎为扁圆形,表面呈深褐色或枣红色,而内里纯白。其别称实在很多,江浙人谓之地栗,还有不知哪里叫它地梨。马蹄的称谓较难理解,望文生义的话,地栗出于比拟,外观像栗子嘛;地梨出于形容,味道似梨嘛。书面上的叫法还有一些,《尔雅》名之为芍,宋人名之为葧脐,较常见的还有凫茈(茨)、乌芋。《本草纲目》云:"乌芋,其根如芋而色乌也。凫喜食之,故《尔雅》名凫茈,后遂讹为凫茨,又讹为荸荠。"所以有讹,"盖《切韵》凫、荸同一字母,音相近也"。这种解释是否出于李时珍的想当然,要就教专业人士了。

《农政全书》讲到了荸荠的种植法:"正月留种。种取大而正者。待芽生,埋泥缸内。二三月间,复移水田中。至茂盛,于小暑前分种。每科离五尺许。冬至前后起之。耘荡与种稻同。豆饼或粪,皆可壅之。"《本草纲目》亦云:"凫茈生浅水田中。其苗三四月出土，一茎直上，无枝叶，状如龙须。肥田栽者，粗近葱、蒲，高二三尺。其根白蒻，秋后结颗，大如山楂、栗子，而脐有聚毛，累累下生入泥底。野生者，黑而小，食之多滓。种出者，紫而大，食之多毛。吴人以沃田种之，三月下种，霜后苗枯，冬春掘收为果，生食、煮食皆良。"

宋朝寇宗奭云荸荠，在饥荒年月，"人多采以充粮"。东汉人已经这么做了。《后汉书·刘玄列传》载："王莽末，南方饥馑，人庶群入野泽，掘凫茈而食之，更相侵夺。"为了野地里的荸荠而打架，可见饥荒的严重程度。于是乎，王匡、王凤"为平理诤讼，遂推为渠帅"，干脆率众而起，"共攻离乡聚，臧于绿林（山）中"。因为荸荠可食，后人也将之聊备救荒之一选。如朱橚《救荒本草》"铁荸脐"条："有二种：根黑、皮厚、肉硬白者，谓之猪荸脐；皮薄、色淡紫、肉软者，谓之羊荸脐。生水田中。"功能正是可以"救饥"，具体为："采根煮熟食，制作粉，食之，厚人肠胃，不饥。"《农政全书》之《荒政》章，将这些话照单全收。赵翼也有"君不见，古来饥荒载篇牍，水撷凫茈野采薇"的句子存世。

奇怪的是，同为宋人的林洪，对荸荠能吃与否却一度持怀疑态度。其《山家清供》"凫茈粉"道出了这一点："凫茈粉，可作粉食，其滑甘异于他粉。偶天台陈梅庐见惠，因得其法。"什么吃法呢？"采以曝干，磨而澄滤之，如绿豆粉法"。后来林洪又读到同朝刘一止《非有类（斋）稿》中的一首诗："南山有蹲鸱，春田多凫茈。何必泌之水，可以疗我饥。"这下他才"信乎可以食矣"。蹲鸱，芋头。刘一止，徽宗时进士，高宗时历秘书省校书郎、监察御史、起居郎奏事等，以忤秦桧而落职。《宋史》有传，说其性情"冲澹寡欲"。而他这首诗，也正为"示里中诸豪"，要那些人看看。那四句是全诗起首，补足为："六师拥行在，闾巷屯虎貔。民食尚可纾,军食星火移。努力输县官,无乏辕门炊。所愿将与士,感此艰食时。忠义发饫腹,向敌争先之。驱逐狐鼠群,宇县还清夷。我辈死即休,粒米不敢私。"度其诗意,该是为了支援前线的军队,他把家里的粮食悉数交了上去,自己甘愿吃芋头、荸荠。这里的"敌",是掳走徽钦二帝的金兵吧?

荸荠可食,但显然不可以当作粮食。东汉到了当作粮食且大家"更相侵夺"的地步,便直接催生了"绿林好汉",闹得"州郡不能制"。苏舜钦《城南感怀呈永叔》诗,则对欧阳修描述了"所见既可骇,所闻良可悲"的另一种情景:"去年水后旱,田亩不及犁。冬温晚得雪,宿麦生者稀。前去固无望,即日已苦饥。老稚满田野,斫掘寻凫茈。此物近亦尽,卷耳共所资。"看看那些大官,"高位厌粱肉,坐论搀云霓",吃饱了喝足了,却不切实际、不着边际地空谈。苏舜钦琢磨,"岂无富人术,使之长熙熙?"肯定有的,只是"我今饥伶俜,悯此复自思:自济既不暇,将复奈尔为!"空落得"愁愤徒满胸"。钱锺书先生认为苏舜钦"值得提起的一点",在于"陆游诗的一个主题——愤慨国势削弱、异族侵凌而愿意'破敌立功'那种英雄抱负——在宋诗里恐怕最早见于苏舜钦的作品"。而通过这首,我们也领略到苏舜钦如何敢于痛陈时弊。

旧时的救荒之物,后来成为人们口中的美食。袁枚《随园食单》中的"八宝肉圆",就是先以"猪肉精、肥各半,斩成细酱",然后"用松仁、香蕈、笋尖、荸荠、瓜、姜之类,斩成细酱,加纤粉和捏成团,放入盘中",再"加甜酒、秋油蒸之"。今日老广叹早茶,必点"马蹄糕"这种响当当的岭南甜点;而煲一锅"糖水马蹄",也是益气安中、开胃消食的寻常做法。荸荠恰如明末彭孙贻所言:"登俎非佳果,能消亦爽咽。"

2022 年 2 月 20 日

折柳

北京冬奥会闭幕式演出,一出《折柳寄情》引来无数赞叹。伴随着舞者的脚步,但见一幅垂柳图在场地中央渐渐呈现,来自各行各业、不同年龄的普通人手捧柳枝汇聚在场地中央,以"折柳"来送别各国来宾。

折柳,即折取柳枝,是我国古代主要是唐朝的一种送别方式。南北朝时的《折杨柳歌辞》,大抵是"折柳"的源头。宋郭茂倩编纂之《乐府诗集》收有该辞,"上马不捉鞭,反折杨柳枝。蹀座吹长笛,愁杀行客儿"云云。"上马"后本该挥鞭启程,可是他却不仅不拿马鞭,反而探身去折了一枝柳条,表现的正是依依惜别的心情。女子这边呢,"腹中愁不乐,愿作郎马鞭。出入擐郎臂,蹀座郎膝边",也是难舍难分。元左克明编纂之《古乐府》,该辞字眼稍有不同:"反折"是"反拗",前一个"蹀座"是"下马",而拗,本身也有折的意思。从《乐府诗集》收录的其他曲辞看,斯时折柳,并非寻常送别,如《宋书·五行志》所载,属于"兵革苦辛之词",伤春惜别,怀念征人。刘邈的一首也是这样:"高楼十载别,杨柳濯丝枝。摘叶惊开驶,攀条恨久离。年年阻音息,月月减容仪。春来谁不望,相思君自知。"

《宋书·五行志》是因为"三杨贵盛而族灭,太后废黜而幽死"说到这件事的："（晋武帝）太康末，京、洛始为《折杨柳》之歌，其曲始有兵革苦辛之词，终以禽获斩截之事。"用《搜神记》的说法，这叫做"杨柳之应也"。三杨，西晋外戚杨骏与杨珧、杨济三兄弟，太后即杨骏的女儿、开国君主武帝司马炎的皇后杨芷。杨氏三兄弟辅佐武帝，分掌军国大权，权倾天下。武帝崩，以惠帝皇后贾南风为首，尽诛三杨及其党羽，"皆夷三族"。对杨太后，贾南风先是矫诏废之为庶人，再去其侍御十余人，致其"绝膳而崩"，饿死了。那么，《折杨柳》本身是控诉战乱，而太康末年流传的《折杨柳》，实际上是借物"杨"说人杨，重点在杨，所谓预兆。李白诗有"谁家玉笛暗飞声，散入春风满洛城。此夜曲中闻《折柳》，何人不起故园情"，这里的《折柳》即《折杨柳》曲的省称。

需要明确的是，"折杨柳"实际上就是"折柳"，而非折杨枝或者折柳枝。清朝学者胡承珙认为，前人所说之杨柳，"谓名杨之柳。其通称为杨柳者，乃后世辞章家之言耳"。

承平时期寻常的折柳送别，大约是唐人始有的风习。《三辅黄图》云："霸桥，在长安东，跨水作桥。汉人送客至此桥，折柳赠别。"该书成书，不会晚于梁陈之间。清朝另一学者孙星衍认为，后11个字为后人妄加，应当削去。何清谷先生校释《三辅黄图》指出："西汉霸桥两岸是否大量植柳，没有记载，折柳赠别在两汉诗文中亦无反映。"且骆天骧《类编长安志》亦云霸桥："汉（朝）人送客，至此赠别，谓之销魂桥。"然而并没有言及折柳。到了唐诗中，折柳送别可就多了去了。许景先有"城头杨柳已如丝，今年花落去年时。折芳远寄相思曲，为惜容华难再持"；雍裕之有"那言柳乱垂，尽日任风吹。欲识千条恨，和烟折一枝"；施肩吾有"伤见路边杨柳春，一重折尽一重新。今年还折去年处，不送去年离别人"……

王实甫《西厢记》演绎的是唐人故事,张君瑞登场时道得分明:"小生书剑飘零,功名未遂,游于四方。即今贞元十七年二月上旬,唐德宗即位,欲往上朝取应。"这个时候便说"唐德宗",无疑属于穿越,"事后诸葛亮",且不理他。因为路过河中府,张生拜访镇守蒲关的八拜之交,乃在普救寺邂逅了崔莺莺。西厢逾垣之后,张生该进京了,莺莺念白便有"寄语西河堤畔柳,安排青眼送行人"句;长亭送别,更"柳"不离口。比如,唱罢那曲著名的【端正好】——碧云天,黄花地,西风紧,北雁南飞,紧接着是一曲【滚绣球】,"恨相见得迟,怨归去得疾。柳丝长玉骢难系,恨不情疏林挂住斜晖",今后"这忧愁诉与谁",只有"到晚来闷把西楼倚,见了些夕阳古道,衰柳长堤"。这里虽未明言折柳,然柳与伤别之形影不分,亦可窥一斑。

柳树是我国的原产树种之一,柳树情结也很早就在我们文学作品中得到了体现。《诗·小雅·采薇》中的"昔我往矣,杨柳依依;今我来思,雨雪霏霏",被称为三百篇中最佳句子之一。诗人以杨柳代春、雨雪代冬,以具体代抽象,这种借代修辞使读者产生了形象逼真的美的感受。而前人送别之所以选择"折柳",以为褚人获《坚瓠集》中的说法很有道理:"天下万木莫不本于大造,而柳独列于二十八宿者,盖柳寄根于天,倒插枝栽,无不可活。其絮飞漫天,着沙土亦无不生,即浮水亦化为萍。是得木精之盛,而到处畅遂其生理者也。其光芒安得不透着天汉,列于维垣哉!送行之人岂无他枝可折而必于柳者,非谓津亭所便,亦以人之去乡,正如木之离土,望其随处皆安,一如柳之随地可活,为之祝愿耳"。

"青青一树伤心色,曾入几人离恨中。为近都门多送别,长条折尽减春风。"白居易的句子。其《杨柳枝词》八首之七亦云:"叶含浓露如啼眼,枝袅轻风似舞腰。小树不禁攀折苦,乞君留取两三条。"度其语意,折柳赠别之具体实施,当时就不值得提倡。今日也只是取其意境,不要真的去伤害柳枝。

2022 年 2 月 23 日

和面

　　早餐后开始和面，为中午包饺子做准备。早点儿动手，是为了把面饧一饧，上一辈传承的做法，定然是有道理的。和着和着，脑袋里忽然跳出《朝野佥载》里的"溲几许面"。

　　溲，令人本能想到的是大小便，典籍中最为常见。《史记·扁鹊仓公列传》记载了淳于意的一则病案："齐郎中令循病，众医皆以为蹙入中，而刺之"，主张用针刺法治疗。淳于意切脉之后，诊断为"涌疝也，令人不得前后溲"，患者果然说："不得前后溲三日矣。"司马贞索隐云："前溲谓小便。后溲，大便也。"淳于意便开了方子："饮以火齐汤，一饮得前溲，再饮大溲，三饮而疾愈。"又，《后汉书·张湛列传》载，张湛"矜严好礼，动止有则，居处幽室，必自修整，虽遇妻子，若严君焉。及在乡党，详言正色，三辅以为仪表"。这套做法，"人或谓湛伪诈"，张湛闻而笑曰："我诚诈也。人皆诈恶，我独诈善，不亦可乎？"建武七年（31），大司徒戴涉被诛，光武帝"强起湛以代之"。不知是有意还是无意，"湛至朝堂，遗失溲便"，先拉了一地，"因自陈疾笃，不能复任朝事，遂罢之"。

　　然而，溲还有淘洗、调和的义项。《聊斋志异》之《小谢》颇为有趣：不信有鬼的陶生住进因为闹鬼而废弃了的姜部郎的宅子，遇见两个顽皮的女鬼：秋容和小谢。夜幕降临，她俩来了，"一约二十，一可十七八，并皆姝丽。逡巡立榻下，相视而笑"。陶生假装睡觉，大一点儿的那个即秋容开始捉弄他，或"翘一足踹生腹"，或"以左手捋髭，右手轻批颐颊，作小响"，或"以细物穿鼻"令其"奇痒，大嚏"；小一点儿这个即小谢始而在一旁"掩口匿笑"，进而也参与进来，"以纸条拈细股，鹤行鹭伏而至"，那副准备捅他耳朵的神态，格外透着可爱；陶生读书时，她又"潜于脑后，交两手掩生目"。如果说，陶生叱责"鬼物敢尔"时多少还比较气愤，接下来的"小鬼头！捉得便都杀却！"便已有些亲呢了，所以二女非但不惧，反而"微笑，转身向灶，析薪溲米，为生执爨"。不一会儿，"粥熟，争以匕、箸、陶碗置几上"。陶生问怎么感谢你们呢？二女笑了："饭中溲合砒、鸩矣。"人鬼之间，转眼就到了开玩笑的程度。

前人之"溲儿许面"，正是今天"和多少面"的意思。《小谢》中前一个溲是淘洗，后一个是调和。至于《朝野佥载》是这么说的：夏侯处信为荆州长史，有天来了客人，"处信命仆作食"。这时"仆附耳语曰：'溲儿许面？'信曰：'两人二升即可矣。'"仆人进去半天没出来，来客便"以事告去"。处信急忙喊仆人，仆人说："已溲讫。"和完了。处信想了半天："可总爁作饼，吾公退食之。"又，夏侯处信喜欢喝醋，"尝以一小瓶贮醯一升自食，家人不沾余沥"。仆人说醋没了，他还要"取瓶合于掌上，余数滴，因以口吸之"。且"凡市易，必经手乃授直"，钱都是自己把着。毫无疑问，这是唐朝的一个经典吝啬鬼形象。

说到饼，东汉刘熙《释名》云："饼，并也，溲面使合并也。"贾思勰《齐民要术》作"细环饼、截饼"法条亦云："皆须以蜜调水溲面。若无蜜，煮枣取汁；牛羊脂膏亦得；用牛羊乳亦好，令饼美脆。截饼纯用乳溲者，入口即碎，脆如凌雪"。作"膏环"法，则是"用秫稻米屑，水、蜜溲之，强泽如汤饼面。手搦团，可长八寸许，屈令两头相就,膏油煮之"。和面后揉成长条再两头相接,再油炸,大抵是麻花的先驱了。

苏轼《二月十九日,携白酒、鲈鱼过詹使君,食槐叶冷淘》诗云:"枇杷已熟粲金珠,桑落初尝滟玉蛆。暂借垂莲十分盏,一浇空腹五车书。青浮卵碗槐芽饼,红点冰盘藿叶鱼。醉饱高眠真事业,此生有味在三余。"其中的"槐芽饼",南宋王十朋注曰:"即叙所谓槐叶冷淘也,盖取槐叶汁溲面作饼,即鲜碧色也。"槐叶冷淘,是一种凉食,以面与槐叶水等调和,切成饼、条、丝等形状,煮熟,用凉水汀过后食用。杜甫有《槐叶冷淘》诗,"青青高槐叶,采掇付中厨"云云。读书时我曾为一名来访的台湾学者在广州当了一天导游,那天中午在"沙河大饭店"吃到绿色的沙河粉,大约就是此种方式制作的,蔬菜水置换了槐叶水。因为那是第一次吃到甚至见到,所以印象非常深刻。

当然,古人也说"和面",《齐民要术》便两用之。如"作白饼法"条云,用一石面粉,先将七八升白米煮成粥,再放六七升白酒,放在火上煨,到"酒鱼眼沸,绞去滓,以和面"作饼。酒鱼眼沸,是说酒沸冒出鱼眼大小的气泡。作"髓饼法",则"以髓脂、蜜,合和面。厚四五分,广六七寸。便著胡饼炉中,令熟。勿令反覆"。

皇甫枚《三水小牍》被誉为"晚唐传奇之花",内有汝州郏城令陆存"遇贼偷生"的故事,读来亦较有趣。说陆存上任的那年秋天,王仙芝起义军"来攻郡,途经郏城",他"微服将遁,为贼所房"。头头审他,他谎称自己是厨子。人家马上叫他"溲面煎油",做种吃的,结果"移时不成"。头头怒曰:"这汉谩语,把剑来。"陆存吓坏了,"撮面,两手连拍曰:'祖祖父父,世业世业。'"众大笑,释之。如果他连面都不会和的话,可能命还真的没了。

2022 年 2 月 27 日

蜜蜂

广州海珠湿地新增了一个"莫奈花园":辟出 8000 平方米,皆种"冰岛虞美人"。较之普通虞美人花,"冰岛虞美人"的颜色更丰富、色彩更浓烈,纯白、橘红、黄色、奶油色、橘粉色……时值最佳观赏期,吸引了大批市民。而花丛里,蜜蜂照例不会缺席,细细看去,有的花蕊中甚至有四五只在同时忙碌。

清孙枝蔚诗云:"蜜蜂与蝴蝶,争向花圃出。"当然了,抬杠的话,蜂蝶也争向美女。《开元天宝遗事》云,唐朝"国色无双"的名姬楚莲香,"每出处之间,则蜂蝶相随,盖慕其香也"。蜂蝶飞去花圃干什么呢?也是采蜜。电影《五朵金花》有首国人耳熟能详的歌曲,"大理三月好风光,蝴蝶泉边好梳妆,蝴蝶飞来采花蜜,阿妹梳头为哪桩"云云,只是蝴蝶蜜我还从未领教过,目口所及的都是蜂蜜。

蜜蜂是蜂的一种,蜂乃膜翅类昆虫,多带毒刺。《诗·周颂·小毖》有"莫予荓蜂,自求辛螫"句,朱熹注:"蜂,小物而有毒。"再抬杠的话,《拾遗记》云"周武王东伐纣,夜济河。时云明如昼,八百之族,皆齐而歌。有大蜂状如丹鸟,飞集王舟,因以鸟画其旗。翌日而枭纣,名其船曰蜂舟",像鸟那么大个的蜂,也是见所未见。《国语·晋语九》载,"智襄子戏韩康子而侮段规",智伯国听闻后觉得不应该这样,进谏中云:"蝼蚁蜂虿,皆能害人,况君相乎。"《资治通鉴·周纪一》采用了这一段,胡三省注:"蜂,细腰而能蜇人。"乡村成长的孩童,大抵都领略过蜂虿的滋味。以余而言,儿时与小伙伴特别喜欢捅马蜂窝,尤其秋天吃枣时,先要把大枣树上为数不少的马蜂窝捅掉,因而被蜇是常事,蜇到眼睛,要红肿好一阵子。

蜜蜂是蜂中相当可爱的一种,主要在于为人类提供蜂蜜。人工饲养之前,蜂蜜同样可以索取。《博物志》云:"诸远方山郡幽僻处出蜜蜡,人往往以桶聚蜂,每年一取。"又,"远方诸山蜜蜡处,以木为器,中开小孔,以蜜蜡涂器,内外令遍。春月蜂将生育时,捕取三两头著器中,蜂飞去,寻将伴来,经日渐益,遂持器归",这算是人工蜂巢了。《广东新语》云:"阳春多蜂蜜以为货。蜂为房于岩石林木间者,其酿白蜜脾,谓之山蜜,亦曰蜂糖。霜后割之,白如脂,味胜家蜜。家蜜取以夏冬为上,秋次之,春易发酸,冬日梅花糖,最甘香。"

《西游记》中,掌握七十二般变化本领的孙悟空,至少有三次变成过蜜蜂,因此我们也见识了吴承恩笔下的蜜蜂。第十六回,师徒在观音禅院歇宿,老僧试图放火谋取唐僧的宝贝袈裟。悟空被惊动后,变成一只蜜蜂钻出房门来看,但见它"口甜尾毒,腰细身轻。穿花度柳飞如箭,粘絮寻香似落星。小小微躯能负重,嚣嚣薄翅会乘风"。第五十五回,悟空到"毒敌山琵琶洞",也是变成蜜蜂从门缝钻进去的,这一次,"翅薄随风软,腰轻映日纤。嘴甜曾觅蕊,尾利善降蟾"。第九十四回,玉兔精变成假公主欲与唐僧强行婚配,悟空又是变作蜜蜂,飞到唐僧毗卢帽上,对师父耳语"切莫忧虑"。此一只,"翅黄口甜尾利,随风飘舞颠狂。最能摘蕊与偷香,度柳穿花摇荡。辛苦几番淘染,飞来飞去空忙。酿成浓美自何尝,只好留存名状。"蜜蜂的特性,完全得到了呈现。

蜂有毒刺,最易形成词语以喻其他,然而没有,其他部位倒是不遑多让。比如蜂目,意谓相貌凶悍。《世说新语》云,潘阳仲见到小时候的王敦就下了判断:"君蜂目已露,但豺声未振耳。必能食人,亦当为人所食。"《梁书·武帝纪》载,萧衍对哥哥分析时局,认为齐之嗣主"在东宫本无令誉,媟近左右,蜂目忍人,一总万机,恣其所欲,岂肯虚坐主诺,委政朝臣。积相嫌贰,必大诛戮",与其如此,不如自己也干他一票。"于是潜造器械,多伐竹木,沉于檀溪,密为舟装之备"。吴处厚《青箱杂记》更认为:"人之心相外见于目。"他说商臣、王敦都是蜂目,且"王莽露眼赤睛,梁冀洞睛曋眄,则恶逆之相亦见于目"。不独名人,吴处厚昔日在汀州掌狱录时见到一个叫黄曾的弑母罪犯,"目睛黄小而光趺宕若蜂状,则蜂目之恶逆尤验也"。

又如蜂腰,蜂之腰中间较细,借喻居中者最差,与现在的照相C位皆然相反。《南史·周弘直传》载:"或问三周孰贤,人曰'若蜂腰矣。'"三周,弘正、弘让、弘直三兄弟。弘正善谈玄理,"年十岁,通《老子》《周易》";弘直"方雅敦厚,气调高于次昆";弘让呢,虽博学多通,但在侯景之乱时当了人家的中书侍郎,他还振振有词:"不至,将害于人,吾畏死耳。"出任伪职,便难免时人讥之了。作诗也是。南朝文坛领袖沈约提出"诗有八病"说,即作诗在声律上应当避忌的八种弊病,其三为"蜂腰",指五言诗第二字不得与第五字同声,同声的话形同两头粗、中间细,有似蜂腰。如"闻君爱我甘,窃欲自修饰",这里的"君""甘"都是平声,"欲""饰"又都是入声,在沈约那里就是蜂腰了。

晏殊词有"人情须耐久,花面长依旧。莫学蜜蜂儿,等闲悠飏飞"句,大抵是说人的感情不能朝三暮四,像蜜蜂那样随随便便。

勤劳、自觉、敬业一类褒扬的词语,不正是蜜蜂的美德吗？晏殊为何这样说话,他日或可深究一下。

2022 年 3 月 5 日

青绿

央视虎年春晚的舞蹈诗剧《只此青绿》,虽然只是选段,也赢得了观众的满堂喝彩。编导韩真介绍,其创作灵感来源于宋画《千里江山图》。全剧以"展卷、问篆、唱丝、寻石、习笔、淬墨、入画"等篇章为纲目,表现了故宫一名青年研究员"穿越"到北宋,以"展卷人"视角,"窥"见该画创作的故事。春晚上展示的是其中表达群山层峦叠嶂的一段群舞,将画作中的青绿设色抽离出来,抽象成女性人物形象。背景自然出现了《千里江山图》,先是白描,然后青绿设色。

业界人士指出,中国山水画分为两种,一种是青绿山水画,一种是水墨山水画。其中,青绿设色是山水画的最早形态,以石青、石绿等矿物质研磨成粉末来作为山水的主要颜色。水墨山水画则较晚,兴起于盛唐,王维被奉为鼻祖,人们最熟知的是他的山水诗,"空山新雨后,天气晚来秋。明月松间照,清泉石上流"云云。"学习强国"上每能遇到一道题目:中国现存最早的一幅山水画是什么?答案是隋朝展子虔《游春图》。该画即以青绿钩填法描绘山川、人物,树木直接用粉点染。而形成具有鲜明特色的青绿山水一派,当推唐朝李思训父子,所谓大李将军和小李将军。李思训官至左武卫大将军,故有此称,李昭道"虽不至将军,俗因其父呼之"。《旧唐书·李思训传》载:"思训尤善丹青,迄今绘事者推李将军山水。"张彦远《历代名画记》则称李昭道："变父之势，妙又过之。"到了宋徽宗时的《千里江山图》，达到了青绿山水的顶峰。元代书画大家李溥光评价："予自志学之岁获观此卷，迄今已仅百过。其功夫巧密处，心目尚有不能周遍者，所谓一回拈出一回新也。又其设色鲜明，布置宏运，使王晋卿、赵千里见之亦当短气。在古今丹青小景中，自可独步千载。殆众星之孤月耳。具眼知音之士，必以予言为不妄云。"

春晚《只此青绿》结束之际，背景出现"无名无款，只此一卷。青绿千载，山河无垠"的字样。前面四个字，隐含着相当的信息量。《千里江山图》虽无名无款，但后人断定作者为王希孟，先是因为蔡京在画作后隔水的题跋，"希孟年十八岁，昔在画学为生徒，召入禁中文书库，数以画献，未甚工。上知其性可教，遂诲谕之，亲授其法。不踰半岁，乃以此图进"云云。加上"王"姓，则是因为清朝宋荦的《论画绝句》："宣和供奉王希孟，天子亲传笔法精。进得一图身便死，空教肠断太师京。"其自注云："希孟天资高妙，得徽宗秘传，经年作设色山水一卷进御，未几死，年二十余。其遗迹只此耳。"叶恭绰先生指出，"希孟之为王姓，只见于此。其年二十余死，亦只见于此"，然"不知何以牧仲（荦字）如此措辞也"。的确，宋荦的时代去北宋已六百余年，他根据什么那样说话呢？《只此青绿》借此巧妙地道出作者实乃千古之谜，为之击掌。

青绿是绘画技法，《千里江山图》呈现出的生活场景也非常生动：捕鱼、驶船、赶脚、观景、幽居、打扫庭院、对坐闲话等，开玩笑说，只是没有《只此青绿》中的一众美女。地面建筑，如住宅、寺观、桥梁、水磨坊等都一眼可见。细看去，住宅类型既有较小的一字形、丁字形、曲尺形，也有较大的工字形，有的以工字厅为主体，在周围加建辅助建筑，该是豪宅了。在桥梁方面，既有33组构架共 32 跨的大型木构梁柱式亭桥，也有以砖为基、上立木柱、架梁铺板、周以栏杆的小型亭桥，此外还有板桥、草桥、拱桥、人字桥等。水面上，则有客船、货船、渔船、小舢板等，其中的双体脚踏船颇为奇特：船头船尾各两人，相向而踏，后面还拖着一只小舢板。还有一种窄长形小船也是：两侧船舷分别绑着一大捆毛竹，船头船尾各有一人撑篙，中坐一人……

有学者指出，《千里江山图》诠释了宋徽宗确立的"丰亨豫大"这一皇家美学理念。丰亨豫大，本谓富饶安乐的太平景象，后来走向了反面，多指好大喜功，奢侈挥霍。北宋时自然当属褒义。徽宗主持编撰的《宣和画谱》，阐明了"丰亨豫大"山水画的形态："岳镇川灵，海涵地负，至于造化之神秀，阴阳之明晦，万里之远，可得之于咫尺间。"一言以蔽之，就是要求全景式写实大山大水，不仅大而全，而且精而细。汤垕《画鉴》载，徽宗本人曾作巨幅《梦游化成图》，画中"人物如半小指，累数千人，城郭宫室，麾幢鼓乐，仙嫔真宰，云霞霄汉，禽兽龙马，凡天地间所有之物，色色具备，为工甚至"。惜乎此作不存，否则今人可以一睹由他亲自操刀体现的丰亨豫大审美观了，所谓"粉饰大化，文明天下，亦所以观众目、协和气焉"。

《只此青绿》将悠远绵长的传统文化意象，赋予了无限的生命力和想象力。这两年，河南电视台在传统节日到来时的舞蹈节目，也每每让人惊艳一回，如去年该台春晚的《唐宫夜宴》、端午节的《洛神水赋》、重阳节的《有凤来仪》等。诸如此类的成功表明，传统文化的魅力足以超越时空，素材也取之不竭，《唐宫夜宴》的灵感，不就是来自 1959 年安阳张盛墓出土的那组隋朝乐舞俑吗？古今情感如何交融，考验的是创作者的文化底蕴。

2022 年 3 月 12 日

关公戏

3 月 17 日《中国文化报》有篇文章:《奋力重振京剧武戏》。其中讲到北京京剧院演员李孟嘉,计划明年将《取襄阳》《刮骨疗毒》《走麦城》整理完成后搬上舞台。当下,演完《走麦城》,马上整理《斩熊虎》《三结义》,合在一起成为《关公出世》,"至此,我院的关公戏就有头有尾了"。

武戏作为京剧的"半壁江山",关公戏——关于三国名将关羽的戏,无疑是一个最为鲜明的文化符号。就我们外行来说,舞台上一旦出现枣红脸、卧蚕眉、丹凤眼、长髯口、绿锦袍、青龙偃月刀的形象,也一望而知那是关公。元曲中已有不少关公戏,出自关汉卿之手的,便有《关大王独赴单刀会》《关张双赴西蜀梦》。此外有郑德辉的《虎牢关三英战吕布》,还有一些作者无考,如《关云长千里独行》《刘关张桃园三结义》《寿亭侯怒斩关平》《关云长大破蚩尤》《关云长单刀劈四寇》等。

关公戏的形成,自然源于关公崇拜。而关公崇拜的形成,是一个复杂的学术论题,相关论文汗牛充栋。朱维铮先生认为这一崇拜是"荒谬的",大可不必,其形成、勃兴,必有相应的文化因素起作用,如佛教中土化、忠节观念确立等,无妨正视。《三国志》对真实关羽的事迹记载比较简略,辞曹操、斩颜良庞德、刮骨疗毒、水淹七军都在，其余如单刀赴会、三英战吕布、温酒斩华雄、千里走单骑、义释曹操等，就出自罗贯中了。关羽死后被追谥"壮缪"，按照周朝的谥法：威德刚武、死于原野、好力致勇等是"壮"，名与实乖、伤人蔽贤等都是"缪"。"壮缪"连在一起，可以有盛名之下其实难副的意思，而陈寿云关羽等被追谥，"时论以为荣"，或许三国时对谥字另有一套说法。

明朝谢肇淛早已对关公崇拜不以为然。其《五杂组》云："今天下神祠香火之盛莫过于关壮缪……余尝谓云长虽忠勇有余，而功业不卒，视之吕蒙智谋，其不敌也明矣。而万世之下，英灵显赫，日月争光，彼曹操、孙权皆不知作何状，而王独庙食千载，代崇褒祀，是天固不以成败论人也。而人顾有以一败没全功，以一眚掩大节者，独何心哉？使今人生子，必愿其为阿蒙，不为云长，而幕府上功必以失陷荆州为千古之罪案矣。故今之人，皆逆天者也。"又，"今世所崇奉正神尚有观音大士、真武上帝、碧霞元君，三者与关壮缪香火相埒，遐陬荒谷，无不尸而祝之者。凡妇人女子，语以周公、孔夫子或未必知，而敬信四神，无敢有心非巷议者，行且与天地俱悠久矣。岂神佛之中亦有遭遇而行世者耶？抑神道设教或相禅而兴也？"

清初赵翼也是这个态度。其《陔馀丛考》云："鬼神之享血食，其盛衰久暂，亦若有运数而不可意料者。凡人之殁而为神，大概初殁之数百年，则灵著显赫，久则渐替。独关壮缪在三国、六朝、唐、宋皆未有禋祀。"现在呢，"南极岭表，北极塞垣，凡儿童妇女，无有不震其威灵者，香火之盛，将与天地同不朽。何其寂寥于前，而显烁于后，岂鬼神之衰旺亦有数耶？"在不解之余，赵翼也对关羽如何一步步成神进行了一番考证："宋徽宗始封为忠惠公，大观二年，加封武安王。高宗建炎二年，加壮缪武安王。孝宗淳熙十四年,加英济王,祭于荆门当阳县之庙。元文宗天历元年,加封显灵威勇武安英济王。明洪武中,复侯原封。万历二十二年,因道士张通元之请,进爵为帝,庙曰英烈。四十二年,又敕封三界伏魔大帝神威远镇天尊关圣帝君。"

谢肇淛、赵翼不知,关公崇拜在他们身后更登峰造极。《清史稿·礼志》载:"清初都盛京,建庙地载门外,赐额'义高千古'。世祖入关,复建庙地安门外,岁以五月十三日致祭。顺治九年,敕封忠义神武关圣大帝。雍正三年,追封三代公爵……增春、秋二祭。洛阳、解州后裔并授五经博士,世袭承祀。"到了乾隆皇帝,对"壮缪"二字很看不过眼,以之"未孚定论,更命'神勇',加号'灵佑'";四十一年(1776)再诏:"关帝力扶炎汉,志节懔然,陈寿撰《志》,多存私见。正史存谥,犹寓讥评,曷由传信? 今方录《四库书》,改曰'忠义'。"此后直到光绪,历朝都有追封、加号、告祭,且"直省关帝庙亦一岁三祭,用太牢"。

生活中,连著名学者、《续资治通鉴》主编毕沅也见过关羽显灵,可见斯时对关公崇拜之深了。《郎潜纪闻二笔》云:"嘉庆丙辰,川、楚军兴,贼氛逼荆州,州城岌岌无守炮。汉寿亭侯忽示梦于马厂,掘获炮九位,石子十万斤。奏闻,锡名曰神赐大炮。"又,《履园丛话》云,"嘉庆元年,白莲教匪据楚北之当阳,我军急攻,其利用炮。总督毕公正檄军中立时督铸",这时有人说,哪里哪里有现成的,挖就是,说完人就不见了,而"如言掘之,果得大炮十三位"。两处文字说的是一件事。毕公即毕沅。

鉴于"优人演剧,每多亵渎圣贤",康熙曾颁诏禁止演孔子及诸贤,"至雍正丁未,世宗则并禁演关羽",幸而发生在彼时吧。1997年5月,余有幸到关公家乡——山西运城一游,去了他那个村子,当地正在修建围墙,准备收门票。关公家庙左近,颇多参天柏树,年代不浅。当地人说,即便"文革"时也没有人来这里破坏。关公在民间的威慑力可窥一斑,而之所以如此,关公戏的作用不可或缺。

2022 年 3 月 19 日

平安扣

在东航 MU5735 航班失事现场,首先搜寻到的遗物中有一张四围被烧毁了的纸片,上面的字迹仍清晰可辨,抄写的是毕淑敏小说《平安扣》。令人唏嘘。

平安扣是一个实体,如小说中所描述:"女友送我一只翡翠平安扣,红丝绳系着。它碧绿地沉重地坠在我的胸口,澄清中透出云雾状的'棉',水色迷蒙。扣的正中心有一个完整的孔,仿佛一支竹箫横断。清洌的空气在扣中穿行,染出一缕青黛。"从实物外观上,平安扣几乎是玉璧的缩微版。前人有"肉倍好谓之璧,好倍肉谓之瑗,肉好若一谓之环"的说法,肉即边,好即孔,那么通俗地说,眼儿小的就是璧。平安扣也许是今人在玉璧基础上的再创造,古代未必有。当然,这只是在我有限的典籍阅读范围内,没有发现相关的材料而已。

但自古以来,对生存环境较今日不知恶劣凡几的前人而言,对平安的祈求自然异常强烈,他们有他们的办法。以出行为例。《礼记·祭法》载,天子、诸侯、大夫、适士在出行之前都要祭祀路神。周制,天子立七祀,"曰司命,曰中霤,曰国门,曰国行,曰泰厉,曰户,曰灶";诸侯立五祀,"曰司命,曰中霤,曰国门,曰国行,曰公厉";大夫立三祀,"曰族厉,曰门,曰行";适士立二祀,"曰门,曰行";至于庶士、庶人大约不需出行,"立一祀,或立户,或立灶"。自天子而适士,尽管祭祀范围一减再减，都没有离开"行"，也就是要祭祀主道路、行作的行神，亦称路神或道神，具体的仪式叫"祖"。

这个神的来历如何呢？《四民月令》云，正月"百卉萌动，蛰虫启户。乃以上丁，祀祖于门，道阳出滞，祈福祥焉。又以上亥，祠先穑及祖祢，以祈丰年。"其本注云："黄帝之子曰累祖，好远游，死道路，故祀以为道神，以求道路之福。"《通典》引《白虎通》也提供了一种解释："共工之子曰修，好远游，车舟所至，足迹所达，靡不穷览，故祀以为祖神。"不管究竟是谁吧，从前有身份的人出行，祭祀行神是一个必备仪式。

《左传·昭公七年》载，楚灵王建成章华之台，鲁昭公准备去参加落成典礼，"将往，梦襄公祖"。杜预注："祖，祭道神。"《史记·五宗世家》载，汉景帝之子临江闵王刘荣"坐侵庙壖垣为宫"，被责令诣京。"荣行，祖于江陵北门"，司马贞索隐："祖者行神，行而祭之，故曰祖也。"同书《刺客列传》载，荆轲刺秦王出发时，"（燕）太子及宾客知其事者，皆白衣冠以送之。至易水之上，既祖，取道"，先祭祀路神，然后才上路。又，《汉书·刘屈氂传》载，"其明年，贰师将军李广利将兵出击匈奴，丞相（屈氂）为祖道，送至渭桥，与广利辞决"。颜师古注曰："祖者，送行之祭，因设宴饮焉。"

仪式归仪式，这几次出行的结果典籍也都有记载。昭公因为有此一梦，究竟去还是不去比较纠结。梓慎主张不去，"襄公之适楚也，梦周公祖而行。今襄公实祖，君其不行"。子服惠伯则主张去，"先君未尝适楚，故周公祖以道之。襄公适楚矣，而祖以道君，不行，何之?"昭公听了子服惠伯的，三月去，九月归。刘荣到了之后，因害怕而自杀。荆轲他们能预知后果，所以"高渐离击筑，荆轲和而歌，为变徵之声，士皆垂泪涕泣"。刘屈氂与李广利因为在饯别时密谋了立太子的计划，事情败露，"有诏载屈氂厨车以徇，要斩东市,妻子枭首华阳街。贰师将军妻子亦收"。在前线作战的李广利听到后,"降匈奴"。

平安扣在今天作为百姓的护身符,对于葛洪他们那些修道之士来说,如《三皇内文》及《五岳真形图》等是他们的法宝。《抱朴子·登涉》云,带上这两本书,"则木石之怪,山川之精,不敢来试人"。又,该书《瑕览》云,"持此书入山,辟虎狼山精,五毒百邪,皆不敢近人。可以涉江海,却蛟龙,止风波"。即便不是出行,"家有《五岳真形图》,能辟兵凶逆,人欲害之者,皆还反受其殃"。此外他们还有立七十二精镇符、佩老子玉策等,在祈求平安这一点上,人与仙或准仙可谓殊途同归。我们还看到,这也是人类的共同心理。

《酉阳杂俎》云:"波斯舶上多养鸽,鸽能飞行数千里。辄放一只至家,以为平安信。"波斯舶,即波斯商船。《唐国史补》亦云:"南海舶,外国船也,每岁至安南、广州。师子国舶最大,梯而上下数丈,皆积宝货。至则本道奏报,郡邑为之喧阗。"而"舶发之后,海路必养白鸽为信。舶没,则鸽虽数千里亦能归也",这是利用鸽子来向亲人报送平安。这种做法可以上溯到古希腊时代,那时是用来将奥运会优胜者的名字快速报给家乡。

说到这里,不免想起前两年吉林某厅官鼓捣出的《平安经》。在他那里,"平安"二字只是名词后缀,缀在诸如人体部位、年龄,以及机场、火车站、港口等的后面而已。通篇就是什么"眼平安,耳平安,鼻平安……""1岁平安,2岁平安,3岁平安……""北京火车站平安,西安火车北站平安,郑州火车东站平安……"以其荒诞不经,甫一曝光即令全国人民笑掉大牙。今天的平安扣真正寄托了人们最素朴也最关切的期冀,奈何"天有不测风云"就是。

2022年3月27日

绝交

4月1日傍晚,中国政法大学教授、博导刘玫发布的《关于我与汪海燕绝交的声明》惊现网络。汪海燕,男,同为该校教授、博导。从声明内容上看,刘玫与其绝交,是因为她与汪海燕"二选一"竞争中国刑事诉讼法学研究会副会长落选,乃痛斥"从博士毕业留校至今,每一次晋职、晋级都离不开我的支持和帮助"的汪海燕"忘恩负义"。

绝交即断绝交谊。古人也有绝交,《世说新语·德行》载:"管宁、华歆共园中锄菜,见地有片金,管挥锄与瓦石不异,华捉而掷去之。又尝同席读书,有乘轩冕过门者,宁读如故,歆废书出看。"就这么两件事,管宁看出华歆与自己志不同道不合,乃"割席分坐",且云"子非吾友也"。管宁采用的是把席子从中间划开的方式,你坐你的,我坐我的。"割席",后来成为绝交的代名词。

《明史·谢榛传》载:"李攀龙、王世贞辈结诗社,榛为长,攀龙次之。及攀龙名大炽,榛与论生平,颇相镌责,攀龙遂贻书绝交。"谢榛的做法正有点儿像刘教授对汪教授,李攀龙名声大噪之后,他让李想想当初,七子结社,我老大你老二啊,不要"忘本"。不料李攀龙毫不买账,当即提出绝交,采用的是写信方式。王世贞等更进一步,"削其名于七子之列",相当于都跟谢榛绝交了。从《李攀龙传》可知,这个嘉靖年间的进士当过顺德知府,"有善政",也很有性格。在陕西提学副使任上，"乡人殷学为巡抚，檄令属文"，李攀龙一句"文可檄致邪"，睬都不睬。当年结社，"诸人多少年，才高气锐，互相标榜，视当世无人，七才子之名播天下"。然李攀龙作诗，"务以声调胜，所拟乐府，或更古数字为己作，文则聱牙戟口，读者至不能终篇"。

公开声明绝交，当以嵇康《与山巨源绝交书》最为知名，千古传诵。与刘教授恼怒恰恰相反的是，嵇康之所以如此，是因为山涛"举康自代"，想让嵇康当官，而嵇康不屑。当然，刘教授梦寐以求的那个副会长是否属"官"还要另当别论。嵇康开篇就说："足下昔称吾于颍川，吾常谓之知言。"还以为你挺了解我呢，举荐的事虽未成，也"知足下故不知之"，原来不了解啊，则从前交往，诚"偶与足下相知耳"。接着，嵇康把山涛拉他当官，比作"羞庖人之独割，引尸祝以自助，手荐鸾刀，漫之膻腥"，像厨师羞于一个人屠宰，想拉祭师去帮忙一样，让对方手执屠刀，也沾上一身膻腥之气。在列举了从前的圣君、贤人、达士、隐者都能顺其本性，坚守节操，不为物移，以及因为"九患"而自己不能为官等之后，嵇康认为"足下无事冤之，令转于沟壑也"，你山涛这是让我陷入深渊啊。末了，嵇康更用上了《列子·杨朱篇》中"野人献曝"的典故：宋国有个农夫，披着破麻絮布勉强熬过冬天，春天在田里干活时觉得太阳晒着很舒服，就跟老婆商量把这个发现"以献吾君，将有重赏"。嵇康觉得山涛就是这么愚蠢，"其意如此，既以解足下，并以为别"，我们绝交吧。

在绝交这个问题上，前人也曾上升到理论层面加以阐述。东汉朱穆有《绝交论》，在此基础上，南朝梁刘峻又有《广绝交论》。从《后汉书》李贤注中，可窥知《绝交论》一二，以及朱穆《与刘伯宗绝交书》及诗。照信中所述，刘伯宗也是忘恩负义："昔我为丰令,足下不遭母忧乎? 亲解缞绖,来入丰寺。及我为持书御史,足下亲来入台。足下今为二千石,我下为郎,乃反因计吏以谒相与。足下岂丞尉之徒,我岂足下部民,欲以此谒为荣宠乎? 咄! 刘伯宗于仁义道何其薄哉!"绝交诗则借咏鸟而指人,说鸱鸟贪婪丑恶,却"长鸣呼凤,谓凤无德",而"凤之所趣,与子异域。永从此诀,各自努力!"

刘峻为什么要写《广绝交论》?《南史·任昉传》有个交待。任昉死后,四个儿子"并无术业,坠其家声。兄弟流离不能自振,生平旧交莫有收恤"。冬天刘峻偶遇老二西华,见其"著葛帔练裙……泫然矜之",乃以《广绝交论》讥讽任昉那些所谓朋友。果然,"到溉见其论,抵几于地,终身恨之"。当年,到溉、到洽兄弟"从昉共为山泽游",任昉逝后,到溉还写下"哲人云亡,仪表长谢。元龟何寄,指南何托",以示推重。《广绝交论》用设论的形式,先由客以《绝交论》为疑,"为是乎? 为非乎?"然后列举了自然界中的多种现象和历史上的诸多事实,说明友朋的不可或缺和多多益善。刘峻在解答中,先言《绝交论》之有妙理,再言贤达之交,后世不易见;进而列举了世俗"五交"——势交、贿交、谈交、穷交和量交的种种情态,再申明利交之害,君子所羞,所以朱穆写了《绝交论》;最后阐明"广"之的本意:任昉在世时,"坐客恒满",一旦逝去,"坟未宿草",便"野绝动轮之宾"。

回到刘教授的声明,"给他这碗饭吃的人是我","当我得知中国政法大学有两个副会长名额,而汪海燕意图占据其中一个名额时,作为……对他有过大恩的人,我感到深深受到了伤害"云云,不用说相比前人留下的同类文字的文采,作为在法学界活跃多年的学者,其中所暴露出的,仅仅是吃相难看的问题吗?

2022 年 4 月 4 日

桑椹

报上消息说,温州永嘉的桑椹已经熟了,种植户陈光征正在为桑园采摘游的开放做最后的准备,修剪枝叶、固定枝干、架设生态防鸟网等等,不日便可待客。记忆中,我们那里桑椹是夏天才熟。我家院墙边上就有一棵碗口粗的桑树,每到桑椹还半紫半红时,我们就兴奋地当零食吃了。一顿下来,嘴唇弄得紫红紫红。下面的欠脚够着摘,高处的便站在墙头上,那东西不像枣子一类能打下来,得边摘边吃,一旦掉在地上,沾上的土是拂不去的。

从前这恐怕也是农家的一景。《诗·郑风·将仲子》有"将仲子兮,无逾我墙,无折我树桑"句,表明先秦时那个女孩家的院墙边就种着桑树。《孟子·梁惠王上》云:"五亩之宅,树之以桑,五十者可以衣帛矣。"衣帛,穿上丝绵袄。农家种桑,当然不是单纯为小朋友吃桑椹。再往前溯,殷商天子以《桑林》为乐名,显见也是物质决定意识的结果。《左传·襄公十年》载:"宋公享晋侯于楚丘,请以《桑林》。"杜预注:"《桑林》,殷天子之乐名。"著名的庖丁解牛故事中,庖丁运刀的声音被庄子美化为形同音乐,所谓"合于《桑林》之舞,乃中《经首》之会",《经首》则是尧乐。

后来才知道,桑椹不仅小朋友爱吃,鸟也爱吃。《诗·卫风·氓》之"吁嗟鸠兮,无食桑葚",就是借斑鸠"食桑椹过则醉,而伤其性",来告诫女子不要沉溺在爱情里,桑椹被借喻为男子。又,

《鲁颂·泮水》有"翩彼飞鸮，集于泮林。食我桑葚，怀我好音"，这是以猫头鹰吃桑椹来比拟淮夷使者受到鲁的招待。当然，比兴、借喻嘛，斑鸠、猫头鹰是否真吃还要存疑，斑鸠吃桑椹多了会醉，更可能是当时的民间传说，我是从来没有生出那种感觉，每次都是不想吃了才罢手。

我们小时候吃桑椹是因为嘴馋，吃着玩儿，而浑不知在古代，桑椹还可以充当粮食甚至军粮。东汉崔寔《四民月令·三月》就说了："是月也，冬谷或尽，椹麦未熟，乃顺阳布德，振赡匮乏，务先九族，自亲者始。"把桑椹与麦子看得同等重要，能够在青黄不接时起到接济作用。《齐民要术》《救荒本草》等，也均将之列为赈灾备选。《齐民要术》云："椹熟时，多收，曝干之，凶年粟少，可以当食。"《救荒本草》云，桑椹"有黑白二种，桑之精英尽在于椹"。救饥前的准备是，"采桑椹熟者食之，或熬成膏，摊于桑叶上晒干，捣作饼收藏。或直取椹子晒干，可藏经年"。不唯桑椹，桑叶、桑树皮也有此种功能，桑叶"嫩老皆可煤食，皮炒干磨面，可食"。

《魏书·崔挺传》载，崔挺儿子孝昞除赵郡太守，而"郡经葛荣离乱之后，民户丧亡，六畜无遗，斗粟乃至数缣，民皆卖鬻儿女"。时"夏椹大熟，孝昞劝民多收之。郡内无牛，教其人种。招抚遗散，先恩后威，一周之后，流民大至。兴立学校，亲加劝笃，百姓赖之"。这是正史中桑椹救饥的一个实例。至于桑椹作为军粮，于《三国志》《北史》中均可窥见。

先看《三国志》。《魏书·武帝纪》载，曹操"用枣祗、韩浩等议，始兴屯田"，裴松之引晋王沈《魏书》注云："自遭荒乱，率乏粮谷……袁绍之在河北，军人仰食桑椹。袁术在江、淮，取给蒲蠃（即蚌蛤之属）。"曹操认为，诸如此类不及屯田治本。但权一时之需，曹操也不得不借此渡过难关。《贾逵传》裴注引鱼豢《魏略》

云,"(献帝)兴平末,人多饥穷,(新郑长杨)沛课民益畜干椹,壹豆,阅其有余以补不足,如此积得千余斛,藏在小仓"。这时兖州刺史曹操"西迎天子,所将千余人皆无粮。过新郑,沛谒见,乃皆进干椹。太祖甚喜"。等到曹操在中央有话事权了,先"迁沛为长社令",又"累迁九江、东平、乐安太守"。后来,杨沛"从徒中起为邺令",曹操召见了他,问曰:"以何治邺?"对曰:"竭尽心力,奉宣科法。"曹操赞许的同时,对在座的他人说:"诸君,此可畏也。"又"赐其生口十人,绢百匹,既欲以励之,且以报干椹也"。干椹当年所解决的燃眉之急,曹操始终念念不忘。

再看《北史》。《崔逞传》载,拓跋珪"攻中山,未克,六军乏粮,问计于逞"。崔逞说:"飞鸮食葚而改音,《诗》称其事,可取以助粮。"崔逞用了前面《泮水》中的比喻,不知有意还是无意,但拓跋珪听了很生气,只是"虽衔其侮慢,然兵既须食,乃听人以葚当租",百姓没粮食就交桑椹。大约又虑及了劳民,崔逞建议"可使军人及时自取,过时则落尽",拓跋珪忍不住发怒了:"内贼未平,兵人安可解甲收葚乎!"然又"以中山未拔,故不加罪",先把账记下。风平浪静之后,终于找到茬子,"遂赐逞死"。

《隋书·赵轨传》载,齐州别驾赵轨家"东邻有桑,葚落其家,轨遣人悉拾还其主"。他还借此教育诸子:"吾非以此求名,意者非机杼之物,不愿侵人。汝等宜以为诫。"机杼之物,谓劳动所得。赵轨上调中央时,父老挥涕曰:"别驾在官,水火不与百姓交,是以不敢以壶酒相送。公清若水,请酌一杯水奉饯。"赵轨之清廉乃是真清,然正因彼时桑椹非如今日只是寻常水果,其拾还之举才会被史书浓重地记上一笔吧。

2022 年 4 月 10 日

沆瀣一气

4月13日,上海交通大学自动化系在其官方公号推送了一篇文章,题曰《我们的抗疫手记|校友篇》。导语写道:在交大的抗疫工作中,不仅有着全校师生沆瀣一气、团结向前,还有着无数的校友们为交大捐赠物资、默默奉献。"沆瀣一气"既出,引发舆论哗然。因为该成语在今天多用于贬义,有的辞书径直释义为臭味相投。

去年也是在上海,复旦大学官网汇集了该校师生对一名员工不幸遇害的哀悼追思之情,其中一篇言逝者"求仁得仁"的,也引起了颇大非议。该成语出自《论语·述而》,冉有问子贡,老师会帮助卫国的国君吗? 子贡请教孔子,便有这样的一问一答:"伯夷、叔齐何人也?""古之贤人也。""怨乎?""求仁而得仁,又何怨?"孔子是说,伯夷、叔齐让国远去,耻食周粟而最后饿死,这是为理想作出的选择,也就是求仁而得到了仁,无所怨。该成语因之多用于适如其愿。将这样的典故用于被害同事,"求仁得仁,永珍(被害者)安息"云云,肯定非常不妥,哪有被人杀害是自己愿意为之的呢? 此望文生义的恶果。

"沆瀣一气"的用错与之性质不同,属于词义发生了转移。该成语的产生源于玩笑,古人很喜欢用名姓相戏,前文已列举颇多。"沆瀣一气"出自《南部新书》,唐宣宗大中十二年(858),杜审权作为主试官录取了卢处权,有人便用二人名字调侃:"座主审权,门生处权,可谓权不失权。"无独有偶,唐僖宗乾符二年(876),崔沆作为主试官录取了崔瀣,又有人调侃:"座主门生,沆瀣一气。"所以将"沆"与"瀣"组合在一起来开玩笑,是因为已然存在"沆瀣"一词,亦即夜间的水气,露水。如屈原《楚辞·远游》有"餐六气而饮沆瀣兮,漱正阳而含朝霞"句。前人阐释,屈原作此篇,"盖悲末世恶陋之俗而欲远游以遁去耳",不仅如此,还"远弃五谷,吸道滋也",吸食天地日月之精气。

应当看到,"沆瀣一气"问世时并无贬义,不过是说二人气味相投。且《旧唐书·崔沆传》载崔沆迁礼部侍郎,典贡举,"选名士十数人,多至卿相"。或能表明崔沆看人很准,未必存在私心,录用崔瀣也是。那玩笑只是"沆"与"瀣"巧遇罢了。不过,世易时移,"沆瀣"的词义仍然没变,"沆瀣一气"却已经走向了反面,再像上海交大这样当作非贬义来使用,就难免要闹笑话。这样的词义转移,还有许多。

如我们耳熟能详的"闭门造车",如今是办事只凭主观想象,不顾客观实际的意思,而原意却是只要按照同一规格,关起门来造出的车辆也能和路上的车辙完全相合。如朱熹《〈中庸〉或问》所云:"轨者,车之辙迹也。辙迹在道,广狭如一,无有远迩,莫不齐同。古语所谓'闭门造车,出门合辙',盖言其法之同也。"从称赞"出门合辙"的巧妙,到贬损"出门不能合辙"的想当然,这就是词义的转移。毛泽东《在延安文艺座谈会上的讲话》言及"无产阶级政治家同腐朽了的资产阶级政治家的原则区别"时指出,后者的特点就是"闭门造车,自作聪明,只此一家,别无分店"。

又如前文所言之"丰亨豫大"。孔颖达疏《易·丰》云:"财多德大,故谓之为丰;德大则无所不容,财多则无所不济,无所拥碍,谓之为亨,故曰丰亨。"又《易·豫》云:"圣人以顺动,则刑罚清而民服。豫之时义大矣哉。"所以，丰亨豫大本是富饶安乐的太平景象。然从北宋蔡京以后就渐渐变味了。《宋史·蔡京传》载："时承平既久，帑庾盈溢，京倡为丰、亨、豫、大之说，视官爵财物如粪土，累朝所储扫地矣。"视官爵财物如粪土到了什么程度？徽宗有次大宴群臣，拿出玉琖(玉饰酒杯)、玉卮(玉制酒杯)说，自己想使用这些东西，又担心别人说太奢侈。蔡京说："臣昔使契丹，见玉盘琖，皆石晋时物，持以夸臣，谓南朝无此。今用之上寿，于礼无嫌。"徽宗还是心有忌惮："先帝作一小台财数尺，上封者甚众，朕甚畏其言。此器已就久矣，倘人言复兴，久当莫辨。"蔡京又说："事苟当于理，多言不足畏也。陛下当享天下之奉，区区玉器，何足计哉！"《水浒传》中的"生辰纲"，即"北京大名府梁中书，收买十万贯金珠宝贝玩器等物，送上东京与他丈人蔡太师庆生辰"的生日礼物。"生辰纲"或虚，其所脱胎的"花石纲"却为实。"纲"乃运输船队，往往十艘船编为"一纲"。徽宗为了建造艮岳，到处搜罗奇花异石，花石纲"流毒州县者达二十年"。因此，"丰亨豫大"便逐渐滑向了"好大喜功，奢侈挥霍"的同义词。南宋魏了翁云："自丰亨豫大之名立也，而财用日耗。"元袁桷云："呜呼，丰亨豫大之说行，驰致靖康长驱，中原皆望风迎降。"把北宋的灭亡直接归为"丰亨豫大"的倡导与推行。

　　与"沆瀣一气"殊途同归的是，"丰亨"没变，但"丰亨豫大"已成贬义。这个词义的转移，要把账算到蔡京头上，那么宋朝以后再用"丰亨豫大"就要小心。然而许多词义发生转移的时间点并没有这么明确，则今天成语的使用正确与否，大抵要取决于"转移"之后的释义。如"沆瀣一气"等仍然使用原意，就不可能不引起非议了。

2022 年 4 月 17 日

货 郎

抗疫期间,济南市智远街道义和社区出了个"货郎"赵庆。那是一个有着 2598 名居民的村居式开放社区,赵庆为居民之一。凭着对社区道路和居民情况的熟悉,他主动报名参与一线物资保障组的工作,每天骑着自己的电动三轮车为邻居们送去需要的物资。

"货郎"在这里当然是借喻,这种流动出售杂货的小商贩,去今三四十年前在乡村中也还常见。在京郊潮白河畔我们老家那里,虽然村里有大队办的商店,针头线脑类的日常生活用品基本齐备,但走街串巷的小贩仍然不乏。卖豆腐的、卖豆腐丝儿的、用灶灰换火柴的,差不多天天都有,聊补店铺之缺。只是他们也都代表"公家"行使小贩的职能,并非私人行为。

货郎大约诞生于宋朝。从前人留下的画作中,可以直观地见识早期的货郎,他们或推车或挑担。去年这个时候,台北故宫博物院举办了"画琳琅—货郎图"特展,分为"琳琅—货郎图"和"国宝—李嵩市担婴戏"两个单元,前者介绍宋元明清时期的各种货郎图,包括传为北宋苏汉臣的《货郎图》轴、元人《春景货郎图》轴、清代丁观鹏《太平春市图》卷等 14 件书画作品,后者则聚焦于南宋李嵩的《市担婴戏》。

苏汉臣画了好几幅《货郎图》，其中一幅描绘的是推车货郎。梅花树下，货郎右手扶着车把，左手扬起勾着的食指，歪着头，似乎在回答背着更小孩童的孩童的问价。车上货品各式各样，种类繁多，每件都画得细致入微，图案、纹饰都清晰可见。货郎车及车身的竹篾也一笔一画勾勒。旁边的几个孩子或围观，或追逐嬉戏。李嵩《市担婴戏》画的则是挑担货郎，一个怀抱正在吃奶幼儿的妇女要买什么，身边还围着四个孩子，货郎处于弯腰撂担的一瞬间，担子里的货品堆成小山，眼花缭乱，而妇女身边的一个小童甚至要攀上担子。

《武林旧事》"元夕"条云，正月十五，皇帝观罢鳌山，要"宣唤市井舞队及市食盘架"，后者即小贩。于是，京尹就把事先选好的"华洁及善歌叫者"叫进来，见皇帝嘛，得衣着鲜亮、干净，还得长于唱喊叫卖。这些人"既经进御，妃嫔内人而下，亦争买之，皆数倍得直，金珠磊落，有一夕而至富者"。走上层路线，自然盆满钵满。"舞队"条更说到，元宵期间的木偶戏表演，甚至有模仿货郎叫卖的内容。《水浒传》中也写到了货郎。第七十四回，燕青不忿任原口出狂言，决意要跟他打擂台。"宋江置酒与燕青送行。众人看燕青时，打扮得村村朴朴，将一身花绣，把衲袄包得不见。扮做山东货郎，腰里插着一把串鼓儿，挑一条高肩杂货担子。诸人看了都笑"。

元杂剧中，货郎屡屡出现，有人统计，有 13 部作品涉及货郎。如关汉卿《赵盼儿风月救风尘》中，宋引章被周舍家暴，后悔当初没有听进赵盼儿的劝告，想到"我这隔壁有个王货郎，他如今去汴梁做买卖"，便"写一封书稍将去，着俺母亲和赵家姐姐来救我"。又，石君宝《鲁大夫秋胡戏妻》第二折，秋胡母亲说儿媳罗梅英："媳妇儿，可则一件，虽然秋胡不在家，你是个年小的女娘家，你可梳一梳头，等那货郎儿过来，你买些胭脂粉搽搽脸，你也打扮打扮；似这般蓬头垢面，着人笑你也。"如此等等，表明元代货郎不仅贩卖货物，还替人传递信息或充当信使。

从前的货郎一边敲锣或摇拨浪鼓，一边唱着物品的名称。《南村辍耕录》云，苗人"军中无金鼓，杂鸣小锣，以节进止。其锣若卖货郎担人所敲者"。侯宝林先生的相声《改行》，说的是旧时一些艺人，其中老旦龚云圃改行卖菜，可是"遛了半天没开张"，怎么会没人买呢？因为"他不吆喝，人家不知道他给谁送去"。一旦明白了，龚云甫开始吆喝，可惜又"吆唱出来跟他唱戏一样"，来了段"二簧散板"，与货郎之唱南辕北辙。

货郎之唱，有自己约定俗成的一套。《茶香室三钞》引高承《事物纪原》云："（宋仁宗）嘉祐末，四海方遏密，故市井有'叫果子'之戏。其本盖自至和、嘉祐之间'叫紫苏丸'，泊乐工杜人经十叫子始也。京师凡卖一物，必有声韵，其吟哦俱不同，故市人采其声调，间以词章，以为戏乐，又谓之'吟叫'。"《梦粱录》亦云："今街市与宅院，往往效京师叫声，以市井诸色歌叫卖物之声，采合宫商成其词也。"货郎所唱的调子一旦定型，还形成了相应的曲牌。宋江他们当然也懂得这些，他对燕青说："你既然装做货郎担儿，你且唱个山东《货郎转调歌》与我众人听。"燕青毫不含糊，"一手拈串鼓，一手打板，唱出《货郎太平歌》，与山东人不差分毫来去。众人又笑"。燕青"是北京土居人氏"，能够唱得"与山东人不差分毫"，本领又岂止射箭、相扑所能涵盖？叶德均先生指出："从这项记载更可证明这曲调是由叫卖声调而来。但小说没有记录歌词，不知道除叫卖物品外，是否也有抒情、叙事的歌曲。而《货郎转调歌》（货郎太平歌）则是山东职业货郎儿的创作，唱时以鼓、板节拍。"

作为行当,货郎已经淡出了人们的视野。而对货郎的认知却不能,他们往往在城市经济和乡村经济之间起到桥梁作用,既处于商人的边缘地带,又十分接近底层百姓,不啻了解前人社会生活的一个重要窗口。

2022 年 4 月 23 日

麻醉

因为做胃肠镜检查,生平第一次被"深度麻醉"。麻醉医生是老朋友,说着说着话就什么也不知道了。大约20分钟后醒来时,检查已经做完。检查结束与被检查者恢复意识几乎同步,足见麻醉医生的高明之处。

综合辞书的定义,麻醉即在外科手术或诊断性检查时,为解除病人疼痛并使肌肉适当松弛而采用的各种方法。麻醉状态下,病人全身或局部暂时失去知觉。最早运用麻醉来治疗的,公论为东汉华佗。《后汉书·方术列传》载,华佗行医,以方药、针灸为主,而"若(病人)疾发结于内,针药所不能及者,乃令先以酒服麻沸散,既醉无所觉,因刳破腹背,抽割积聚。若在肠胃,则断截湔洗,除去疾秽,既而缝合,傅以神膏,四五日创愈,一月之间皆平复"。神膏为何物不得而知,麻沸散正是他所创用的麻醉药。

唐朝李贤注解这一段时引《华佗别传》又提供了一例。云河内太守刘勋"有女年几二十,左脚膝里上有疮,痒而不痛。创发数十日愈,愈已复发,如此七八年"。请华佗来看,华佗说"易疗之"。那些铺垫的"走马牵犬"步骤就不去说他了,奇奇怪怪,而其中的"以药饮女,女即安卧不知人",显然也是进行了麻醉。

按《列子·汤问》所云,在华佗之前,战国时的扁鹊已经运用了麻醉。"鲁公扈、赵齐婴二人有疾,同请扁鹊求治。扁鹊治之"。病好之后,扁鹊对二人说:"汝曩之所疾,自外而干府藏者,固药石之所已。今有偕生之疾,与体偕长,今为汝攻之,何如?"如今是治标,还需治本。二人说还是先听神医讲解。扁鹊乃谓公扈曰:"汝志强而气弱,故足于谋而寡于断。齐婴志弱而气强,故少于虑而伤于专。若换汝之心,则均于善矣。"动手术时,扁鹊"饮二人毒酒,迷死三日,剖胸探心,易而置之;投以神药,既悟如初"。毒酒,该是用作麻醉的药酒。麻醉祖师的名头没有赋予扁鹊,在于此举实在怪诞吧。《列子》中充满了民间故事、寓言和神话传说,不乏科学幻想,列子的用意是借此阐明自己的哲学思想,后人自然不必当真,也不可当真。

《水浒传》中有大量关于蒙汗药的情节,实则都是麻醉。"智取生辰纲"之外,著名的还有"武都头十字坡遇张青"。武松被刺配孟州牢城,路过孙二娘恶名远扬的黑店,故意找茬儿戏弄之。孙二娘有"十分香美的好酒,只是浑些",武松嘴里叨咕"最好,越浑越好吃",而悄悄地"把这酒泼在僻暗处"——他知道里面下了蒙汗药,但装出一副享受的样子:"好酒,还是这酒冲得人动!"当然,上当的是孙二娘。生活中,使用蒙汗药麻醉来达到预期目的的,也比比皆是。

魏浚《峤南琐记》云,其"官农部河南司时"碰到过一件事,龙曹长"一日曹事毕,遣吏承印还寓",结果"吏途遇一人,云当赴曹投牒者。引去他处,饮以酒,吏即昏迷若寐。及觉,印为盗去矣"。几天后抓获盗贼,招供"用风茄为末,投酒中,饮之即睡去,须酒气尽乃寤"。问他从哪弄来的风茄,他说"此广西产,市之棋盘街鬻杂药者",随便都能买到。魏浚说,风茄,"今土人谓之颠茄,风犹颠也,一名闷(曼)陀罗"。蒙汗药的麻醉原理,就是曼陀罗花的作用。《本草纲目·草部》指出："八月采此花,七月采火麻子花,阴干,等分为末。热酒调服三钱,少顷昏昏如醉。割疮炙火,宜先服此,则不觉苦也。"在十字坡,武松要孙二娘把酒热了喝,孙二娘暗地里非常高兴:"这个贼配军正是该死,倒要热吃。这药却是发作得快。"她早知道热酒调服的功能。有趣的是,《梵天庐丛录》云:"清代囚徒之犯大辟者,思刑戮痛苦,往往私贿狱卒,取蒙花药酒饮之,至于不识不知,则受刑时绝不觉痛楚。"这种用麻醉减轻痛苦的办法,充其量权一时之需,麻醉酒失效之后呢?但狱卒借此发财了,"酒一瓶,狱卒有需索至数十金者",其实这种酒无非掺进了"甚易得"的曼陀罗花而已。

《万历野获编》云:"嘉靖末年,海内宴安,士大夫富厚者以治园亭、教歌舞之隙,间及古玩。"有钱的还好,"不吝重赏收购"就是,有权的,如相国严嵩父子、太师朱希忠兄弟等"以将相当途,富贵盈溢,旁及雅道"的,就要祸国殃民了。果然,"严以势劫,朱以货取,所蓄几敌天府"。张居正当国,"亦有此嗜,但所入之途稍狭,而所收精好,盖人畏其焰,无敢欺之"。附庸风雅的自然不乏,"以临邛程卓之赀,高谈宣和博古图书画谱,钟家兄弟之伪书,米海岳之假帖,滇水燕谈之唐琴,往往珍为异宝"。又,"吴门新都诸市骨董者……其称贵公子大富人者,曰饮蒙汗药,而甘之若饴矣"。于此可窥当时富豪生活的奢靡、无聊,麻醉自己而浑然不觉。"蒙汗药"一词显见已为贬义,且药之本身在市面上颇为流行。

当年在孙二娘的黑店,押解武松的两个公人不能"忍得饥渴,只顾拿起来吃了",旋即"天旋地转,禁了口,望后扑地便倒"。冰释前嫌之后,"孙二娘便调一碗解药来,张青扯住耳朵,灌将下去。没半个时辰,两个公人,如梦中睡觉的一般爬将起来"。解药究竟为何,没有交待。今日麻醉醒来,自有科学原理在内。余未咨询,深知即便友人讲了,自家也明白不了。

2022 年 4 月 30 日

南汉二陵

　　"五一"那天参观了位于广州大学城的"南汉二陵博物馆"。同系低一个年级的师妹在广州市文物考古研究院工作,假期值班,盛情相邀。院名与馆名在同一块牌子上。

　　南汉二陵即德陵、康陵,分属五代十国之南汉国的刘隐和刘䶮。两人是同父异母的兄弟,登基的是刘䶮,而奠定基业的是刘隐与乃父刘谦。刘谦"以军功拜封州(今广东封开)刺史兼贺水镇使",刘隐继任,又先后获后梁所封"南平王""南海王"。时天下已乱,"中朝士人以岭外最远,可以避地,多游焉。唐世名臣谪死南方者往往有子孙,或当时仕宦遭乱不得还者,皆客岭表",刘隐"好贤士",一概"招礼之",此乃立国的资本之一。只是刘隐以38岁的盛年早逝,才到了弟弟称帝。这情形有点儿像东汉末年的东吴,"割据江东"的基业由孙坚、孙策父子奠定,周瑜等都是孙策的朋友,不幸的是孙策年仅26岁便遇刺身亡,孙权才成了吴的第一任皇帝。不过,"权称尊号,追谥策曰长沙桓王",刘䶮没那么小气,追封哥哥为"烈宗襄皇帝",刘隐墓因之成陵。

　　新旧《五代史》及《宋史》《十国春秋》中,均可见到关于南汉的记载。在薛居正《旧五代史》中,南汉尚归入《僭伪列传》,在欧阳修、宋祁《新五代史》以及元脱脱《宋史》中便入了《世家》,到清吴任臣《十国春秋》更辟为《本纪》。南汉作为"国"而非割据政权，就这样逐步得到了确认。

南汉高祖刘䶮，始名岩，后来又改了几次，先改为陟、又改回岩、再改为龑，最后弄出个"䶮"，而"古文无此字，盖妄撰也"。为什么要妄撰？因为《周易》有"飞龙在天"，采其义。刘䶮想来笃信《周易》，他的"大有"年号也是这么来的。时"楚大举水军入寇，围封州，帝以《周易》筮之，遇《大有》，于是大赦，改元"。刘䶮之频繁改名，自然也有他的道理，比如为什么不叫"龑"了？那是大有十四年（941）十二月他生了重病，有番僧指出"谶书：'灭刘氏者龑也。'上名殊不利"，他才改的。而次年三月他就死了，所以这名字其实没用多久。博物馆中将"刘䶮"一般写作原初的"刘岩"，据说是为了照顾观众，有道理。巧合的是，宋将潘美攻克兴王府（即广州）、后主"素衣白马出降"时，南汉军国大事一手遮天的宦官正叫作龑澄枢，算是应了谶书的"龑"。

南汉二陵博物馆中，福建福州刘华墓出土的大小四个精致陶俑非常引人关注，虽然是复制品。文字介绍说，该墓"1965 年发掘，墓主人刘华为刘隐次女，嫁与闽王王审知次子王延钧"。闽，也是十国之一，王延钧后来称帝。而《十国春秋》载，乾亨元年（917），刘䶮即皇帝位的这一年，"闽王为其子延钧来娶妇，帝嫁其女清远公主于闽"，表明王延钧妻子是刘䶮的女儿。不过，刘华墓墓志订正了这一点，"夫人讳华，字德秀……皇考讳隐，字昭贤……今燕国明惠夫人即故南平王之仲女"等字样，表明史书记载实则有误。闽王上门，显然是要与毗邻的新政权交好，然而，"乾亨八年夏四月，帝自将兵侵闽，屯汀、漳境上，为闽人所击，败归"。此前，刘岩也曾"求楚王女为昏，楚王殷许之"，而大有元年（928）三月，"楚大举水军入寇，围封州"。此一番，"大败楚兵于贺江"。

所谓交好皆系权一时之需,联姻的手段苍白无力。

刘龑死后,葬在"兴王府城东二十里之漫山,陵中以铁锢之,不可启"。当然这只是一厢情愿。《广东新语》云,崇祯九年(1636)秋,康陵就被盗过一回。一老农偶然发现墓穴,"率子弟以入"。但见"堂宇豁然,珠帘半垂,左右金案玉几备列。有金人十二,举之重各十五六斤。中二金像冕而坐,若王与后,重各五六十斤。旁有学士十八,以白银为之",此外,"他珍异物甚众,不可指识"。邑令知道后赶快跑来搜刮,"得玉枕一、金人四以归"。这些文字所言应当不虚,因为"一碑当穴门中立,辞称:'高祖天皇大帝哀册文'",在 2003 年夏季的考古发掘中得到了印证。万幸的是,此碑仍然保存完好,一字未损,碑额与屈大均所载完全相同,其他稍有区别。"翰林学士【承旨银青光禄大夫行尚书左丞】知制诰(正议大夫尚书右丞相紫金袋臣)【上柱国范阳县开国男食邑三百户臣】卢应【奉】敕撰并书。"其中,( )内的文字为屈文,【】为康陵出土哀册文。这是考古发掘中首次出土完整的哀册全文,也是目前年代最早的哀册文碑石。

南汉立国 67 年,历三世五主。二陵当年发掘之时,发掘地尚称"刘皇冢",也还没有重要文物出土,我便撰写了时评《如果"刘皇冢"没有宝贝》发表在《南方日报》。文中提了个建议:"即便'刘皇冢'本身被证实毫无价值,没有如象岗南越王墓那样原址保护的必要,也不妨以遗址为依托建一个博物馆。广州已经有了南越王博物馆,可以再建一个南汉国博物馆。这样,历史上在广州定都的两个王朝,都有了各自的博物馆可以陈列相应的史料;而且,南汉国博物馆还可以作为南汉史的研究基地。"如今看到的,即使只是"南汉二陵博物馆",也足感欣慰了。

2022 年 5 月 3 日

泄密

因为全省保密宣传教育月的要求，参加了单位组织的保密教育线上培训和保密知识测试。如今的保密要求越来越高，单位里的寻常会议往往也不能带手机进场，想来是"帝国主义亡我之心不死"愈演愈烈之故吧。

保密，即保守机密，相反则是泄密。《管子》云："古者有二言：'墙有耳，伏寇在侧。'墙有耳者，微谋外泄之谓也。"成语"隔墙有耳"即源于此，比喻谈论秘密的事情会有人偷听。如果偷听去了，就是泄密。《韩非子》云："夫事以密成，语以泄败。未必其身泄之也，而语及所匿之事，如此者身危。"《史记》对此予以收录，张守节正义："事多相类，语言或说其相类之事，前人觉悟，便成漏泄，故身危也。"保密的重要性不言而喻。

对保密的要求自古已然，只是在不同历史时期，"密"之所指大不相同就是。

秦赵长平之战，秦国使了反间计，到处散布"秦之所恶，独畏马服子赵括将耳，廉颇易与，且降矣"，赵国果然上当，"因使赵括代廉颇将以击秦"。这边厢，秦"乃阴使武安君白起为上将军"，且"令军中有敢泄武安君将者斩"。白起当了统帅就是军事秘密。燕太子丹欲报仇于秦，正面打不过，田光说这般这般，太子丹频频称是，然而他说："丹所报，先生所言者，国之大事也，原先生勿泄也！"田光笑了，这是怀疑我嘴巴不严啊，"夫为行而使人疑之，非节侠也"，于是自刎而死。荆轲将行刺秦王，当然更是天大的秘密。

浏览《汉书》，可以发现"漏泄省中语"是个高频词。如《元帝纪》载，建昭二年（前37），"淮阳王舅张博、魏郡太守京房坐窥道诸侯王以邪意，漏泄省中语，博要（腰）斩，房弃市"。《贾捐之传》载，石显奏"（杨）兴、（贾）捐之怀诈伪，以上语相风，更相荐誉，欲得大位，漏泄省中语……捐之竟坐弃市。兴减死罪一等，髡钳为城旦"。《陈咸传》载，御史中丞陈咸不大瞧得起"用事颛权"的中书令石显，颇言其短，"显等恨之"。时朱云滥杀无辜，"有司举奏，未下"。陈咸与朱云关系不错，"教令上书自讼"。这件事给石显知道了，"白奏咸漏泄省中语，下狱掠治，减死，髡为城旦，因废"。彼时泄密，问罪尚轻，重则杀头。

"省中语"者何？蔡邕说，省中"本为禁中，门阁有禁，非侍御之臣不得妄入"。之所以改"禁"为"省"，是因为避孝元皇后父亲王禁的名讳。"省中语"实际上是"禁中语"，帝王在宫内与亲近者所说的不公开的话。孝元皇后是王莽的姑姑，权倾一时。不过，过了这个时代，后人便不再理睬这种避讳。《南史·何敬容传》载，何敬容就是"多漏禁中语"了。

清冯班《钝吟杂录》云："好酒之人，勿与谋事，防其醉而泄也。"这该是在前人教训的基础上提炼出来的经验之谈。醉酒之人，嘴上把门不牢，史不乏见。

《三国志》里的东吴末帝孙皓深谙此道，其"每宴会群臣，无不咸令沈醉。置黄门郎十人，特不与酒，侍立终日，为司过之吏"，专等群臣的醉语。于是，"宴罢之后，各奏其阙失，迕视之咎，谬言之愆,罔有不举"。《三国演义》里的周瑜则反其道而行之。昔日同窗蒋干来江东游说他,他"佯作大醉之状,携干入帐共寝",然后又是"呕吐狼藉""鼻息如雷",又是些说醉话,目的是让蒋干相信蔡瑁张允已被他们策反,蒋干果然中计。

李白失宠于玄宗,大抵也正有酒的因素。范传正《唐左拾遗翰林学士李公新墓碑并序》云,玄宗本来"甚爱其才",然"或虑乘醉出入省中,不能不言温室树,恐掇后患,惜而遂之"。温室树,借指宫禁中事,典出《汉书·孔光传》。孔光"沐日归休,兄弟妻子燕语,终不及朝省政事"。即便问及"温室"即省中都种些什么树,孔光也照样不接话茬,"更答以他语"。孔光的保密工作做到了什么程度?"时有所言,辄削草稿",痕迹都不留下,且"有所荐举,唯恐其人之闻知",也不借此自重。好酒的李白有没有醉而泄密过不得而知,玄宗不放心是无疑的。

寇準之退出政治舞台,基本上可以坐实这种因素了。《宋史·寇準传》载,"时真宗得风疾,刘太后预政于内",寇準建议"择方正大臣为羽翼"辅佐太子监国。真宗同意,寇準乃"密令翰林学士杨亿草表",不料"已而谋泄",寇準"罢为太子太傅,封莱国公"。怎么泄密的呢?苏辙《龙川别志》云,杨亿跟小舅子张演说"数日之后,事当一新",张演给传出去的。不过,《续资治通鉴长编》未予采纳,且云"亿虑事泄,夜屏左右为之辞,至自起剪烛跋,中外无知者。既而準被酒,漏所谋",是寇準喝多了才坏事的。苏辙的许多话,听起来确实像是听故事。如他说真宗与寇準商量时,"枕宦者周怀政股"上;说泄密后,丁谓把杨亿招来,杨亿吓得"便液俱下,面无人色"。

寇準醉而泄密是有可能的。其"在中书,多召两制会饮私第,酒酣气盛,必闭关苟留之,往往侵夜,畏谨者甚惮焉",到他那里喝酒成了恐怖事情。李宗谔有一次参加了，"日既夕矣，而关不可启，遂于门扉下窃出，得马以走"，算是逃出来的。无论是怎样泄露的吧，"臣不密则失身"，《宋史》寇準本传的这一结论，是需要牢记的。

2022 年 5 月 8 日

排行榜（续）

继中国人民大学宣布退出世界大学排名之后，南京大学和兰州大学也陆续跟进。这一举动值得为之叫好。任何一个大学的排行榜实则都不具有权威性，因其主要指标的侧重点各不相同。倘若以之规划学校发展和学科建设，无异于被牵着牛鼻子。

我们的前人便喜欢排名，前文《排行榜》已罗列了若干，今再拈《水浒传》的排名言事。读过这部书的人都知道，"忠义堂石碣授天文"那一回，对一百单八将进行了排名。一眼望去，最不能让人理解、觉得不公的至少有两人，一个是燕青，一个是时迁。在天罡星中，燕青排名垫底；在地煞星中，时迁排名倒数第二，仅仅在本领就是偷了次马的段景住的前面。以《水浒传》之矛攻《水浒传》之盾，也不难发现这个排名的荒唐之处。

先看燕青。第七十四回燕青登场亮相时，该书自身已经道明：燕青"虽是三十六星之末，果然机巧心灵，多见广识，了身达命，都强似那三十五个"。具体来看，"若赛锦体，由你是谁，都输与他。不则一身好花绣，更兼吹的、弹的、唱的、舞的、拆白道字、顶真续麻，无有不能，无有不会。亦是说的诸路乡谈，省的诸行百艺的市语"。在这些之外，燕青还有两项绝活：射及相扑。

射的本领，读者见识过两回。头一回燕青是射弩，救了主人卢俊义的性命。为了把卢俊义弄上山，吴用使的是陷害手段，管家李固则乘人之危，先对押解卢俊义到沙门岛的公人董超、薛霸奉上两锭大银，要他们"多只两程，少无数里，就僻静去处结果了他性命，揭取脸上金印回来表证，教我知道，每人再送五十两蒜条金与你"。就在两人林子里准备动手时，跟踪至此的燕青两箭便结果了两人的性命。燕青"一张川弩，只用三枝短箭"，剩下的一箭射了只喜雀，解决肚饥问题。第二回是"双林渡燕青射雁"，那是他"初学弓箭，向空中射雁，箭箭不空。却才须臾之间，射下十数只鸿雁，因此诸将惊讶不已"。不过宋江数落了他，认为鸿雁"仁义礼智信，五常俱备"，且一群鸿雁"正如我等弟兄一般，你却射了那数只，比俺兄弟中失了几个，众人心内如何？"宋江的话很有道理，所以燕青"默默无语，悔罪不及"。

　　燕青的相扑也正式表现了两次。第一次，任原在泰安摆擂台，口出"相扑世间无对手，争跤天下我为魁"的狂言，燕青按捺不住，要前往较量。他跟宋江说："并不要带一人，自去献台上，好歹攀他撷一跤。若是输了撷死，永无怨心。倘或赢时，也与哥哥增些光彩。"结果在现场，三下两下，就"把任原头在下，脚在上，直撺下献台来"。第二次，梁山泊三败高俅，捉之上山，高俅夸口"我自小学得一身相扑，天下无对"，燕青就和他比划了一下，结果"只一交，撺翻在地褥上，做一块，半晌挣不起"。宋江只好打圆场："太尉醉了，如何相扑得成功。"

　　再看时迁。梁山几次颇有影响的战斗，他都居功至伟。没有时迁盗甲，徐宁就不会上山；徐宁不教使钩镰枪，梁山便破不了呼延灼的连环马。梁山攻打大名府，"为头最要紧的，是城中放火为号"，是时迁火烧了翠云楼。攻打曾头市，又是时迁先行潜入，摸清五个寨栅的防守布局以及守将名单，吴用才"分调五支军将，可作五路去打他"。而随便看看那些地煞星:乐和不过是唱歌的、金大坚不过是刻章的、朱贵不过是开店的,还有那个白胜,唯一的作为是在"智取生辰纲"时往酒里下了蒙汗药,而事发之后又把晁盖等六人给供了出来。这些人何德何能,都排在时迁前面?

《水浒传》中这种荒唐的排名,没有办法自圆其说,就让天上掉下来个石碣了事,而且石碣上面的文字"龙章凤篆,蝌蚪之书,人皆不识",是何道士说自己祖传的看家本领是"专能辨验天书"才出了结果。宋江说:"上苍分定位数为大小一等天罡地煞星辰,都已分定次序,众头领各守其位,各休争执,不可逆了天言。"众人也只有听之任之:"天地之意,物理数定,谁敢违拗?"然如明朝李卓吾所言:"梁山泊如李逵、武松、鲁智深那一班,都是莽男子汉,不以鬼神之事愚他,如何得他死心塌地?"他更嘲笑说:"既有黄金五十两,人人都是何道士。"就是说,天降石碣的把戏实则宋江与何道士上演的一出双簧。

而《水浒传》的排行榜,只是施耐庵版。《大宋宣和遗事》中的"天书"上,燕青排名第28;周密《癸辛杂识》所收录的龚开《宋江三十六人赞》中,燕青又排名第八。在不同的榜单上,燕青就这么忽上忽下,可见对排行榜根本不必当真。一些高校退出世界大学排名的本意想来也是这样,自己该怎么办学就怎么办学,用不着受某一种标准的影响与制约。鉴于我们的文化很讲究排名,退出之,还是有相当勇气的。如今不是动辄按姓氏笔画为序,或要声明排名不分先后吗?排名不分先后,有时的确没法区分,有时难免瞻前顾后。而即便排名分先后的,也未必本领高强的在前,个中可玩味的因素太多,且不排除陆游所说的"功夫在诗外","功夫"不变,"诗"可置换为其他语词。

2022 年 5 月 14 日

照镜子(续)

接连看到几个小猫照镜子的小视频,忍俊不禁。小猫不知道镜子中的它正是自己,因而或好奇地盯着看,或龇牙咧嘴地吓唬对方。不料对方有一学一,且"不甘示弱"。于是,它那蹿上蹿下、急于弄清怎么回事的样子,由不得你不开心一笑。

小猫是无意中照到了镜子,人则是一种主观行为。战国时的美男子邹忌,"朝服衣冠"之后要"窥镜",因为妻、妾、友人对他帅过徐公与否的看法殊途同归,还使他另有感悟,借此来说服齐王纳谏。《朝野佥载》云:"(唐)中宗令扬州造方丈镜,铸铜为桂树,金花银叶,帝每骑马自照,人马并在镜中。"这该是单纯地自我欣赏了。白居易照镜子发现一根白头发,来了感慨,"勿言一茎少,满头从此始",还叹息"蹉跎忽如此"。后来,"斑斑白丝鬓"了,"绕鬓斑斑雪"了,他索性也不要那面镜子了,"不如赠少年,回照青丝发"。当然,临别之际以铜镜相赠,也是唐人表达情感的一种方式,白居易不是迁怒。

《隋书·高颎传》载,文帝杨坚很看重高颎:"独孤公犹镜也,每被磨莹,皎然益明。"当年,北周大司马独孤信引颎父高宾为僚佐,因赐姓独孤氏。杨坚将高颎比成镜子,磨一磨更见风采。从大抵为铜质的镜子的层面看,用得时间长了难免成为"昏镜",所以需要磨拭，从前有"磨镜客"或"磨镜匠"这样一种专门职业。唐传奇《聂隐娘》中，聂隐娘的丈夫即为磨镜人，"但能淬镜，余无他能"，只会干这个。东汉徐稚则是权一时之需。《太平御览》卷七一七引《海内士品》云："徐孺子尝事江夏黄公（琼），黄公薨，往会其葬，家贫无以自资，以磨镜具自随。每至所在，赁磨取资，然后能达。"一路走，一路靠磨镜子赚钱糊口。徐稚乃东汉隐士，其言行每为后人津津乐道。著名的《滕王阁序》中，有"人杰地灵，徐孺下陈蕃之榻"句；1955年西安隋墓出土的一面铜镜上，铭文也有"徐稚经磨"的字样。

南宋大儒朱熹对《礼记·大学》所提出的"明明德"这一命题极为重视，认为"为学只在'明明德'一句"。《朱子语类》中，门人陈友仁提出了自己的理解："此'明德'乃是人本有之物，只为气禀与物欲所蔽而昏。今学问进修，便如磨镜相似。镜本明，被尘垢昏之，用磨擦之工，其明始现。及其现也，乃本然之明耳。"朱熹认同"明德"为人所固有，但同时认为"此理不比磨镜之法"。他"略抬身，露开两手，如闪出之状，曰：'忽然闪出这光明来，不待磨而后现，但人不自察耳'"；他又打了个比方，小孩子要掉进井里，"不拘君子小人，皆有怵惕、恻隐之心，便可见"。在朱熹看来，天性不会被污染昏昧，心一旦有觉，光明的天性便能乘隙而现，但这不是磨镜似的复明。

史上诸多朝代，皇宫中还曾有镜殿，以镜子来装饰宫殿，便超出了单纯照镜子的范畴。所费不赀还只是表面，深层大抵关联皇帝本人奢侈、荒淫无度一类。

如北齐。《历代宅京记》引《邺中故事》云："齐武成帝高湛，河清中，以后宫嫔妃稍多，椒房既少，遂拓破东宫，更造修文、偃武二殿及圣寿堂，装饰用玉珂八百，大小镜万枚，又为曲镜抱柱，门窗并用七宝装饰,每至玄云夜兴,晦魄藏耀,光明犹分数十步。"后来的幼主高恒,"承武成之奢丽,以为帝王当然。乃更增益宫苑,造偃武修文台。其嫔嫱诸院中,起镜殿、宝殿、瑇瑁殿,丹青雕刻,妙极当时"。

如隋朝。《隋书·秦孝王俊传》载,文帝杨坚第三子杨俊,"为水殿,香涂粉壁,玉砌金阶。梁柱楣栋之间,周以明镜,间以宝珠,极荣饰之美。每与宾客妓女弦歌于其上"。

如唐朝,先有高宗,后有敬宗。《资治通鉴》载,裴匦舒为高宗造镜殿,"成,上与(刘)仁轨观之,仁轨惊趋下殿"。上问其故,对曰:"天无二日,土无二王,适视四壁有数天子,不祥孰甚焉!"上遽令剔去。《坚瓠集》引《艺林伐山》云:"唐高宗造镜殿,武后意也。四壁皆安镜,为白昼秘戏之需"。高宗时武曌用事,中外谓之二圣,"仁轨盖假此以讽之也",则仁轨之惊有故意的成分,进谏的方式而已。

《旧唐书·敬宗本纪》载:"帝性好土木,自春至冬,兴作相继。"宝历元年(825)闰七月,"诏度支进铜三千斤、金薄十万翻,修清思院新殿及升阳殿图障"。《薛廷老传》补充记载,造清思院新殿同时"用铜镜三千片"。鉴于"敬宗荒恣",薛廷老与一班同僚进谏。舒元褒曰:"近日宫中修造太多。"敬宗色变曰:"何处修造?"元褒不能对,而廷老进曰:"臣等职是谏官,凡有所闻,即合论奏。莫知修造之所,但见运瓦木绝多,即知有用。乞陛下勿罪臣言。"这些对话表明,敬宗修镜殿的事情,诸多大臣并不知晓。

有人统计,白居易存世的2800多首诗作中,明确以镜为题的有13首,与镜相关的70多首。最早的一首《秋思》写于32岁,"病眠夜少梦,闲立秋多思。寂寞馀雨晴,萧条早寒至"云云;最晚的《春暖》写于69岁,"发少嫌巾重,颜衰讶镜明。不论亲与故,自亦昧平生"云云。至于"去作忙官应太老,退为闲叟未全迟",以及"闲来对镜自思量,年貌衰残分所当"等等,也都是他在人生的不同阶段生出的相应感慨。

2022 年 5 月 21 日

《孙子兵法》

当地时间 5 月 18 日,俄罗斯国防部下属媒体"红星"电视台发布一段视频,展示了曾长期被乌军控制的伊里奇冶金厂以及一个"亚速营"基地的内貌。在乌军使用过的物品中,竟然有一本《孙子兵法》! 一目了然,无需翻译,因为"孙子兵法"那四个字是行书汉字。

《孙子兵法》在我国的地位不言而喻,《四库全书总目》名之为"百代谈兵之祖"。孙子乃孙武,春秋时吴国的著名军事家。《史记》有传,说他是齐人,然"以兵法见于吴王阖庐(间)",阖庐"西破彊楚,入郢,北威齐晋,显名诸侯,孙子与有力焉"。刚见面时,阖庐问他:"子之十三篇(兵法),吾尽观之矣,可以小试勒兵乎?"他说行;阖庐又问能不能用宫中美女来演练一下,他说没问题。结果众所周知,美女们先是不当回事,被他将正副队长就地正法,阖庐说情也不通融。剩下的都吓坏了,再训,"左右前后跪起皆中规矩绳墨,无敢出声"。《史记·律书》也突出了"吴用孙武,申明军约,赏罚必信"这一点。后来,诸葛亮流涕欲斩马谡,搬出的也是这件事:"孙武所以能制胜于天下者,用法明也。"

对《孙子兵法》的评价,历来不乏溢美之词。王充《论衡·量知篇》云:"孙武、阖庐,世之善用兵者也,如或学其法,战必胜。"这个"法"，就是《孙子兵法》了。曹操说："吾读兵书战策多矣，（孙）武所著深矣。"唐太宗李世民说："朕观诸兵书无出孙武，孙武十三篇无出虚实。夫用兵，识虚实之势，则无不胜焉。"晁公武在评价张预《百将传》时指出："预观历代将兵者所以成败，莫不与孙武书相符契，因择良将得百人，集其传成一书，而以武之《兵法》题其后。"陈振孙也说，张著"每传必以《孙武兵法》断之"。宋神宗时，更"以《六韬》《孙子》《吴子》《司马法》《黄石公三略》《尉缭子》《李卫公问对》颁行武学，令习之，号'七书'"。

注解《孙子兵法》，最早的应该是曹操。《三国志·魏书·武帝纪》裴注引《异同杂语》云：曹操"博览群书，特好兵法，抄集诸家兵法，名曰《接要》，又注《孙武》十三篇，皆传于世"。《蜀书·先主传》裴注引《益部耆旧杂记》（《太平御览》作《益部耆旧传》）提到："张松为人短小，放荡不治节操，然识达精果，有才干。刘璋遣诣曹公，曹公不甚礼；公主簿杨修深器之，白公辟松，公不纳。修以公所撰兵书示松，松宴饮之间一看便暗诵。修以此益异之。"到了罗贯中那里，这一段着实被演义了一番。曹操"不甚礼"，是因"见张松人物猥琐，五分不喜；又闻语言冲撞，遂拂袖而起，转入后堂"。杨修拿出的兵书乃《孟德新书》，"此是丞相酌古准今，仿《孙子》十三篇而作"，问张松"此堪以传后世否"。不料张松在看的同时已经背下来了，大笑曰："此书吾蜀中三尺小童，亦能暗诵，何为'新书'？此是战国时无名氏所作，曹丞相盗窃以为己能，止好瞒足下耳！"杨修不相信："丞相秘藏之书，虽已成帙，未传于世。公言蜀中小儿暗诵如流，何相欺乎？"张松说那我就背给你听，"遂将《孟德新书》，从头至尾，朗诵一遍，并无一字差错"。

曹操之后，还有颇多《孙子兵法》注解者，按《文献通考》的罗列，较著名的有杜牧、陈皞、梅尧臣的版本。杜牧"以（孙）武书大略用仁义,使机权,曹公所注解,十不释一,盖惜其所得,自为新书尔,因备注之"。虽是文人,杜牧却"最喜论兵,欲试而不得者。其学能道春秋、战国时事,甚博而详,知兵者有取焉"。陈皞的呢,"以曹公注隐微,杜牧注疏阔,重为之注"。即是说,二人的注都不能令他满意,所以另起炉灶。曹、杜、陈注,也被称为《三家孙子》。而梅尧臣所注,欧阳修认为更胜三家一筹,在为之所作的长篇序文中,予以高度评价,认为"当与三家并传,而后世取其说者,往往于吾圣俞多焉"。不过,朱熹表示不能认同:"欧公大段推许梅圣俞所注《孙子》,看得来如何得似杜牧注底好,以此见欧公有不公处。"并且,他对梅诗也毫不欣赏。有人说"圣俞长于诗",他则说"诗亦不得谓之好";有人说"其诗亦平淡",他又说"他不是平淡,乃是枯槁"。

1936 年 10 月 22 日,毛泽东在给叶剑英、刘鼎的信中写道:"买来的军事书多不合用,多是战术技术的,我们要的是战役指挥和战略的,请按此标准选买若干。买一部《孙子兵法》来。"现代战争中,《孙子兵法》的作用恐怕正在于战略层面。当地时间 4 月 20 日,俄罗斯联邦安全委员会副主席梅德韦杰夫发表视频讲话时,援引《孙子兵法》来解释俄在乌"特别军事行动"的实质:"故用兵之法,无恃其不来,恃吾有以待之;无恃其不攻,恃吾有所不可攻也。"这是该书《九变第八》中的一句话,意谓用兵的方法,不是靠敌人不来,而是靠我有对付敌人的办法;不是靠敌人不进攻,而是靠我夙有准备,使敌人无法进攻。假以时日,我倒想知道乌克兰士兵究竟从《孙子兵法》中借鉴了什么。

2022 年 5 月 28 日

大藤峡

6月6日，大藤峡水利枢纽灌区工程开工建设。这是国务院部署实施的150项重大水利工程之一，也是国务院第167次常务会议确定的今年重点推进开工建设的六大灌区之一。"大藤峡"几个字，勾起了我的一点记忆。

1989年9月读研究生之前，我在肇庆市封开县罗董镇"劳动锻炼"，镇政府的书柜里居然有一套线装的《封川县志》（封开县由封川与开建两县合并而来），虽属翻印未几的出版物，但为清末编纂，还是相当欣喜。阅读之，在《物产》一项看到：县署大堂从前有一面巨大的藤鼓，"径围一丈，鼓棬坚，光如角，古色黝然"，可惜旧志失载，致使许多"著录家"没有提及。书里还收录了封川知县程含章的《藤鼓歌》，叙事诗，颇长，我全文抄了下来，"老蛟出水朝天宫，神雷击堕罗旁东。变作长藤四百丈，横截烊牁江水中"云云。大意是说，"万历年间瑶乱起"，长藤"日沉水底夜浮起"，起到了"助恶"的作用，所以"将军陈璘部十道"，扑灭"瑶乱"之后也处置了长藤，"乃令肢解极刑处，投诸烈火生腥风。剩有余材做四鼓"，封川这个藤鼓就是其中之一。

锻炼一年结束后继续读研究生，但藤鼓及《藤鼓歌》在脑海中挥之不去，闲暇之际到学校图书馆古籍部看了些清朝编纂的相关州志、县志，觉得藤鼓之藤，该自大藤峡而来；《藤鼓歌》把明朝成化年间的大藤峡"瑶乱"与万历年间的罗旁"瑶乱"搞混了。遂写篇小文，刊登在学校的《研究生学刊》上。弹指卅年过去，因阅读稍阔，再续前文。

程含章，《清史稿》有传，说他是云南景东人，"乾隆五十七年举人，嘉庆初，大挑知县，分广东，署封川。坐回护前令讳盗，革职"。县志上明确他是嘉庆七年（1802）来的，不足一年而落职。即便短短的几个月也使他"颂声大起"，《封川县志》说他"去之日，囊无一钱"，清官一个。道光年间，他又官至广东巡抚。《藤鼓歌》原注中也提到了"成化二年灭大藤峡贼"，为什么还是跟罗旁联系在一起呢？也许是受了屈大均的影响，《广东新语》云："万历间，剿灭大藤峡贼，以大藤为三鼓樑，樑围一丈，长三四尺，黑润若角沉然。一置广州都司堂，一置肇庆府门上，一置梧州总兵府。其声逢逢，数百里亦时相应，皆灵器也。"昔日罗旁即今日郁南或亦有叫大藤峡的地方，然影响上不能望广西大藤峡项背。

综合《明史》来看，洪武八年（1375），"浔州大藤峡瑶贼窃发，柳州卫官军擒捕之"。从那时起，大藤峡之"乱"就令官府非常头疼。《宣宗纪》载，宣德元年（1426）秋七月，"镇远侯顾兴祖讨大藤峡蛮，平之"。《陈珪传》载，天顺七年（1463）九月，"瑶贼作乱，（陈）泾将数千人驻梧州。是冬，大藤贼数百人夜入城，杀掠甚众。泾拥兵不救。征还，下狱论斩。寻宥之"。《广西土司传》记载稍详："夜半，贼驾梯上城，泾等不觉，遂入府治，劫库放囚，杀死军民无算，大掠城中，执副使周琦为质，杀训导任璩。泾等仓卒无计，惟拥兵自卫，随军器械并备赏银物，皆为贼有。"陈泾等束手无策，"乃遣人与贼讲解，晡时，纵之出城"。而其时"官军数千，贼仅七百而已"，所以英宗非常震怒："梧州蕞尔小城，总兵、镇、巡、三司俱拥重兵驻城中,乃为小贼所蔑视,况遇大敌乎!"

终于,宪宗成化元年(1465)正月,朝廷开始向大藤峡派出重兵。赵辅、山云、和勇诸人传中均可窥见此次行动,以《韩雍传》所叙最详。时赵辅为总兵官,然兵部尚书王竑建议:"韩雍才气无双,平贼非雍莫可。"赵辅"亦知雍才足办贼,军谋一听雍"。韩雍的战略是:"贼已蔓延数千里,而所至与战,是自敝也。当全师直捣大藤峡。南可援高、肇、雷、廉;东可应南、韶;西可取柳、庆;北可断阳峒诸路。首尾相应,攻其腹心。巢穴既倾,余迎刃解耳。"十月抵达浔州,韩雍询问当地父老,皆曰:"峡,天险,不可攻,宜以计困。"韩雍没有采信:"峡延广六百余里,安能使困?兵分则力弱,师老则财匮,贼何时得平?"于是,"雍等督诸军水陆并进,拥团牌登山,殊死战。连破石门、林峒、沙田、古营诸巢,焚其室庐积聚,贼皆奔溃。伐木开道,直抵横石塘及九层楼诸山。贼复立栅数重,凭高以拒。官军诱贼发矢石,度且尽,雍躬督诸军缘木攀藤上。别遣壮士从间道先登,据山顶举炮。贼不能支,遂大败"。这一仗,"先后破贼三百二十四寨,生擒(首领侯)大狗(苟)及其党七百八十人,斩首三千二百有奇,坠溺死者不可胜计"。对峡中那条"横亘两厓间"的如虹大藤,"雍斧断之,改名断藤峡,勒石纪功而还"。

道光年间进士苏廷魁也有一首《藤鼓歌》,"侯渠倡乱十载横,韩都御史来征蛮……大藤如斛亘千丈,斧断蜿蜒疾雷响;军门饶镯备凯乐,新鼓罍鸣酒行赏"云云,就是说藤鼓之藤正源自大藤峡。苏廷魁是广东高要人,高要就在罗旁左近,理论上他更容易弄清楚那段历史。"我曾访古泷水旁,韩公血食光桐乡",泷水,罗旁平定后被易名"罗定"。或者,因为罗定一直祭祀韩雍,才使后世人等将大藤峡与罗旁混为一谈了吧。

俱往矣。如今建设水利枢纽灌区，无疑为大藤峡历史掀开了新的一页。

2022 年 6 月 7 日

恶少

6月10日，唐山女子在烧烤店内拒绝一男子骚扰而被其同伙多人围殴的视频甫一流出，施暴者的嚣张态度和凶狠手段便引起了全国范围内的强烈声讨。6月12日，唐山宣布开展为期半个月的夏季社会治安整治"雷霆风暴"专项行动。

这些施暴者，典籍中每称为恶少。《荀子·修身》云："偷儒惮事，无廉耻而嗜乎饮食，则可谓恶少者矣。"所谓偷儒惮事，"皆谓懦弱、怠惰、畏劳苦之人也"，此之懦弱，或可解作外强中干吧。《汉书·游侠传》中的郭解，年轻时就是恶少。他"阴贼感慨，不快意，所杀甚众。以躯借友报仇，臧命作奸剽攻，休乃铸钱掘冢，不可胜数"。年长之后，他流露出改邪归正的意思，但外甥和姐姐还没理解到这一点。外甥"负解之势，与人饮"，人家不能喝，他"强灌之"。结果"人怒，刺杀解姊子，亡去"。姐姐对郭解撒手不管非常生气，"弃其尸道旁，弗葬，欲以辱解"。郭解派人悄悄找到凶手，凶手"具以实告解"，郭解就把那人放了，还说他做得对。

《水浒传》中，鲁智深在东京大相国寺被分配去管菜园，"菜园左近有二三十个赌博不成才破落户泼皮，泛常在园内偷盗菜蔬，靠着养身"。看到鲁智深来了的榜文，他们商议"趁他新来，寻一场闹，一顿打下头来，教那厮伏我们"，具体策略是"诱他去粪窖边,只做参贺他,双手抢住脚,翻筋斗,撷那厮下粪窖去,只是小耍他"。结果众所周知,遇到了武艺高强的鲁智深,泼皮们偷鸡不成蚀把米。"智深不等他占身",一脚一个,把两个抢脚的踢进了粪窖。这些泼皮,也是典型的恶少。

恶少以及黑恶势力,任何正常的社会都不可能容忍。汉朝对之,既有打击的一面,也有利用的一面。在利用层面,《史记·大宛列传》载,汉武帝伐大宛,"拜李广利为贰师将军,发属国六千骑,及郡国恶少年数万人",用于作战。《汉书·昭帝纪》载,元凤五年(前75)六月,"发三辅及郡国恶少年吏有告劾亡者,屯辽东",用作戍卒。颜师古曰:"恶少年谓无赖子弟也。告劾亡者,谓被告劾而逃亡。"

在打击层面,《汉书·酷吏传》中可拈实例。其一,"济南瞷氏宗人三百余家,豪猾,二千石莫能制",景帝乃拜郅都为济南守。郅都到任,"则诛瞷氏首恶,余皆股栗。居岁余,郡中不拾遗,旁十余郡守畏都如大府"。郅都的一个特点是"行法不避贵戚",以至"列侯宗室见都侧目而视,号曰'苍鹰'"。其二,涿郡"大姓西高氏、东高氏,自郡吏以下皆畏避之,莫敢与忤",所谓"宁负二千石,无负豪大家"。因此,"宾客放为盗贼,发,辄入高氏,吏不敢追。浸浸日多,道路张弓拔刃,然后敢行,其乱如此"。严延年为涿郡太守,到任便从吏治抓起。他先派赵绣"桉高氏得其死罪",赵绣"心内惧",耍了个小聪明,准备两份高氏罪状,一轻一重,"欲先白其轻者观延年意,怒,乃出其重劾"。不料此举被严延年识破,"索(绣)怀中,得重劾,即收送狱。夜入,晨将至市论杀之,先所桉者死,吏皆股弁"。然后,"遣吏分考两高,穷竟其奸,诛杀各数十人。郡中震恐,道不拾遗"。

郭解的结局也是这样。他要洗手,但他培育起来的恶势力不肯罢休。他出门,"人皆避,有一人独箕踞视之",手下就要把那人给杀了。元朔二年(前27),汉武帝初作茂陵,主父偃建议"天下豪杰兼并之家,乱世之民,皆可徙茂陵",用意在于"内实京师,外销奸猾,此所谓不诛而除害",一举双得。郭解的家产并没有达到迁徙标准,但是被杨季主那个当县掾的儿子给列了进去,于是杨氏父子先后被人杀掉,"季主家上书人又(被)杀阙下"……武帝"乃下吏捕解",最后"族解"。

翻翻《酉阳杂俎》,还能看到唐朝的两则打黑除恶。一为唐武宗时,"上都街肆恶少,率髡而肤剳,备众物形状。恃诸军,张拳强劫,至有以蛇集酒家,捉羊胛击人者。今京兆尹薛公元赏,上三日,令里长潜部,约三千余人,悉杖煞,尸于市",吓得"市人有点青者,皆炙灭之"。《新唐书》有薛元赏传,归入循吏。说"都市多侠少年,以黛墨镂肤,夸诡力,剽夺坊间",元赏"收恶少,杖死三十余辈,陈诸市,余党惧,争以火灭其文"。一为唐宪宗时,李夷简治蜀,"蜀市人赵高,好斗,常入狱,满背镂毗沙门天王"。毗沙门天王,即佛教四大天王之北方天王。"吏欲杖背,见之辄止"。赵高"恃此,转为坊市患害"。李夷简知道了,大怒,"擒就厅前,索新造筋棒,头径三寸",命令动手的人:"打天王尽则已!"把他背上的毗沙门天王打没了为止。

杜甫诗云:"自古圣贤多薄命,奸雄恶少皆封侯。"这当然是他气愤至极时写下的句子,表达的是对当时社会的无奈和悲哀。唐山的专项行动旋即战果累累,然而细看一则战果,蛋糕店老板因为拒交"保护费",其店铺两度遭到打砸,而两年前被打砸时他已先后两次报案,直到此番,嫌疑人才应声入网。那么,依靠专项行动修复群众的安全感,恐怕只能算是治标的行为。

2022年6月12日

铁牛

广州市从化区良口镇鸭洞河碧道景区的河道内,原本设置了三头大型水牛铜雕。6月14日一早,一场暴雨冲走了"牛妈妈"和"牛宝宝",当晚在流溪河下游一处拦河坝才发现下落。有报道说,牛雕重达千斤,该是"牛妈妈"那尊吧。

放眼古代,材质或石或铁的动物雕塑被洪水冲走却并非稀奇之事,所见似以铁牛居多。当然,铁牛不是作为景区的观赏物而存在。古人治河或建桥,往往都要铸铁为牛作为配套设施,将之置放于堤下或桥堍,用以镇水。堍,即桥两头向平地倾斜的部分。因为《易经》有云:"牛象坤,坤为土,土胜水。"所以在五行理论中,牛具有安澜的象征寓意,也就理所应当地承载了这一使命。

《太平广记》引《成都记》提供了另外一说。秦蜀守李冰修筑都江堰后,"有蛟岁暴,漂垫相望"。李冰要除掉它,"乃入水戮蛟。己为牛形,江神龙跃"。第一个回合没有打赢,第二个回合开打之前,李冰心生一计,"选卒之勇者数百,持强弓大箭",跟他们约好:"吾前者为牛,今江神必亦为牛矣。我以太白练自束以辨,汝当杀其无记者。"此一番,"雷风大起,天地一色。稍定,有二牛斗于上。公练甚长白,武士乃齐射其神,遂毙。从此蜀人不复为水所病"。《华阳国志》没有采信许是道家编造的这一故事,但神话了牛,说李冰作堰之后,"外作石犀五头以厌水精"。石犀,石刻的犀牛。《老学庵笔记》说石犀,"正如陕之铁牛,但望之大概似牛耳"。《墨庄漫录》说过:"陕州大河南岸,有物如铁石状,俗谓之铁牛。旧有祠宇,唐末封号顺正庙。大中祥符四年,真宗祀汾阴,幸其庙,作《铁牛诗》。"

真正的铁牛即铁铸的牛,其功能就不仅仅具备象征意义而有实用价值了,尤其是对浮桥而言,具有"牵引"功能。最典型的,莫过于唐朝的开元铁牛。

《太平寰宇记》载:"开元十二年(724)于河东县开东西门,各造铁牛四,铁人四,其牛并铁柱连腹,入地丈余,并前后铁柱十六,维桥跨河。"《唐会要》则将时间点提前了三年,"开元九年十二月九日,增修蒲津桥,绲以竹笮,引以铁牛,命兵部尚书张说刻石为颂"。张说这篇《蒲津桥赞》今天还能读到,"俾铁代竹,取坚易脆,图其始而可久,纾其终而就逸"云云。"谁能如铁牛,横身负黄河",苏轼《次韵子由送陈侗知陕州》,指的正该是开元铁牛了。1989 年,黄河故道东岸的四牛四人被发掘出土。1997 年 5 月我到山西运城出差,专门去看了一回。时铁牛、铁人还在沙坑中,上面只搭了个简易顶棚,四面全无遮挡。站在边沿俯视之,四尊铁牛均作伏卧状,人则作牵引状,人皆高鼻深目,其中一人还明显地穿着西装。每尊铁牛尾后有一粗大横轴,用以连接浮桥铁索。据测算,铁牛各重约 30 吨,加上下面的底盘和铁柱,就各重约 40 吨。这么重的大家伙,也还是能被水冲走。

《宋史·方伎传》载,僧怀丙"巧思出天性,非学所能至也"。举例之一,即"河中府浮梁用铁牛八维之,一牛且数万斤。后水暴涨绝梁,牵牛没于河,募能出之者"。怀丙挺身而出,"以二大舟实土,夹牛维之,用大木为权衡状钩牛,徐去其土,舟浮牛出。转运使张焘以闻,赐紫衣"。《智囊全集》"怀丙"条,说事情发生在"治平中",也就是宋英宗时。

《阅微草堂笔记》也有类似一则,被冲走的是石兽。云"沧州南一寺临河干,山门圯于河,二石兽并沉焉。阅十余岁,僧募金重修,求二石兽于水中,竟不可得,以为顺流下矣。棹数小舟,曳铁钯,寻十余里无迹"。讲学家听到笑了,他说"尔辈不能究物理,是非木柿,岂能为暴涨携之去? 乃石性坚重,沙性松浮,湮于沙上,渐沉渐深耳。沿河求之,不亦颠乎?"大家都觉得有道理,不过一个老河兵听到也笑了,在他看来,"凡河中失石,当求之于上流。盖石性坚重,沙性松浮,水不能冲石,其反激之力,必于石下迎水处啮沙为坎穴。渐激渐深,至石之半,石必倒掷坎穴中。如是再啮,石又再转,转转不已,遂反溯流逆上矣。求之下流,固颠;求之地中,不更颠乎?"果然,在上游数里外找到了石兽。纪晓岚得出的结论是:"然则天下之事,但知其一,不知其二者多矣,可据理臆断欤!"的确,从化的铜牛就是在下游找到的,老河兵在世则要失算。

《旧五代史·唐书·李存进传》载,在前线与汴军对垒的李存信,以船渡"缓急难济"而欲造浮桥。手下说:"河桥须竹笮大䌫,两岸石仓铁牛以为固,今无竹石,窃虑难成。"李存进没有采信,"课军造苇笮,维大舰数十艘,作土山,植巨木于岸以缆之",结果"月余桥成"。又,《宋史·谢德权传》载:"咸阳浮桥坏,转运使宋太初命德权规画,乃筑土实岸,聚石为仓,用河中(府)铁牛之制,缆以竹索,繇是无患。"这样来看,开元铁牛还成了浮桥建造的范式。

尽管铁牛镇水具有悠久的历史和文化内涵,但有识之士并不以为然。杜甫《石犀行》便直指李冰。他说"自古虽有厌胜法,天生江水向东流",李冰的石犀被"蜀人矜夸一千载",而"今年灌口损户口,此事或恐为神羞"。在杜甫看来,防洪"终藉堤防出众力,高拥木石当清秋",这是正道,"鬼怪何得参人谋?"

2022 年 6 月 16 日

麦

连日的央视午间新闻中,都有各地收割小麦的动态集锦。这个时节从前叫麦秋。《礼记·月令》云:"(孟夏之月)靡草死,麦秋至。"陈澔集注曰:"秋者,百谷成熟之期。此于时虽夏,于麦则秋,故云麦秋。"

从考古资料上看,距今4000年前的龙山文化时代已经有了小麦。甘肃天水西山坪遗址、陕西武功赵家来遗址、山东日照两城镇遗址等,或发现了炭化小麦和大麦,或发现了小麦秆。衡诸典籍,先秦作品中多有"麦"字,表明在日常生活中司空见惯。

如《诗》。《魏风·硕鼠》有"硕鼠硕鼠,无食我麦";《豳风·七月》有"九月筑场圃,十月纳禾稼。黍稷重穋,禾麻菽麦";《鄘风·载驰》有"我行其野,芃芃其麦"等。"我行其野,芃芃其麦"后面紧接的是"控于大邦,谁因谁极",又关于割麦,说的是许穆夫人看到祖国田野上的麦子生长得蓬勃茂盛,但因丧乱竟无人收割,心里十分难过。许穆夫人被认为是世界上最早的女诗人。

又如《左传·成公十八年》有"周子有兄而无慧,不能辨菽麦,故不可立",这是说晋厉公被弑后,周子被迎立为君,本来该立他哥哥,但他哥哥连大豆和小麦都分不清,是个白痴。《春秋·庄公二十八年》之"冬……大无麦、禾",引起了西汉人的关注,他们归为水灾导致。何以至此?董仲舒认为是"夫人哀姜淫乱,逆阴气,故大水也"。刘向也认为,水旱当书,不书水旱而曰"大无麦禾",是为"淫乱之罚"。这种"地人感应"的理念在《汉书·五行志》里还可以找出许多,不知为何没有"天人感应"那般著名。

再如《史记》。《宋微子世家》载:"箕子朝周,过故殷虚,感宫室毁坏,生禾黍,箕子伤之,欲哭则不可,欲泣为其近妇人,乃作《麦秀之诗》以歌咏之。"麦子吐穗,即麦秀,诗有"麦秀渐渐兮,禾黍油油"句。丰收景象之下,更衬故宫遗址的悲凉。《郑世家》载,庄公二十四年,"郑侵周地,取禾"。参照《左传·隐公三年》,那是"四月,郑祭足帅师取温之麦,秋,又取成周之禾"。杨伯峻先生注曰:"夏正之四月,麦已熟,故郑人帅师割取之。"祭足,即郑国大夫祭仲。春秋时礼崩乐坏,诸侯国已全然不将周王室放在眼里。

西汉名将赵充国率军入羌地平叛,作战策略是政治分化、军事打击,但宣帝想要速战速决,遂"以书敕让充国"。其中说道:"将军计欲至正月乃击罕羌,羌人当获麦,已远其妻子,精兵万人欲为酒泉、敦煌寇。边兵少,民守保不得田作。"远其妻子,颜师古解释即"徙其妻子令远居而身来为寇也",即是说羌人已经做好进攻的准备,你再不出击就来不及了。从中可见,羌人也是以麦为军粮。在赵充国的部队中,"一马自佗负三十日食,为米二斛四斗,麦八斛"。宣帝责备还有个原因:"今张掖以东粟石百余,刍稿束数十。转输并起,百姓烦扰。将军将万余之众,不早及秋共水草之利争其畜食,欲至冬,虏皆当畜食,多藏匿山中依险阻,将军士寒,手足皲瘃,宁有利哉?"不仅说赵充国不体恤士兵艰苦,还说他"不念中国之费",不考虑国家的庞大开支。不过,"充国既得让,以为将任兵在外,便宜有守,以安国家",并没有唯命是从,而是"上书谢罪"之余,"因陈兵利害",难得宣宗也听进去了,"玺书报从充国计焉"。

麦之作为军粮,在三国、两晋典籍中频见。最有名的,该是曹操曾下令"士卒无败麦,犯者死",于是骑兵过麦田,"皆下马,付麦以相持"。曹操自己的马意外"腾入麦中",他还来了个自刑,"援剑割发以置地"。曹操这样爱惜麦子,正有军粮的考虑。杨暨上表说过,曹操征张鲁,"以十万之众,身亲临履,指授方略,因就民麦以为军粮"。又,魏明帝太和五年(231),"诸葛亮寇天水",司马懿与之对垒,明帝"前后遣兵增宣王军,又敕使护麦。宣王与亮相持,赖得此麦以为军粮"。又,《晋书·桓温传》载,桓温北伐前秦,"初,温恃麦熟,取以为军资",不料前秦苻健"芟苗清野",抢先给收割了,致晋军"军粮不属,收三千余口而还"。

战争期间,除了双方抢麦为军粮,还有附带的惨象。《后汉书·五行志》收有桓帝时的民谣:"小麦青青大麦枯,谁当获者妇与姑。丈人何在西击胡,吏买马,君具车,请为诸君鼓咙胡。"时"凉州诸羌一时俱反,南入蜀、汉,东抄三辅,延及并、冀",男人们都去前线作战,"麦多委弃,但有妇女获刈之也"。饶是如此,百姓还"不敢公言,私咽语",即所谓"鼓咙胡"。承平时期相对好些,白居易当县尉时写过一首长诗《观刈麦》,"田家少闲月,五月人倍忙。夜来南风起,小麦覆陇黄。妇姑荷箪食,童稚携壶浆。相随饷田去,丁壮在南冈"云云,与我儿时在京郊农村的经历几乎一模一样,不一样的是乐天同时看到:"复有贫妇人,抱子在其旁。右手秉遗穗,左臂悬敝筐。听其相顾言,闻者为悲伤。家田输税尽,拾此充饥肠。"

白诗尤为可贵之处,在于没有停留在对现实的描摹,而是借此反省自身:"今我何功德,曾不事农桑?吏禄三百石,岁晏有余粮。念此私自愧,尽日不能忘。"后来的官员,有几人能做到这一点?

2022 年 6 月 19 日

萤火虫（续）

这几天的微信朋友圈,有不少关于华南农业大学校园内萤火虫飞舞的内容。看新闻,校方还发了一则对"广大师生和友邻"的倡议,"不捕捉、不照射萤火虫,做安静、文明的观赏者,给萤火虫创造一个良好的生存环境"云云。的确,"轻罗小扇扑流萤",在杜牧那时候,宫女也是因为实在寂寞才去捉萤火虫玩儿。

萤火虫,昆虫纲鞘翅目萤科中能够发光的昆虫的俗称,其腹部末端有发光器,不仅成虫,而且其卵、幼虫、蛹也均能发光。书上说,萤光有多种颜色,黄、橙、红、绿、黄绿等。不过,我所见过的萤火虫,发光的颜色跟电影里呈现的差不多,该算是黄绿,红色的缘悭一面。萤火虫对环境较为敏感,因之成为生态质量的指示物种之一。如《浮生六记》中"但见隔岸萤光明灭万点,梳织于柳堤蓼渚间"的情形,已经非常罕见。所以,校园里萤火虫飞舞,是件值得高兴的事。

萤火虫很早便为前人所关注。《礼记·月令》云:"季夏之月……温风始至,蟋蟀居壁,鹰乃学习,腐草为萤。"即是说,到了农历六月,蟋蟀还只是躲在墙罅里,雏鹰已开始练习飞翔,而生在潮湿地面上的草类等植物,腐败之后则变成萤火虫。《本草纲目·虫三》云:"萤有三种:一种小而宵飞,腹下光明……其名宵行。"李时珍也认为萤火虫乃"茅根所化也",这是前人的普遍观点。当然，这是他们对萤火虫的认知偏差。

但"季夏三月"出现萤火虫，这个时间点大抵不差。《西游记》第九十二回，青龙山的三个老妖把唐僧捉进玄英洞中，孙悟空就是变成萤火虫钻进去侦察敌情的。萤火虫飞到唐僧面前，唐僧还很奇怪，揩泪道："呀！西方景象不同，此时正月，蛰虫始振，为何就有萤飞？"孙悟空忍不住叫了一声："师父，我来了！"唐僧才恍然大悟，喜道："悟空，我心说正月怎得萤火，原来是你。"倘若老妖们具备唐僧这种知识，恐怕悟空马上就被识破了。

《酉阳杂俎》说良常山（在今江苏句容）上有种植物叫萤火芝，"其叶似草，实大如豆，紫花，夜视有光"，跟萤火虫差不多。但这东西十分神奇，"食一枚，心中一孔明。食至七，心七窍洞彻，可以夜书"。《太平御览》引他书补充说"计得食四十七枚者寿"，就更神乎其神了。《酉阳杂俎》中的另外一则，大抵可视为意淫。说登封有个士人，"客游十余年归庄"。有天夜已经很深了，士人还没睡着，"忽有星火发于墙堵下，初为萤，稍稍芒起，大如弹丸，飞烛四隅，渐低，轮转来往，去士人面才尺余"。仔细一看，"光中有一女子，贯钗，红衫碧裙，摇首摆尾，具体可爱。士人因张手掩获"，败兴的是，"烛之，乃鼠粪也"。

无论古人还是今人，之所以喜欢观赏甚至赞美萤火虫，恐怕都是因为它的发光行为。现代科学解释，这是荧光素在催化下发生的复杂生化反应，光，是在这个过程中释放的能量。在李时珍那里将之入药，"萤火能辟邪明目，盖取其照幽夜明之义耳"。见之于人文领域，萤光也每为常客。

《三国演义》第三回，张让等劫拥汉少帝刘辩和陈留王刘协，"连夜奔走至北邙山"。追兵到，张让投河自杀，"帝与陈留王未知虚实，不敢高声，伏于河边乱草之内"。伏至四更，"露水又下，腹中饥馁，相挤而哭；又怕人知觉，吞声草莽之中"。陈留王说咱们得走，"别寻活路"，于是二人"以衣相结，爬上岸边"。而"满地荆棘，黑暗之中，不见行路"，正在这时，"忽有流萤千百成群，光芒照耀"，他们"遂随萤光而行，渐渐见路"。这样来看，如果没有萤火虫照亮的话，历史上可能就没有汉献帝了。

实际上，萤光非常微弱，能不能照亮路径尚要存疑。因其微弱，也常借用作能力微弱的谦词。魏文帝曹丕死后，曹睿即位为明帝，但在政治上依然对曹植采取严加防范、不予任用的态度。曹植"常自愤怨，抱利器而无所施"，乃有《求自试表》。其中说到"冀以尘露之微，补益山海；萤烛末光，增辉日月"，希望自己能以萤火、蜡烛一样微弱的光亮，来为日月增辉。《晋书·刘颂传》载，西晋刘颂为官颇可称道。"尚书令史扈寅非罪下狱，诏使考竟，颂执据无罪，寅遂得免，时人以颂比张释之"。汉文帝时的张释之以执法公正不阿闻名，时人有"张释之为廷尉，天下无冤民"之谓。刘颂除淮南相，"在官严整，甚有政绩"，但他在上疏中把自己摆得很低，"受诏之日，喜惧交集，益思自竭，用忘其鄙，愿以萤烛，增晖重光"云云，愿以自己微不足道的作为，为国家治理增光添彩。类似的意思到了孙悟空嘴里则有些直接兼粗俗，他说猪八戒的作用如"放屁添风"。粗俗归粗俗，与前面两人的意思一般无二。

西晋车胤"囊萤读书"的故事众所周知，明张大复《梅花草堂笔谈》中有个书生，也是"以囊萤闻于里"。有人慕名来拜访，"晨诣之"，不料书生却出门去了。那人很奇怪："何有囊萤读，而晨他往者？"别人告诉他，书生去捉萤火虫了，天黑前能回来。这件事未必出于杜撰，即便是，也揭示了生活中的那种貌似东施效颦的习见现象，用当代同样粗俗的流行语来说，这书生就是装×。

2022 年 6 月 25 日

气功·导引

新任香港特首李家超在接受央视《新闻1+1》采访时，言及自己对许多运动项目都有兴趣，游泳、打乒乓等，"但是做得最多的是练气功，我气功方面的修养已经超过25年了"，现在，"没那么忙的时候，每天都抽一点时间去练一下气功"，他认为"这是非常有效的一个养生方法"。

气功是一项优秀传统文化，国人莫不耳熟能详。然而这个词语在近现代才出现，典籍中似没有"气功"二字。不过，根据气功集中意念、调节呼吸、柔和运动的运动方式，从前的"导引"或"道引"庶几近之，那正是凭借呼吸俯仰、屈伸手足来使血气流通的一种养生术。长沙马王堆出土文物中有一幅西汉帛画《导引图》，图中分上下四层共画了44个呈运动姿势的人像，有老有少，有男有女，那图形跟今天的练气功差不了多少。

气功的产生，前人认为跟阴湿环境有关。《黄帝内经》之《异法方宜论》讲到，居住在东南西北中不同地方的人，由于受自然及生活条件的影响，形成了生理、病理上的不同特点，因而发生的疾病各异，治疗时必须采用不同的方法。"(居住)中央者，其地平以湿，天地所以生万物也众。其民食杂而不劳，故其病多痿厥寒热。其治宜导引按跷"。导引与按跷，相当于气功与按摩。又，《吕氏春秋·古乐》云："昔陶唐氏之始，阴多滞伏而湛积，水道壅塞，不行其原，民气郁阏而滞著，筋骨瑟缩不达，故作舞以宣导之。"气功的发明，主要是为了疗疾、养生，渐渐又演变为追求长生。如《庄子》云："吹呴呼吸，吐故纳新，熊经鸟申，为寿而已矣；此道引之士，养形之人，彭祖寿考者之所好也。"唐人成玄英阐释，气功就是吐出体内的混浊空气再吸进新鲜空气，像熊攀树而自悬、鸟飞空而伸脚一样养生，这是追求像彭祖那样长寿的人所喜好的。

在前人看来，导引即气功颇有养生奇效。《史记·留侯世家》载，西汉张良"性多病，即道引不食谷"，裴骃指出就是"服辟谷之药，而静居行气"。《三国志·华佗传》载，华佗"晓养性之术，时人以为年且百岁而貌有壮容"。他是靠自己发明的五禽戏做到这一点的，五禽戏"一曰虎，二曰鹿，三曰熊，四曰猿，五曰鸟，亦以除疾，并利蹄足，以当导引"，若"体中不快，起作一禽之戏，沾濡汗出，因上著粉，身体轻便，腹中欲食"。吴普跟着华佗学习，也达到了相应的目的，"年九十余，耳目聪明，齿牙完坚"。

然而，气功也不免被一些笃信者神化。《抱朴子·至理》云："夫人所以死者，诸欲所损也，老也，百病所害也，毒恶所中也，邪气所伤也，风冷所犯也。"而练气功，能"还精补脑，食饮有度，兴居有节，将服药物，思神守一，柱天禁戒，带佩符印，伤生之徒，一切远之，如此则通，可以免此六害"。一言以蔽之，"善行气者，内以养身，外以却恶"。葛洪还搬出前面两人说事：像张良"吐出奇策，一代无有，智虑所及，非浅近人也"，连他不是也说练气功而"不死可得"吗？而像吴普那样的，"药术至浅"都能活到百把岁，"况于用其妙者耶？"

明朝王阳明亦笃信气功。17岁结婚那天，"偶闲行入铁柱宫，遇道士趺坐一榻，即而叩之，因闻养生之说，遂相与对坐忘归"，第二天早上才被找回家。后来,他跟着尹真人修"真空炼形法",有遗世遁山之意。不过31岁时,王阳明从刑部主事位置上告病归至原籍绍兴,"筑室阳明洞中,行导引术",忽然"了悟心性",以为"君子之学,贵于得悟",最后成为集心学之大成的一代大儒,这就极大超出了养生、长生的境界。

曹植写过一篇《辩道论》,说曹操曾经把不少方士招到身边,甘始、左慈、郤俭等,个个都有一套,"始能行气导引,慈晓房中之术,俭善辟谷,悉号三百岁"。但曹操把他们聚拢到一起,不是"欲观神仙于瀛洲,求安期于海岛,释金辂而履云舆,弃六骥而美飞龙",发挥他们的各自所长,而是"诚恐斯人之徒,接奸宄以欺众,行妖慝以惑民",所以,曹家上下,"咸以为调笑,不信之矣"。而甘始他们几个,"奉不过于员吏,赏不加于无功……终不敢进虚诞之言,出非常之语",这些人"若遭秦始皇、汉武帝,则复为徐市、栾大之徒也",早就飞黄腾达了。曹植指出的是气功被赋予的荒诞色彩的一面。后世英明如唐太宗也落入窠臼。《旧唐书·隐逸传》载,道士王远知很早就看出李世民能当皇帝,世民当时惊诧不已,登基后更打算重用他,远知却"固请归山"。于是贞观九年(635),"敕润州于茅山置太受观",还降玺书曰:"先生操履夷简,德业冲粹,屏弃尘杂,栖志虚玄,吐故纳新,食芝饵术,念众妙于三清之表,返华发于百龄之外,道迈前烈,声高自古。"

早些年,形形色色的"气功大师"相继粉墨登场,那个叫王林的,会什么"空盆来蛇""断蛇复活"。但这些玷污了气功的江湖杂耍,也令不少商界、演艺界知名人士趋之若鹜,认之为"干爹"的也有几个。层出不穷的江湖骗子就这么糟蹋了优秀传统文化。

2022年7月5日

行刺

7月8日,日本前首相安倍晋三在奈良市演讲时,突然被人用霰弹枪从背后击中,送医未几便宣告不治,终年67岁。出于某种目的的对政治人物行刺,古今中外都数不胜数。论安倍晋三这个级别的,可举出我们唐宪宗时的"元和刺相案",行刺对象是宰相武元衡。二者不同之处只在于:一个是现任,一个是前任。

武元衡因何被行刺?因为他力主朝廷以兵制藩。时藩镇势力尾大不掉,宪宗继位,宰相杜黄裳首倡削藩大略:先平定西川,再剑指淮西。坐镇淮西的彰义节度使吴少阳死后,其子吴元济秘不发丧而自领军务。宪宗将军机事务悉委于武元衡,旋即,武元衡又接任李吉甫为宰相。吴元济求救于成德节度使王承宗、淄青节度使李师道,王、李二人也"数上表请赦元济",然"上不从"。李师道"素养刺客奸人数十人,厚资给之",其中一个出主意了:除掉主张用兵的宰臣。《资治通鉴》载,养客这么说的:"天子所以锐意诛蔡(州)者,元衡赞之也,请密往刺之。元衡死,则他相不敢主其谋,争劝天子罢兵矣。"李师道予以采纳,"即资给遣之"。

武元衡之死要比安倍晋三惨烈得多,且是在自家门口。《旧唐书》其本传载:"元衡宅在静安里,九(当为'十')年六月三日,将朝,出里东门,有暗中呲使灭烛者,导骑诃之,贼射之中肩。又有匿树阴突出者，以棓击元衡左股。其徒驭已为贼所格奔逸，贼乃持元衡马，东南行十余步害之，批其颅骨怀去。及众呼偕至，持火照之，见元衡已踣于血中，即元衡宅东北隅墙之外。”时夜漏未尽，“陌上多朝骑及行人，铺卒连呼十余里，皆云贼杀宰相，声达朝堂，百官恟恟”。与此同时，他们也对兼刑部侍郎、奉使蔡州行营裴度下了毒手。《旧唐书·裴度传》载，当天，“度出通化里，盗三以剑击度，初断靴带，次中背，才绝单衣，后微伤其首，度堕马”。好在裴度戴着毡帽，伤口不太深，“贼又挥刃追度，度从人王义乃持贼连呼甚急，贼反刃断义手，乃得去。度已堕沟中，贼谓度已死，乃舍去”。这次行刺，还真的吓坏了一些朝官，“或请罢度官以安恒、郓之心”，宪宗怒曰：“若罢度官，是奸谋得成，朝廷无复纲纪。”

在我们的典籍中，便是对帝王级的人物行刺也史不绝书。宋朝的“斧声烛影”、清朝的雍正皇帝暴毙还只算是疑似，“荆轲刺秦王”以及张良与力士以铁椎“狙击秦皇帝博浪沙中”而“误中副车”算是没有成事，成事的也有不少。

晋武帝司马曜是给张贵人用被子捂死的。《资治通鉴》载，张贵人“宠冠后宫，后宫皆畏之”，但是人已年近三十。有一天司马曜喝多了：“汝以年亦当废矣，吾意更属少者。”可能是酒后戏言，也可能是酒后吐真言，总之张贵人当了真，当晚来个先下手为强。趁司马曜大醉睡着，“贵人遍饮宦者酒，散遣之，使婢以被蒙帝面，弑之”，然后又“重赂左右”，说司马曜是“因魇暴崩”。《晋书·孝武帝纪》载司马曜之死，只是张贵人闻言“潜怒，向夕，帝醉，遂暴崩”，没有说他如何送命。

唐朝安禄山是给儿子派人杀掉的。《新唐书·安禄山传》载，安禄山晚年“尤卞躁，左右给侍，无罪辄死，或棰掠何辱，猪儿尤数,虽严庄亲倚,时时遭笞靳,故二人深怨禄山"。猪儿即李猪儿,本是安禄山亲信,"幼事禄山甚谨";严庄则是安禄山军师。这样的人物也弄得毫无尊严,遑论其他。另一方面,安禄山宠幸段夫人,"爱其子庆恩,欲立之",原本可以顺理成章接班的安庆绪也坐不住了。这时严庄一句话点醒他:"君闻大义灭亲乎? 自古固有不得已而为者。"又对李猪儿说:"汝事上罪可数乎? 不行大事,死无日!"三人就这样一拍即合。于是,至德二载(757)正月十五夜,"庄、庆绪持兵扈门,猪儿入帐下,以大刀斫其腹……俄而肠溃于床,即死"。《安禄山事迹》云,李猪儿一刀下去,安禄山须臾便"腹已数斗血流出",他们"掘床下地,以毡裹其尸埋之,戒宫中勿令泄"。

明朝的"壬寅宫变",则是宫女们险些了结嘉靖皇帝的性命。《万历野获编》"宫婢肆逆"条云:"嘉靖壬寅年(1542),宫婢相结行弑,用绳系上喉,翻布塞上口,以数人踞上腹绞之,已垂绝矣。幸诸婢不谙绾结之法,绳股缓不收。"就是说,宫女们把绳子打成了死结,勒不紧。刑部主事张合参与审理了此案,依据审讯记录再现了宫变全过程:那天凌晨五点左右,"(杨玉香)将绳递与苏川药,川药又递与杨金花拴套儿,一齐下手。姚书皋掐着脖子。杨翠英说:'掐着脖子,不要放松!'邢翠莲将黄绫抹布递与姚叔皋,蒙在面上。邢翠莲按着胸前,王槐香按着身上,苏川药拿着左手,关梅秀拿着右手,刘妙莲、陈菊花按着两腿,姚叔皋、关梅秀扯绳套儿……"

张贵人记恨司马曜的酒后戏言、安庆绪想要登基、宫女们反抗暴虐,行刺的原因从来都多种多样。安倍晋三遇刺背后的缘由是什么,是出于政治、宗教目的,还是个人因素? 要等待日本警方的调查结果了。

2022 年 7 月 9 日

植物园

　　7月11日，华南国家植物园在广州揭牌成立。这是继北京植物园之后，我国设立的第二个国家植物园。华南植物园是目前世界上最大的南亚热带植物园，也是我国历史最悠久的植物学研究和植物保护机构之一，跻身国家植物园实至名归。

　　植物园是调查、采集、鉴定、引种、驯化、保存和推广利用植物的科研场所，也是向公众普及植物科学知识的园地。就形式而言，汉朝上林苑、宋朝艮岳都有国家植物园的影子，当然植物只是其中的一个部分，主要是帝王享乐的场所，与穷奢极欲庶几近之。典籍中可窥见它们当年的形态。

　　上林苑的植物配置，司马相如《上林赋》里满是华丽的表达，"卢橘夏熟，黄甘（柑）橙楱；枇杷橪柿，亭（海棠果）奈厚朴；樗枣杨梅，樱桃蒲陶；隐夫薁棣（郁李），答沓离支（荔枝）。罗乎后宫，列乎北园"。又，"沙棠（沙果）栎槠，华枫枰栌；留落（石榴）胥邪（椰子），仁频（槟榔）并闾，欃檀木兰，豫章女贞（冬青）"，果木、树木，撮其要者。刘歆《西京杂记》则比较写实，"初修上林苑，群臣远方，各献名果异树，亦有制为美名，以摽奇丽者"，总共有二千余种。他就自己的记忆列出若干，"梨十""枣七""李十五"云云，即便同一果木，也有不同品种。如枣七，即弱枝枣、玉门枣、棠枣、青华枣、樗枣、赤心枣、西王枣。其他如"白银树十株、黄银树十株、槐六百四十株……蜀漆树十株、栝十株、枞七株、楠四株、楔四株、枫四株"等,活脱脱的就是植物园了。

艮岳的植物体系也相当完整,乔木灌木,藤本草本,一应俱全。《汴京遗迹志》引僧祖秀《阳华宫记》云:积土而成的飞来峰上,"高于雉堞,翻若长鲸,腰径百尺,植梅万本,曰梅岭。接其余冈,种丹杏鸭脚,曰杏岫。又增土叠石,间留隙穴,以栽黄杨,曰黄杨巇。筑修冈以植丁香,积石其间,从而设险,曰丁香嶂。又得颓石,任其自然,增而成山,以椒兰杂植于其下,曰椒崖……循寿山而西,移竹成林,复开小径至百数步,竹有同本而异干者,不可纪极,皆四方珍贡。又杂以对青竹,十居八九,曰斑竹麓……又于洲上植芳木,以海棠冠之,曰海棠川。寿山之西,别治园圃,曰药寮"。华南植物园中也分为孑遗植物区、苏铁区、木兰园等,一般无二。

《宋史纪事本末》"花石纲之役"条有所补充,"大率灵璧、太湖、慈溪、武康诸石"之外,还有"二浙奇竹、异花、海错,福建荔枝、橄榄、龙眼,南海椰实,登、莱文石,湖、湘文竹,四川佳果木,皆越海渡江,毁桥梁,凿城郭而至,植之皆生"。同时也道出了花石汇集过程中的惨状。"凡士庶之家,一石一木稍堪玩者,即领健卒直入其家,用黄封表识,指为御前之物,使护视之。微不谨,即被以大不恭罪。及发行,必撤屋抉墙以出。人不幸有一物小异,共指为不祥,惟恐芟夷之不速。民预是役者,中家破产,或鬻卖子女以供其须"。并且,"植之皆生"也是在睁眼说瞎话。《清波杂志》"禁苑花竹"条云,"以谐谑被遇"的焦德,一日从幸禁苑,徽宗"指花竹草木以询其名",他一概答以芭蕉,因为"禁苑花竹,皆取于四方,在涂之远,巴至上林,则已焦矣"。

植物与人的衣食住行直接或间接的关系，《诗》中可窥一斑。有人统计，《诗》三百，有 153 篇出现植物，占 50.2%，超过了一半。其中，既有食用（野菜、蔬菜、农作物、水果）植物（如《周南·关雎》之"参差荇菜，左右流之"，荇菜生长在水塘中，先民以之为蔬菜；《邶风·谷风》之"采葑采菲，无以下体"，葑为芜菁，菲即萝卜），也有衣用（纤维、染料）植物（如《陈风·东门之池》之"东门之池，可以沤纻"，纻即苎麻；《小雅·采绿》之"终朝采绿，不盈一匊……终朝采蓝，不盈一襜"，绿、蓝都是染制衣服的草本植物）、器用（建筑、舟车用材）植物（如《鄘风·柏舟》之"泛彼柏舟，在彼中河"，表明柏木是当时造船的材料）、观赏植物，还有象征性植物（如《郑风·溱洧》之"士与女，方秉蕑兮"，蕑，配在身上可辟邪气）……

如果说，《诗》三百多数还是以植物来"赋、比、兴"，清朝乾隆间吴其濬所著《植物名实图考》就是名副其实的纸上"植物园"了。该书共收植物 1714 种，涵盖全国大部省份，分为 12 个类型：谷类、蔬类、山草、隰草、石草、水草、蔓草、芳草、毒草、群芳、果类、木类。对于每种植物的形色、性味、用途和产地都叙述颇详，并附有插图，尤其着重植物的药用价值，是我国 19 世纪的一部科学价值很高的植物学专著。而就岭南植物而言，晋嵇含《南方草木状》不可忽略。植物学的无穷奥秘，自古及今对人类都有着极大的吸引力。

1985 年我初来广州时，华南植物园还是个极其偏僻的所在，尽管从中山大学到那里要转几趟公交车，也还是去过几次。去年发现，原本属于园区的地盘居然矗立了几座住宅楼，惊诧莫名。从这个角度看，其成为国家植物园还是迟了一些。

2022 年 7 月 17 日

二郎神

农历六月廿四是二郎神的生日。

二郎神是个神话人物,其人其事足以印证顾颉刚先生的层累说:时代愈后,传说中的中心人物愈放愈大。在较早的传说中,二郎神是都江堰建造者李冰父子,如《陔馀丛考》引南宋《独醒(杂)志》所云:"灌口二郎神,乃祠李冰父子也。冰,秦时守其地,有龙为孽,冰锁之于离堆之下。故蜀人德之。"渐渐地,二郎神开始有了不同面目。《封神演义》里叫杨戬,《宝莲灯》里是三圣母之兄,《西游记》里是显圣二郎真君。此外,还有乃晋襄阳太守邓遐、隋嘉州太守赵昱诸说。

《朱子语类》在论及鬼神之事时说道:"蜀中灌口二郎庙,当初是李冰因开离堆有功,立庙。今来现许多灵怪,乃是他第二儿子出来。初间封为王,后来徽宗好道,谓他是什么真君,遂改封为真君。"二郎神又成了李冰次子。《三教源流搜神大全》说是真宗时就封了,源于张乖崖的奏请,封的是"清源妙道真君",而主人公却换成了赵昱,功绩为斩杀春夏为害的"犍为老蛟"。当其时也,"昱右手持刃,左手持蛟首,奋波而出",于是"民感其德,立庙于灌江口奉祀焉"。

《西游记》里,二郎神神通广大,且特立独行,"听调不听宣"。

孙悟空大闹天宫，十万天兵奈何不得，观音菩萨乃建议玉皇大帝把二郎神调出来助力。二郎神与孙悟空见面时自报家门："吾乃玉帝外甥，敕封昭惠灵显王二郎是也。"顽皮的孙悟空马上揶揄了他："我记得当年玉帝妹子思凡下界，配合杨君，生一男子，曾使斧劈桃山的，是你么？"在交战间隙，孙悟空也不忘其顽皮本性，跑到灌江口，"摇身一变，变作二郎爷爷的模样"，戏弄了二郎神的下属一回。不过，二郎神被敕封为那个王，是宋朝的事。《宋会要辑稿·礼二〇》载："徽宗崇宁二年加封（李冰次子）昭惠灵显王。"主要描写唐僧取经的《西游记》，在这里显然又穿越了一回，就像猪八戒嘲笑孙悟空没读过《百家姓》的情节一样。

二郎神崇拜，或在宋朝最盛。《事物纪原》云："（神宗）元丰时，国城之西，民立灌口二郎神祠，云神永康导江县广济王子，王即秦李冰也，《会要》所谓冰次子郎君神也。今上（哲宗）继位，敕封灵惠侯。"《宋史·五行志》载："（徽宗）政和七年（1117），诏修神保观，俗所谓二郎神者。"修这个观可不得了，因为"京师人素畏"二郎神，所以"自春及夏，倾城男女负土以献，揭榜通衢，云某人献土；又有饰形作鬼使，巡门催纳土者"，直到有人"以为不祥"，才"禁绝之"。后来，"金人斡离不围京师，其国谓之'二郎君'"云，算是印证了不祥的因由。而《夷坚丙志》"二郎庙"条提供了另一说法："政和七年，京师市中一小儿，骑猎犬扬言于众曰：'哥哥遣我来，昨日申时灌口庙为火所焚，欲于此地建立。'儿方七岁，问其乡里及姓名，皆不答。至晚神降于都门，凭人以言，如儿所欲者。有司以闻，遂为修神保观。"不久后，"蜀中奏永康神庙火，其日正同"。都江堰一带，宋时建置为永康军。就是说，因为灌口老家的二郎神庙被火烧了，得在京师重建一个。

《东京梦华录》记载了京师神保观如何庆祝二郎神生日："二

十四日,州西灌口二郎生日,最为繁盛。庙在万胜门外一里许,敕赐神保观。"此前一天,"二十三日,御前献送后苑作与书艺局等处制造戏玩,如球杖、弹弓、弋射之具、鞍辔、衔勒、樊笼之类,悉皆精巧,作乐迎引至庙。于殿前露台上设乐棚"。到了正日子那天,"夜五更争烧头炉香,有在庙止宿,夜半起以争先者。天晓,诸司及诸行百姓献送其多。其社火呈于露台之上,所献之物,动以万数"。同时,"自早呈拽百戏,如上竿、趯弄、跳索、相扑……至暮呈拽不尽,殿前两幡竿,高数十丈,左则京城所,右则修内司,搭材分占。上竿呈艺解,或竿尖立横木,列于其上,装神鬼,吐烟火,甚危险骇人"。

宋话本《勘皮靴单证二郎神》中,徽宗的韩夫人因为"不沾雨露之恩"而抑郁,杨戬太尉的夫人建议她设香案,拜拜二郎神。果然"将息至一月之后,端然好了",韩夫人便到神保观去还愿。见到二郎神的塑像,"虽然土木形骸,却也丰神俊雅,明眸皓齿。但少一口气儿,说出话来"。结果,韩夫人不能自持,"漏出一句俏语低声的话来",将来嫁的丈夫若"恰似尊神模样一般,也足称生平之愿"。《清嘉录》云,苏州人也信二郎神能治病,在他生日这天,"患疡者拜祷于葑门内之庙"。头一日,"土人于庙中卖萤灯、荷花、泥婴者如市"。蔡云有《吴歈》为证:"巧制萤灯赛练囊,摩睺罗市见昏黄。儿童消得炎天毒,葑水湾头谢二郎。"不过,苏州那里"祀之必以白雄鸡",正宗的,应该是用羊。《夷坚支丁志》"永康太守"条云,对二郎神"每时节献享,及因事有祈者,无论贫富必宰羊,一岁至烹四万口。一羊过城,则纳税钱五百"。朱熹说,届时"庙前积骨如山,州府亦得此一项税钱"。

十年前这个时候,余有都江堰之游,拜谒了祭祀李冰父子的"二王庙",庙已为世界文化遗产都江堰的重要组成部分。该庙古称即"二郎庙"。只是不知,当代在二郎神生日的这天,还有相应的民俗活动与否。

2022 年 7 月 22 日

蓝色

山东龙口交警大队在城区一些路段新划的 200 余个蓝色停车泊位,非常醒目,市民们纷纷驻足观看。那里目前已有白色和黄色的划线,不同颜色对应的车位信息不同。以蓝色而言,实线是免费停车位,虚线是限时免费。

蓝色,今天我们司空见惯,而在色彩谱系中,这却是出现得很晚的颜色。或者说,在古人眼中,"蓝色"并不存在,至少不是以我们今天所认为的方式存在。当然,"蓝"这个字的出现很早。《诗·小雅·采绿》便有"终朝采绿,不盈一匊……终朝采蓝,不盈一襜",《荀子·劝学》中更有著名的"青,取之于蓝,而青于蓝",但那时的"蓝"都不是指颜色。采绿之"绿"指的是菉草,采蓝之"蓝"也是一种植物,即蓼蓝,那时我国古代最重要的染草之一。将蓼蓝在水中浸泡,并加入一定比例的石灰不断搅拌,就会产生蓝靛。《说文解字》释"蓝",乃"染青草也",就是染出青色的草。《周礼·地官》云,西周便设有掌管染料的职位:掌染草。郑玄注"染草"云:"蓝、蒨、象斗之属。"这当中,蓝能染出绿色,蒨能染出红色,象斗能染出黑色。

直到隋唐以前,"蓝"都不表示颜色。需要表达今天的"蓝色"时,前人用的都是其他字眼。蓝,在"青"的范畴。古人所说的青色，涵盖了现代光谱原理命名的绿、青、蓝乃至黑等诸多颜色，具体是指哪种，需要根据具体的语境来确认。《诗·郑风》有"青青子衿，悠悠我心"句，这里青是黑色，黑色的学士服。李白诗云："君不见高堂明镜悲白发，朝如青丝暮成雪。"显而易见，青丝即黑发。踏青的习俗发生于阳春三月，这个"青"对应的颜色实际上是绿色，郊外冒出的嫩草、田间破土的新苗，不都是新绿吗？

因为蓝还不是色彩，那时的"青天"或"苍天"，就是今天的"蓝天"了。《诗·王风·黍离》有"悠悠苍天，此何人哉"句，《毛传》云："据远视之，苍苍然，则称苍天。"他们看天的颜色是"苍"，而"苍"乃"草色也"，即青色。《晋书·乐广列传》载，卫瓘评价乐广："此人之水镜，见之莹然，若披云雾而睹青天也。"总之，绝口不提"蓝天"，正因为"蓝"作为色彩还没有从"青"中独立出来。

天空是这样，大海呢？"蓝色的大海上，扬着白色的帆"，林海音《城南旧事》中英子朗诵的这一段很有代表性。对蓝色的海水，前人则言"碧"。东方朔《海内十洲记》云："扶桑在东海之东岸，岸直，陆行登岸一万里，东复有碧海。海广狭浩汗，与东海等。水既不咸苦，正作碧色，甘香味美。扶桑在碧海之中，地方万里。"扶桑，传说中东方海域的古国名，后来相沿以为日本的代称。《梁书·诸夷列传》载，齐东昏侯永元元年（499），扶桑国有沙门慧深来至荆州，说"扶桑在大汉国东二万余里，地在中国之东，其土多扶桑木，故以为名"。韦庄《送日本国僧敬龙归》便有"扶桑已在渺茫中，家在扶桑东更东"句。两国间隔的大海，在前人眼里非蓝而碧。

从隋唐开始，"蓝"才由植物引申为与绿色相连接而又相区别的蓝颜色。出自隋朝的敦煌莫高窟隋朝壁画、佛像中，蓝色已不鲜见。杜甫诗句中既有"两个黄鹂鸣翠柳，一行白鹭上青天"，也有"涪右众山内，金华紫崔嵬。上有蔚蓝天，垂光抱琼台"。白居易之"夕照红于烧,晴空碧胜蓝"以及"日出江花红胜火,春来江水绿如蓝",蓝,都成了颜色。《旧唐书·哀帝纪》之"虽蓝衫鱼简,当一见而便许升堂",蓝还成了低级官员的服色。和凝"却爱蓝罗裙子,羡他长束纤腰"句中的裙子,乃蓝色丝织物更明白无误。

有意思的是,"蓝色"在西方的经历和在我们这里差不多。

专门研究色彩、图画历史的法国历史学家米歇尔·帕斯图罗在《色彩列传:蓝色》一书中指出,在西方,从新石器时代到中世纪晚期,蓝色长期以来都是背景色,几乎没有在社会生活、宗教活动或是艺术创作中扮演任何角色。相对于红、白、黑这三个古代社会的"基础色",蓝色的符号性太弱,无法表达或传递观点,无法激发强烈的情绪或感受,无法形成规章与制度。因为蓝色的罕见,尤其是在词语史料上的稀缺,古希腊人以及其后的古罗马人是否认识蓝色已成疑问。如色诺芬尼、亚里士多德、伊壁鸠鲁等,从"赤橙黄绿青蓝紫"的彩虹中看到了其他各色,唯独没有看到蓝色。12世纪开始,礼拜仪式学家三个"基础色"的含义方面达成了一致:红代表基督流的血以及为基督流的血、热情、殉难、牺牲以及神圣的爱情,白代表纯洁与天真,黑代表节制、苦行与灾难。在其他颜色问题上,如绿、紫、灰、黄等,尽管时有分歧,但没有人谈论蓝。这就是说,蓝色在他们眼里并不存在。另外,如同我们的"碧水",整个欧洲直到17世纪,蓝才成为地图上表现水的习惯固定颜色,而此前的大海和河流都是绿色。

不难想见,自地球诞生以来,蓝色这个颜色就已经在大自然中存在并大量出现,但人类却很晚才将"蓝色"定义为一种颜色类别。为什么会这样?这是个十分有趣的现象。探究起来会是很大一篇文章。

2022年7月30日

文×阁

7月23日,中国国家版本馆宣告落成。该馆由一个总馆和三个分馆构成,中央总馆文瀚阁位于北京,三个分馆分布在西安、杭州和广州,分别叫文济阁、文润阁和文沁阁。中国国家版本馆的定位是:国家版本资源总库和中华文化种子基因库。

在"文×阁"的命名上,显见沿袭了文化传统。当年,《四库全书》编纂完成后,乾隆帝下令手抄七部分藏之,这些藏书处一概命名为"文×阁"。首先抄好的四部,分藏于北京内廷文渊阁、京郊圆明园文源阁、奉天故宫文溯阁、承德避暑山庄文津阁,是为"北四阁"。从收藏地点不难看出,这些藏书实为皇室所专有,与士子无涉。鉴于江浙乃人文渊薮之地,乾隆"复命续缮三部",这回分藏于镇江金山寺文宗阁、扬州大观堂文汇阁、杭州西湖行宫文澜阁,是为"江浙三阁"。除文宗阁之外,其余六阁阁名均含有"氵",而按乾隆《再题文宗阁》"百川于此朝宗海,是地诚应庋此文"句,文宗阁面对百川归海之处,套用白居易的话说:此处无水胜有水。如今国家版本馆名字的"含水量",更达到了"百分之百"。从前"文×阁"寓意虽各不同,但在"氵"这点上殊途同归,当如"天一阁"所寓意之"天一生水"。前人言藏书有八厄,火厄正为其一,而水克火。

阁,一个义项即国家藏书楼。我国最早的国家藏书楼,或推西汉天禄阁。《三辅黄图》载:"天禄阁,藏典籍之所。"且引《汉宫殿疏》云,阁由萧何主持建造,既"藏秘书"也"处贤才"。国家版本馆各馆均设置了展示区、保藏区、洞藏区、交流区等,既收藏又有学术活动,庶几近之。

西汉著名学者刘向父子、扬雄都曾在天禄阁留下踪迹。"刘向于成帝之末,校书天禄阁,专精覃思"。《隋书·经籍志》载,刘向逝后,"哀帝使其子歆嗣父之业。乃徙温室中书于天禄阁上。歆遂总括群篇,撮其指要,著为《七略》"。但《三辅黄图》对刘向在天禄阁研究时的具体描述,就要姑妄听之了:"夜有老人著黄衣,植青藜杖,叩阁而进。见向暗中独坐诵书,老父乃吹杖端,烟然,因以见向,授五行《洪范》之文。恐词说繁广忘之,乃裂裳及绅以记其言,至曙而去。"刘向讨教尊姓大名,老人说自己是太乙之精,"天帝闻卯金之子,有博学者,下而观焉"。卯金,代表刘姓。老人言罢,又"出怀中竹牒,有天文地图之书,曰:'余略授子焉。'"那意思无非是说,刘向的成就实乃神授,就像张良之所以能"运筹于帷幄之中,决胜于千里之外",在于"下邳神人"黄石公授之以《太公兵法》。

《汉书·扬雄传》载,王莽当政时,"刘歆、甄丰皆为上公"。王莽假借符命篡位,然"即位之后,欲绝其原以神前事,而丰子寻、歆子棻复献之",没弄明白风向已经变了。于是,王莽诛杀甄丰父子,流放刘棻。因为"辞所连及,便收不请",只要他们供出谁,抓人就是,结果,"时,(扬)雄校书天禄阁上,治狱使者来,欲收雄,雄恐不能自免,乃从阁上自投下,几死"。王莽知道后感到奇怪:"雄素不与事,何故在此?"原来,"刘棻尝从雄学作奇字,雄不知情",王莽因而"有诏勿问"。众所周知,扬雄以政论著作《法言》名垂后世。

史上比较有名的国家藏书楼,还有唐朝弘文馆、宋朝崇文院等。略看后者。

《宋会要·职官》载,太平兴国二年(977),太宗幸三馆,顾左右曰:"是岂足以蓄天下图书,待天下之贤俊邪?"即日诏有司"度左升龙门东北车府地为三馆,命内侍督工徒,晨夜兼作。其栋宇之制皆帝所亲授,自举役车驾凡再临幸"。三馆落成,定名崇文院。后来,再于崇文院中建秘阁。《麟台故事》云:"淳化三年(992)九月,(太宗)幸新秘阁。帝登阁,观群书齐整,喜形于色,谓侍臣曰:'丧乱以来,经籍散失,周孔之教,将坠于地。朕即位之后,多方收拾,抄写购募,今方及数万卷,千古治乱之道,并在其中矣。'即召侍臣赐坐命酒,仍召三馆学士预坐。"太宗待到晚上才回宫,不忘交待王继恩:"尔可召傅潜、戴兴,令至阁下,恣观书籍,给御酒,与诸将饮宴。"而傅潜诸人"皆典禁兵",是武官。

从明太祖所建文渊阁起,皇家藏书楼便有"湿意"了。乾隆在《文溯阁记》中对"北四阁"的命名更毫不讳言:"四阁之名,皆冠以文,而若渊、若源、若津、若溯,皆从水以立意。"而阁名之间,又存在逻辑关联:"水各有源,同归于渊,渊为源尾,源为渊头;由渊觅源,其经为津,其行为溯。"对文溯阁,因在盛京,"更有合周诗所谓'溯涧求本'之义,而予不忘祖宗创业之艰,示子孙守文之模"。与此同时,"以水喻之,则经者文之源也,史者文之流也,子者文之支也,集者文之派也。流也、支也、派也,皆自源而分。集也、子也、史也,皆自经而出。故吾于贮四库之书,首重者经,而以水喻文,原溯其源"。所以,"文×阁"之"氵"并非信手拈来,而颇堪玩味。

如今的文济阁、文润阁、文沁阁等如何得名,日后想来会有

"揭秘"的文字。中国国家版本馆开馆后将全面履行国家版本资源保藏传承职责,不啻新的文化殿堂。

2022 年 8 月 3 日

舅

网络上有个叫《回村三天，二舅治好了我的精神内耗》的视频，登上各大平台热门榜仅仅几天就被打回了原形，因为主要事实纯属虚构。虽然视频拍摄者言之凿凿地声称"每一个字都是真的"，实际上他连视频中"二舅"的外甥都不是。

二舅，排行老二的舅舅。在这个视频中，拍摄者身份如果真实的话，二舅该是拍摄者母亲的兄弟。这是最常见的用法。《尔雅》云："母之昆弟为舅。"《诗·秦风·渭阳》云："我送舅氏，曰至渭阳。何以赠之？路车乘黄。　我送舅氏，悠悠我思。何以赠之？琼瑰玉佩。"前人认为，这是秦太子罃所作，时奉父亲秦穆公之命护送舅舅即晋公子重耳回国，罃母秦姬是重耳的姐姐。舅舅回国后即位成晋文公，十几年后外甥则成为秦康公。可惜晋文公在位只有九年，舅甥执政时间没有产生交集，否则的话，秦康公在位时屡次出兵攻打晋国的举动，不知还是否成立。而这首被誉为"后世送别之祖"的表达甥舅情谊的作品，恐怕也要被另眼相待。

史上的舅舅形形色色。外戚专权，大抵都能窥见舅舅的影子。范晔说，这是"藉元舅之资，据辅政之权，内倚太后临朝之威"。如东汉梁冀，他是顺帝梁皇后的哥哥，即顺帝的舅舅。顺帝崩，"冲帝始在襁褓，太后临朝"，梁冀更权倾一时，直接操纵了皇帝的废立。"冲帝又崩,冀立质帝",质帝"少而聪慧,知冀骄横",当着群臣的面目视梁冀,说了句"此跋扈将军也",梁冀"遂令左右进鸩加煮饼,帝即日崩",把皇帝直接给干掉了。

没有跋扈到这个程度的,也一抓一把。《资治通鉴·唐记四十五》载,韦澳"为人公直,既视事,豪贵敛手"。其为京兆尹,便狠狠煞了宣宗舅舅郑光的威风。郑光,宣宗母亲郑太后的弟弟。时"郑光庄吏恣横,为闾里患,积年租税不入,澳执而械之",把郑光负责田租的管家抓了起来。宣宗过问了:"卿何以处之?"韦澳说"欲置于法"。宣宗说自己跟舅舅的关系不错,怎么办?韦澳直言:"陛下自内庭用臣为京兆,欲以清畿甸之积弊,若郑光庄吏积年为蠹,得宽重辟,是陛下之法独行于贫户,臣未敢奉诏。"《东观奏记》对此也有一段生动描写,韦澳抓了人,"期以五日,不足必抵法"。这时"太后为言之上",才有宣宗"延英问澳,澳具奏本末"。宣宗问:"今日纳租足,放否?"韦澳答:"尚在限内,来日即不得矣。"宣宗赶快告诉母亲:"韦澳不可犯也,且与送钱纳租。"

不过也必须看到,典籍中一个"舅"字,并不单纯是母亲兄弟的含义,它代表了多种称谓,究竟是怎样的亲属关系要具体问题具体分析。

舅,可以是丈夫的父亲。"苛政猛于虎"的故事众所周知。妇人在坟前哭得悲戚泣,孔子让子贡问问怎么回事。妇人说:"昔者吾舅死于虎,吾夫又死焉,今吾子又死焉。"而其所以不迁居,在于此处"无苛政"。郑玄注曰:"夫之父曰舅。"就是说,妇人嘴里的"舅",指的是她公公。那段话等于是说,老虎吃了夫家的祖孙三代。

舅,也可以是妻子的父亲。《三国志·蜀书·先主传》载,刘备在曹操麾下时,"献帝舅车骑将军董承辞受帝衣带中密诏,当诛曹公"。董承，汉灵帝母董太后之侄，献帝嫔妃董贵人之父，献帝的老丈人。裴松之说："盖古无丈人之名，故谓之舅也。"结果，刘备还没动手，曹操找他去吃饭，说了番"今天下英雄，唯使君与操耳"的话，刘备以为坏事了，吓得不轻，"方食，失匕箸"。这一段，被《三国演义》描写成"煮酒论英雄"。

舅，可以是妻之兄或弟，用民间的通俗说法：兄则大舅子，弟则小舅子。以抗击匈奴立下赫赫战功而闻名的大将军卫青，就是汉武帝的小舅子。《汉书·外戚传》载，"武帝即位，数年无子"，很懊恼。姐姐平阳公主给他想办法，"求良家女十余人，饰置家"，结果武帝看上了姐姐家的歌女卫子夫。子夫也很提气，"元朔元年生男据，遂立为皇后"。卫青正是子夫同母异父的弟弟。武帝还有个大舅子叫卫长君，死得早，没什么作为。顺便提及，卫青又是霍去病的舅舅，霍去病乃卫青二姐的私生子，子夫是三姐。舅舅和外甥共同留下抵御外寇的嘉话，算是外戚中的一抹亮色了。

舅，也可以是舅氏之子，即表兄弟。西晋开国元勋羊祜的亲属谱系十分了得：姐姐徽瑜是景帝（司马炎追谥）司马师皇后，那么他是司马师的小舅子；姐弟二人的母亲则是东汉文学家蔡邕的女儿，那么羊祜又是蔡邕的外孙，蔡文姬是他大姨。《晋书·羊祜传》载，"祜当讨（东）吴贼功，将进爵土，乞以赐舅子蔡袭"，蔡袭就是羊祜舅舅的儿子。

在亲属谱系之外，古代天子称异性诸侯，诸侯称异姓大夫皆为舅。如《国语·晋语三》载，晋惠公六年（前645），秦侵晋，惠公问大夫庆郑："秦寇深矣，奈何？"庆郑曰："君深其怨，能浅其寇乎？非郑之所知也，君其讯射也。"庆郑是在发牢骚，认为惠公对自己之前的进谏不听，咎由自取，你既然采纳了虢射的意见，问他去好了。惠公曰："舅所病也？"这个舅指的就是庆郑。

在亲属关系层面,民谚有"舅舅大似天,外甥坐上边",凸显了舅舅在家庭中的地位之高。之所以如此,或是母系社会的遗风吧。

2022 年 8 月 6 日

性骚扰

8月10日,央视主持人朱军"性骚扰"案二审开庭。北京市第一人民法院经审理认为,上诉人周某某提交的证据不足以证明朱军对其实施了性骚扰行为,上诉请求不能成立,一审判决认定事实清楚,适用法律正确,维持原判。

性骚扰,指的是以带性暗示的言语或动作针对被骚扰对象,使对方感到不悦。西汉刘向《说苑》里,收录了一则性骚扰案例。云"楚庄王赐群臣酒,日暮,酒酣,灯烛灭,乃有人引美人之衣者",忽然间黑咕隆咚,有个臣子便趁机"搏憺"。美人很生气,"援绝其冠缨",把那人帽子上的装饰物给扯下来了,并当场向庄王告状,要求"趣火来上,视绝缨者",重新点灯,看谁的帽缨没了。不过楚庄王有自己的考虑:"赐人酒,使醉失礼,奈何欲显妇人之节而辱士乎?"他甚至要求在场的各位都把帽缨扯下来,然后再点灯,继续喝,"卒尽欢而罢"。这一招后来果然收效。晋国与楚国交战,有一人勇猛异常,"五合五获首,却敌,卒得胜之"。庄王觉得不可思议,那人道出了实情,当年他就是那个性骚扰者,"醉失礼",但是大王没有拆穿,"臣终不敢以荫蔽之德,而不显报王也,常愿肝脑涂地,用颈血湔敌,久矣"。

在《玉台新咏》中还可以拈出两则案例。其一,见于《日出东南隅行》。罗敷出去采桑，漂亮的容貌吸引了众人，有的"下担捋髭须"，有的"脱帽着帩头"，甚至"耕者忘其犁，锄者忘其锄"。这是百姓，"但坐观罗敷"足矣。使君即太守一见到罗敷，味道就变了。他先是遣吏"问是谁家姝"，接着又问"罗敷年几何"，然后提了"宁可共载不"的要求，一起坐车出去玩玩儿。罗敷的拒绝简明有力："使君一何愚！使君自有妇，罗敷自有夫。"

其二，见于辛延年《羽林郎》诗，讲的是霍光家奴冯子都如何"依倚将军势"而"调笑酒家胡"，也就是性骚扰卖酒女孩。那女孩15岁，"两鬟何窈窕，一世良所无"，漂亮得很。那天"春日独当垆"，冯子都来了，"就我求清酒……就我求珍肴……贻我青铜镜，结我红罗裾"。然而女孩"不惜红罗裂，何论轻贱躯"，表现出"卑贱者"不可侮的凛然之气。统而观之，太守用语言，豪奴用动作，行的都是性骚扰之实。

唐传奇中的皇甫枚《却要》亦可一说。却要是人名，湖南观察使李庾家的女仆，"美容止，善辞令。朔望通礼谒于亲姻家，惟却要主之"，还很能干，"李公侍婢数十，莫之偕也"，都比不上。李庾有四个儿子，"皆年少狂侠，尽欲擅却要而不能"。有个清明节，四兄弟又来骚扰了。"大郎与却要遇于樱桃花影中，乃持之求偶"，却要给他一块叠席，骗他"可于东厅里东南角仁立相待"，主人睡着了她就来。"大郎既去，至廊下，又逢二郎调之"，却要给他了一块倚褥，叫他晚上在东厅东北角等。接着又碰上了老三、老四，却要给铺垫之余，分别让他们在西南角、西北角等。到晚上，老大先来了，"于厅角中屏息以待"，一会儿见三个弟弟陆续进来，"各趣一隅，心虽讶之而不敢声"。少顷，却要拿着蜡烛"疾向厅，豁双扉而照之"，对四兄弟大喊："阿堵乞儿，争敢向这里觅宿处？"假装没认出来，把他们当成要饭的跑这儿睡觉来了。四兄弟"皆弃所携，掩面而走"，从此之后"不敢失敬"。

清薛福成《庸盦笔记》中还有两则性骚扰，"其事相似，而其情实不相同"。一则是有个男人在路上小便，"偶为妇人所见"，这家伙没羞没臊，"对之而笑，且以手自指其阳物"，结果"妇人归而自缢"。另一则是私塾先生在僻处小便，"其对面有楼翼然，一年少女子适俯窗下窥，训蒙师仰首见之，莞然一笑，女子即变色闭窗。俄闻邻家一女子忽雉经而死"，也是上吊。因为出了人命，两名小便者均被判了死刑，前一个罪名是"调戏虽无言语，勾引甚于手足"，后一个罪名是"虽无实事，其心可诛"。前一个"论者咸以为乎允"，该死；后一个则有人为之鸣不平，因为私塾先生曾不觉拍案呼曰"今日误矣"，有检讨自身之举，那一笑完全出于无心。

正史之中也不难觅到性骚扰的踪影，如西汉时冒顿之于吕太后。《史记·匈奴列传》载："高祖崩，孝惠、吕太后时，汉初定，故匈奴以骄。冒顿乃为书遗高后，妄言。高后欲击之。"冒顿写了些什么，令吕太后大怒而想要出兵呢？《汉书·匈奴传》中收录了这封信："孤愦之君，生于沮泽之中，长于平野牛马之域，数至边境，愿游中国。陛下独立，孤愦独居。两主不乐，无以自虞，愿以所有，易其所无。"连用的两个"孤愦"，是个中奥妙。孤愦，诚然可以理解为孤弱不能自立，但是按顾炎武的说法，它也有孤寡独居、欲念愦张的意思。冒顿说自己是"孤愦之君"，吕太后也"孤愦独居"，在吕太后看来，这就是言语挑逗，不能不怒火中烧。

《三国演义》中，吕布戏貂蝉被发现，气得董卓要杀吕布，李儒就讲了庄王的"绝缨之会"，要董卓顺水推舟。不料董卓没听进去，效果和当年也正适得其反，丢了卿卿性命。朱军虽然终审胜诉，然"性骚扰"使其事业受到重挫，充其量只能算是惨胜。

2022 年 8 月 13 日

葑田

昨天下午"深度游"了华南农业大学校园。来广州差不多40年了,这还是第一次。老建筑上的"中大"瓦当,终于亲眼见到,此前只是通过电视片一类。在校园内的"华南农业博物馆"参观,也收获颇丰,于"广东农业文明史"部分还见到了葑田的沙盘。

葑田,即可移动的农田。农田可以移动,乍听来不可思议。胡仔《苕溪渔隐丛话》云:"尝有北人宰苏州属邑,忽有投牒,诉夜为人窃去田数亩者,怒以为侮己,即苛系之。"哪有田地能被人家偷走的道理?这官员显然认为告状的是在把他当傻瓜来耍,才将那人抓了起来,"已而徐询左右,乃葑田也,始释之"。

葑田之可移动,在于它是人造农田,将湖泽中葑泥移附木架上,因而浮于水面。南宋陈旉《农书》云:"若深水薮泽,则有葑田,以木缚为田坵,浮系水面,以葑泥附木架上而种艺之。其木架田坵,随水高下浮泛,自不淹溺。《周礼》所谓'泽草所生,种之芒种'是也。"按郑玄对《周礼》的解释:"泽草之所生,其地可种芒种。芒种,稻麦也。"芒种,即有芒束之种。再按《汉书·东方朔传》中颜师古注释:"稻,有芒之谷总称也。"就是说,葑田不仅像农博馆说的种空心菜,而且可以种稻麦。种菜的说法或源自晋嵇含《南方草木状》:"蕹,叶如落葵而小。性冷味甘,南人编苇为筏,作小孔浮于水上。种子于水中,则如萍根浮水面。及长,茎叶皆出于苇筏孔中,随水上下。南方之奇蔬也。"蕹,就是空心菜。

宋朝典籍中每能见到葑田。《宋史·河渠志》载:"临安西湖周回三十里,源出于武林泉。钱氏有国,始置撩湖(即挖去湖中淤泥)兵士千人,专一开浚。至宋以来,稍废不治,水涸草生,渐成葑田。"苏轼知杭州,看出了问题:"杭之为州,本江海故地,水泉咸苦,居民零落。自唐李泌始引湖水作六井,然后民足于水,井邑日富,百万生聚,待此而食。今湖狭水浅,六井尽坏,若二十年后,尽为葑田,则举城之人,复饮咸水,其势必耗散。"因此他建议"募民开治",且"禁自今不得请射、侵占、种植及窝葑为界。以新旧菱荡课利钱送钱塘县收掌,谓之开湖司公使库,以备逐年雇人开葑撩浅"。于是乎,"因积葑草为堤,相去数里,横跨南、北两山,夹道植柳",百姓感恩,名之曰"苏公堤",还"为轼立祠堤上"。

苏轼的做法奏效于一时,南宋高宗绍兴九年(1139),"以张澄奏请,命临安府招置厢军兵士二百人,委钱塘县尉兼领其事,专一浚湖;若包占种田,沃以粪土,重真于法"。孝宗乾道五年(1169),周淙又上言:"西湖水面唯务深阔,不容填溢,并引入城内诸井,一城汲用,尤在涓洁。旧招军士止有三十余人,今宜增置撩湖军兵,以百人为额,专一开撩。或有种植芰菱,因而包占,增叠堤岸,坐以违制。"九年(1173),临安守臣再上言:"西湖冒佃侵多,葑菱蔓延,西南一带,已成平陆。而濒湖之民,每以葑草围裹,种植荷花,骎骎不已。恐数十年后,西湖遂废,将如越之鉴湖,不可复矣。乞一切芟除,务令净尽,禁约居民,不得再有围裹。"从中既不难看出前人为保护杭州西湖付出的种种努力,也不难看出葑田的营造有"野火烧不尽"之势。

必须看到,苏轼所说的葑田,是由湖滨地带菰草自然生长而形成的，并未耕种也不能耕种，属于葑菰。明朝徐光启认为，陈旉所说的葑田才是人工为之的，"以木缚为田垟"道得分明。《农政全书·田制》之"架田"条，云架田即葑田，在所配插图中，架田里面插有粗大的木桩，木桩与岸边大树之间系了两道缆绳，显然是以防架田被水冲走。徐光启很推崇架田："自初种以至收刈，不过六十七日，亦以避水溢之患。窃谓架田附葑泥而种，既无旱暵之灾，复有速收之效，得置田之活法。水乡无地者，宜效之。"

葑田的分布，《苕溪渔隐丛话》引蔡宽夫《诗话》云："吴中陂湖间，茭蒲所积。岁久，根为水所冲荡，不复与土相着，遂浮水面，动辄数十丈，厚亦数尺；遂可施种植耕凿……然此亦惟浙西最多，浙东诸郡已少矣。"《杨文公谈苑》云："两浙有葑田。盖湖上有茭葑所相缪结，积久厚至尺余，阔沃可殖蔬种稻。或割而卖与人。"同样是上任浙江的某名官员，"方视事，民诉失蔬圃，读其状甚骇。乃葑园为人所窃，以小舟撑引而去"。徐光启云，江东、"淮东、二广皆有之"。归根到底，葑田是南方的产物，所以"北人宰苏州属邑"的、"任浙中官"的，才会觉得田亩、蔬圃被窃十分不可思议。

吴曾《能改斋漫录》引范质《玉堂闲话》云："广州番禺县，尝有部民牒诉云：'前夜亡失蔬圃，今认得在于某处，请县宰判状往取之。'有北客骇其说，因诘之。"那人解释了："海之浅水中，有藻荇之属。被风吹沙，与藻荇相杂。其根既浮，其沙或厚三五尺处，可以耕垦，或灌为圃故也。夜则被盗者，盗至百余里外，若桴筏之乘流也。"这该是偷窃者解开缆绳，令葑田顺流而下了。

当然，也有学者认为葑田、架田不是一回事，不能简单地等同。但说这样一种"向江河湖海要地"的耕作方式，体现了中国古代劳动人民的聪明智慧，应该是没有疑义的。

2021 年 8 月 20 日

斗茶

前两天《学习强国》"每日名画"推出了宋朝的《斗浆图》和《卖浆图》，都是记录当时饮食文化的佳作。前一幅的作者没有留下姓名，后一幅出自苏汉臣。斗浆，即斗茶，比赛茶的优劣。"浆"的义项中其实并无"茶"意，但张舜徽先生云："古无茶，浆乃常饮物，故言饮者必及焉。盖浆亦以米为之，似酒而非酒者。其味必酢，所以止渴也。"浆的涵盖颇广，茶为其一。

通常认为，中国茶文化"起于唐，盛于宋"。宋朝的最高茶艺，便是斗茶。这是一种全民娱乐项目，举凡文人雅士、平民百姓、商贾人家、皇亲国戚，莫不参与其中。当然，抬杠来说，也有对茶提不起兴趣的。如符昭远，其"尝为御史，同列会茶，叹曰：'此物面目严冷，了无和美之态，可谓冷面草也。饭余嚼佛眼芎，以甘菊汤送之，亦可爽神'。再当然，多数人尤其士大夫并不这么看，喝茶被他们喝出了花样。斗茶最初还是品评茶香，渐渐增加了点茶、击拂等技艺的比拼以及茶具的优劣。

斗茶之始，一种说法是出自五代时的和凝。陶榖《清异录·茗荈门》"汤社"条云："和凝在朝率同列递日以茶相饮，味劣者有罚，号为汤社。"和凝对生活非常讲究，《旧五代史》其本传载："凝性好修整，自释褐至登台辅。车服仆从，必加华楚，进退容止伟如也。"那么，他在饮茶方面强调品位也就不足为奇了。和凝这个人有些意思。孔平仲《续世说》云，其为端明殿学士，"大署其门'不通宾客'"，本意或是避嫌，但张谊写信给他："切近之职，为天子耳目，宜周知四方利病，奈何拒绝宾客？身为便，如负国何？"欧阳修《归田录》另云，和凝有次问冯道新买的靴子多少钱，"冯举左足示和"，刚说完"九百"，和凝"遽回顾小吏云：'吾靴何得用一千八百？'因诟责久之"。不料冯道又慢慢抬起右脚，"此亦九百"，满座哄堂大笑，"时谓宰相如此，何以镇服百僚"。这或可说明，所谓雅士亦如硬币，另一面俗不可耐。

士大夫斗茶的文字所见甚多。读蔡襄《茶录》，可窥斗茶的项目。如"茶色"条说的是茶："茶色贵白。而饼茶多以珍膏油其面，故有青黄紫黑之异。善别茶者，正如相工之际人气色也，隐然察之于内。以肉理润者为上，既已末之，黄白者受水昏重，青白者受水鲜明，故建安(今福建建瓯)人开试，以青白胜黄白。"如"点茶"条说的是水："钞茶一钱匕，先注汤调令极匀，又添注入，环回击拂，汤上盏可四分则止。视其面色鲜白，著盏无水痕为绝佳。建安斗试，以水痕先者为负，耐久者为胜。故较胜负之说，曰相去一水、两水。"如"茶盏"条说的是杯："茶色白，宜黑盏，建安所造者绀黑，纹如兔毫，其坯微厚，胁之久热难冷，最为要用。出他处者，或薄或色紫，皆不及也。其青白盏，斗试家自不用。"

范仲淹《和章岷从事斗茶歌》记录了一次斗茶。"北苑将期献天子，林下雄豪先斗美。鼎磨云外首山铜，瓶携江上中泠水。黄金碾畔绿尘飞，碧玉瓯中翠涛起。斗茶味兮轻醍醐，斗茶香兮薄兰芷。其间品第胡能欺，十目视而十手指"云云，将茶器的精美、茶汤的优质、茶味的隽永、茶香的悠长一一展现；斗赢了的，如"登仙不可攀"，输了的，如"降将无穷耻"，鲜明突出的两种心态，既十分有趣，又折射出人们对斗茶结果的看重程度。

唐庚《斗茶记》记录了"（宋徽宗）政和二年（1112）三月壬戌，二三君子相与斗茶于寄傲斋"的情形。寄傲斋，唐庚贬谪广东惠州时的居所。朋友曾揶揄他的斋名，"此非取渊明之语乎？（《归去来辞》有'倚南窗以寄傲'句）子居京师时，何尝念渊明？能念渊明，当不至斥逐。今既至此，然后区区掇'寄傲'之语，以名其所居而见意焉。晚矣，无及也。"对于朋友没有直接道破的"矫情"指责，唐庚进行了辩解，说而立之年自己"便有'归欤'之兴"，然"求田问舍，亲友皆怪之"，就这么又过了十年；"然田园之乐，未尝一日不系于心，而《归去来辞》，未尝一日不讽于口"，且"数恳丞相，求西南一官以归"，没能如愿而奇祸降临，"以故不果"。

关于那次斗茶，唐庚云"予为取龙塘水烹之而第其品"，以"某为上，某次之"，排好座次之后，他又有了感慨：当年，唐相李德裕"好饮惠山泉，置驿传送，不远数千里"，近世欧阳修《龙茶录》序称"嘉祐七年亲享明堂"，得到御赐小团茶，"不敢碾试，至今藏之"；但是，千里之外到来的水已经不是活水，历经三朝皇帝的茶也难说是茶，自己如今"提瓶走龙塘无数十步，此水宜茶"，每年可以喝到建安新茶，"与诸公从容谈笑于此"，虽在田野，也不输给他们两位啊。借斗茶之名，表达了自己随性而适、豁达乐观的心态。

相较于士大夫的海量文字，再现普通百姓街市斗茶场景的《斗浆图》便弥足珍贵。画中六位斗茶者的穿着打扮，全然宋代"诸行百户，衣装各有本色"的写照。动作、神态亦彼此呼应：手提茶壶的、倒茶的、一手提壶一手夹炭理火的、期待来一碗的、刚端到嘴边的、行将一饮而尽的……这幅自然流畅的斗茶画卷，诠释出宋朝市民生活的生动图景。

2022 年 8 月 27 日

梦华录

正在热播的电视连续剧《梦华录》中,刘亦菲饰演的赵盼儿——钱塘"赵氏茶铺娘子"首集便表演了宋朝的点茶文化,"碾茶、热盏、击拂、水痕"等,呈现细腻。不同于唐朝的煮茶,宋朝喝茶是用沸水在盏里冲点,即所谓点茶。"刘亦菲"一边表演,围观的茶客一边惊叹,有个说"好像是茶百戏",另一个予以肯定:"真是啊。"

茶百戏,茶文化的一个专有名词,陶穀《清异录》已经言及:"近世有下汤运匕,别施妙诀,使汤纹水脉成物象者。禽兽虫鱼花草之属,纤巧如画,但须臾即就散灭。此茶之变也,时人谓之茶百戏。"就是说,那是通过茶与水形成的汤纹来作画,而作画的工具只是一个小茶勺。剧中"刘亦菲"是在咖啡色的水面上画出了一朵带枝叶的白花,引得茶客们又赞叹:"栩栩如生啊。"

《梦华录》开篇点明,故事时间是北宋年间;地点在东京,即时之汴梁今之开封;蓝本则"根据历史传说改编"。较真的话,后一句并不妥当。从赵盼儿、宋引章、周舍等名字,以及宋嫁周而赵劝阻来看,借用的自然是关汉卿《赵盼儿风月救风尘》,而元杂剧属于文学创作。该剧讲的是,妓女宋引章为"官二代"周舍的花言巧语所迷惑,一心要嫁给他,"立个妇名"。赵盼儿则认定她要是嫁过去,"多无半载,周年相弃掷",周舍会"早努牙突嘴,拳椎脚踢,打的你哭啼啼"。事态发展果然如其所料。为救出姐妹,赵盼儿抓住周舍好色的弱点设了一计:客店里诱惑之,由宋引章前来撞破,自己再反咬一口,痛斥周舍"点的你媳妇来骂我",以此骗得他的一纸休书,使宋引章脱离苦海。杂剧中,赵盼儿最终仍为妓女;电视剧里,"刘亦菲"自道因父罪而没入贱籍,且"在籍时清清白白,没有以色事人,脱籍后以卖茶为生,也没有自甘堕落"。

至于《梦华录》的片名,又显系出自孟元老《东京梦华录》,而这是一部纪实作品,作者自序中道得分明。那是孟元老从先人"宦游南北,崇宁癸未(1103)到京师,卜居于州西金梁桥西夹道之南"。金兵入侵,"靖康丙午(1126)之明年,出京南来,避地江左,情绪牢落,渐入桑榆。暗想当年,节物风流,人情和美,但成怅恨"。因为担心自己亲眼目睹的东京(汴梁)风俗,"浸久"而"失于事实,诚为可惜",孟元老乃"谨省记编次成集,庶几开卷得睹当时之盛"。这部纪实作品,对徽宗政和、宣和年间的京城社会经济生活和文化生活,举凡都城范围、皇宫建筑、官署、街道以及饮食起居、岁时节令、歌舞曲艺等无所不包。

《梦华录》杂糅杂剧与文献——都不是历史传说,讲述了"刘亦菲"、宋引章以及"邻居行商娘子"孙三娘这三个女人的励志故事。她们携手勇闯东京,在皇城司指挥使顾千帆的帮助下,将小茶坊变成了东京的最大酒楼——永安楼。现实中,彼时东京的最大酒楼叫樊楼。

《齐东野语》"沈君与"条云,"京师酒肆之甲"乃樊楼,大到"饮徒常千余人"。沈君与是"富二代",有天他来到樊楼,"遍语在坐,皆令极量尽欢",大家随便喝,他买单。"至夜,尽为还所直而去,于是豪侈之声满三辅"。但沈君与并非纨绔子弟,"既而擢第,尽买国子监书以归"。《能改斋漫录》云樊楼原名叫白矾楼,"或者以为楼主之姓,非也",实为"商贾鬻矾于此,后为酒楼"。矾,中药的一种,像茶、盐、酒一样,宋朝也有榷矾制度。《东京梦华录》云,樊楼"后改为丰乐楼,(徽宗)宣和间更修三层相高,五楼相向,各有飞桥栏槛,明暗相通,珠帘绣额,灯烛晃耀……元夜则每一瓦陇中,皆置莲灯一盏"。这是外部,内部呢?王明清《投辖录》云:"宣和七年元日,有太学生数人,共登丰乐楼会饮。都城楼上酒客坐所,各有小室,谓之酒阁子。"冯梦龙《喻世明言》收录的宋话本"杨思温燕山逢故人"中,借比对说到了樊楼,那是杨思温"随从车子到燕市秦楼住下,车尽入其中。贵人上楼去,番官人从楼下坐。原来秦楼最广大,便似东京白樊楼一般,楼上有六十个阁儿,下面散铺七八十副卓凳。当夜卖酒,合堂热闹"。这些阁儿,就是酒阁子。

宋话本《赵伯升茶肆遇仁宗》中,仁宗皇帝曾微服来过樊楼。那是仁宗做了个梦,"梦见一金甲神人",醒来后想找到这个人,苗太监占了一卦,答案是"要见此人,只在今日。陛下须与臣扮作白衣秀士,私行街市,方可遇之"。仁宗于是"卸龙衣,解玉带,扮作白衣秀才,与苗太监一般打扮,出了朝门之外,径往御街并各处巷陌游行。将及半晌,见座酒楼,好不高峻!乃是有名的樊楼",二人于是上楼饮酒。《水浒传》中,宋江也来过。某年元宵节,他带柴进、李逵来京城看灯,先让燕青安排见了"和今上打得热的"李师师,然后"径投天汉桥来看鳌山。正打从樊楼前过,听得楼上笙簧聒耳,鼓乐喧天,灯火凝眸,游人似蚁。宋江、柴进也上樊楼,寻个阁子坐下,取些酒食肴馔,也在楼上赏灯饮酒"。樊楼"之甲",可窥一斑。

当年,东京御街东朱雀门外,"以南东西两教坊,余皆民居或茶坊,街心市井,至夜尤盛"。电视剧《梦华录》能普及一下宋朝丰富多彩的茶文化,如点茶、茶百戏等,也算是它的一大贡献了。

2022 年 9 月 4 日

女王（皇）

　　一大早便看到了英国女王伊丽莎白二世去世的消息。昨晚浏览到的新闻已露出端倪：英国时间 9 月 8 日中午，自白金汉宫通报女王正在接受医学观察后，英国广播公司（BBC）1 台便暂停了当天下午 6 点前所有的常规节目。

　　女王，国家的女性君主。以这个标准来衡量，就是我们这里的女皇，正统的公认为唐朝武则天。高宗驾崩，她作为中宗、睿宗的皇太后临朝称制，终于在 690 年革了李唐的命，改国号为周，在位足足 15 年。武则天被冠以中国历史上的唯一女皇帝，严格起来未必然。她之前的西汉吕雉、北魏"皇子"，之后的西辽萧塔不烟和耶律普速完，都该算是正统的女皇。其中，"皇子"的生命过于短暂，甚至连姓名都没有留下，另三位，历史年表谱写到她们那里，径书她们本人，连年号也由自己"改元"。吕雉更被《史记》《汉书》归为《本纪》，那正是皇帝在史书中的待遇。《史记》中的汉惠帝甚至没有被单列，而附属在《吕太后本纪》中。清朝的慈禧太后虽也大权在握，但顶着的年号却是同治、光绪的。

　　吕雉的故事众所周知，此不赘言，先看"皇子"。《魏书·皇后传》载，孝明帝继位后，其母胡充华乃事实上的女王，"亲览万机，手笔断决"。不仅如此，她还"改令称诏，群臣上书曰陛下，自称曰朕"。然而，"肃宗所亲幸者，太后多以事害焉"，由是"母子之间，嫌隙屡起"。郑俨给胡太后出了个主意：干掉孝明帝，将其宠妃潘充华所生的女儿"秘言皇子"，立为太子。结果，武泰元年（528）二月，"皇子"出生的次月，19岁的孝明帝便暴崩，"皇子即位"。又过几天，胡太后"见人心已安，始言潘嫔本实生女，今宜更择嗣君"。尽管在位只有几天，尽管在各种历史年表上都没留下痕迹，这个"皇子"不是也该算作女皇吗？

西辽共立五帝，萧塔不烟和耶律普速完分别为第二、第四任。《辽史·天祚皇帝本纪》载，德宗耶律大石殁，"子夷列年幼，遗命皇后权国"，皇后即萧塔不烟，其"号感天皇后，称制，改元咸清，在位七年"，儿子大了才交还权力。耶律夷列殁，又是因为儿子太小，"遗诏以妹普速完权国，称制，改元崇福，号承天太后"。普速完在位十四年，没能善终。她罗织罪名杀了驸马，"驸马父斡里刺以兵围其宫"，也射杀了她。

不被正史认可而事实上称帝的，则有与武则天处于同一时代的陈硕真（贞）。

《旧唐书·高宗本纪》载，永徽四年（653）十月，"睦州女子陈硕贞举兵反，自称文佳皇帝，攻陷睦州属县。婺州刺史崔义玄、扬州都督府长史房仁裕各率众讨平之"。陈硕真运用了装神弄鬼的手段，《崔义玄传》载："义玄将督军拒战，时百姓讹言硕真尝升天，犯其兵马者无不灭门，众皆凶惧。"《新唐书·崔义玄传》载："始，硕真自言仙去，与乡邻辞诀，或告其诈，已而捕得，诏释不问。于是姻家章叔胤妄言硕真自天还，化为男子，能役使鬼物，转相荧惑，用是能幻众。"因此，一开始他们打得很顺，"破睦州，攻歙，残之"。待打到婺州，宣传的仍然是那一套，"其徒争言硕真有神灵，犯其兵辄灭宗"云云，这回给崔玄籍看到了软肋："起兵仗顺，犹且不成,此乃妖诳,岂能得久。"崔义玄"以为然,因命玄籍为先锋",自己"率兵继进"。交起手来,崔义玄身先士卒,"左右以盾蔽箭",他说:"刺史尚欲避箭,谁肯致死?"于是"士卒戮力,斩首数百级,余悉许其归首。进兵至睦州界,归降万计"。

陈硕真之举,影响到了宋朝的方腊。《宋史·方腊传》载,方腊正是睦州青溪人,因为陈硕真曾经称帝,"故其地相传有天子基、万年楼,腊益得凭籍以自信"。青溪虽地僻而民富,"县境梓桐、帮源诸峒皆落山谷幽险处,民物繁夥,有漆楮、杉材之饶,富商巨贾多往来"。然臭名昭著的"花石纲"之扰,令"比屋致怨",方腊抓住机会,"阴聚贫乏游手之徒",于"宣和二年十月,起为乱"。

对女王现象,《尚书·牧誓》就给出了定论:牝鸡司晨。所以,尽管她们很有才华,仍为传统文化所不容。如胡太后,"幸西林园法流堂,命侍臣射",她能"自射针孔,中之"。又,能"敕造申讼车,时御焉,出自云龙大司马门,从宫西北,入自千秋门,以纳冤讼"。又,能"亲策孝秀、州郡计吏于朝堂"。又,游园、宴会时"令王公已下各赋七言诗",能写出"化光造物含气贞"一类的句子。但是,尔朱荣兵发洛阳时,理由是:"今海内草草,异口一言,皆云大行皇帝鸩毒致祸,举潘嫔之女以诳百姓,奉未言之儿而临四海。"《魏书·皇后传》载,时"太后对荣多所陈说,荣拂衣而起",然后将"太后及幼主并沉于河"。《北史·尔朱荣传》载,还有朝士百余人被"临以白刃",致使"河阴之下,衣冠涂地"。

女王之外,先秦如秦之宣太后、赵之赵太后,帝王时代如东汉之邓太后、辽之萧太后等实权在握的摄政者也可以举出一堆。1953年6月2日正式登基的伊丽莎白二世,虽然在英国历史上在位最久,权力却也最小。在现代社会,王权只具象征意义。

2022年9月9日

木星·太岁

9月11日晚，中秋次日，出现了"木星伴月"的天象。就是说，木星这颗太阳系中最大的行星，与月亮出现在同一经线上，是时其距离地球最近，也最明亮。

木星，古称岁星，太阳系九大行星之一。战国时代，占星家认为木星轨道与黄道接近，每12年运行一周天也就是绕天一周，因此他们将一周天按由西向东的方向十二等分，叫作十二次，每个星次都取了名字，星纪、玄枵、诹訾、降娄什么的。前人创立十二次的主要用途，一个是用来指示一年四季太阳所在的位置，以说明节气的变换；再一个就是用以纪年。木星每年行经一个星次，在谁的范围内就是岁在某次。如运行到星纪范围，即"岁在星纪"；次年运行到玄枵范围，则是"岁在玄枵"。战国迄于东汉，前人都是根据天象纪年，所谓星岁纪年法。星，即木星。

《国语·晋语》载，流亡的重耳奔往齐国时，"过（卫邑）五鹿，乞食于野人"。不料，那农夫给了他一个土块。"公子怒，将鞭之"，舅舅狐偃却认为是好兆头，"天赐也"，得土，"有国之祥"啊，现在农夫奉土以服公子，"又何求焉"？并且他断言："十有二年，必获此土。"也就是说，卫国的五鹿将会是晋国的领土。他让身边人记下来，今年"岁在寿星"，12年后岁在"鹑尾"，一切就将变成现实,此"天之道也,由是始之"。这里的寿星不是长寿之神,鹑尾也不是鹌鹑尾巴,都是十二次的名字,二者首尾相接。重耳听罢,"再拜稽首,受而载之"。给狐偃根据木星运行这么一演绎,原本出于戏弄的坏事也迅即转化为兆头不错的好事。事后证明,一切果如狐偃所云。当然,此中有多少牵强附会,又有多少添油加醋,另当别论了。

星岁纪年法之"岁",乃太岁。民间有句俗话叫作"太岁头上动土",比喻触犯有权势或强有力的人。这个"太岁"指的是人。关汉卿《望江亭》第二折,权贵杨衙内登场自道:"花花太岁为第一,浪子丧门世无对。普天无处不闻名,则我是权豪势宦杨衙内。闻知有亡故了的李希颜夫人谭记儿,大有颜色,我一心要他做个小夫人。"《水浒传》中,"王婆计啜西门庆　淫妇药鸩武大郎"之后,武松出差回来,两边众邻舍"都吃一惊,大家捏两把汗,暗暗地说道:'这番萧墙祸起了! 这个太岁归来,怎肯干休? 必然弄出事来!'"结果众所周知:供人头武二郎设祭。"太岁"的源头,该是前人假设的岁星。

岁星的运行方向由西向东,与子丑寅卯等十二辰的方向和顺序正好相反,因此前人设想出了一个假岁星即太岁,与真岁星"背道而驰"。换言之,岁星运行方向为逆时针,太岁运行方向为顺时针,与十二辰的方向和顺序便完全一致。十二太岁也各有名字,摄提格、单阏、执徐、大荒落什么的。举例来说,如果某年"岁在星纪",对应丑;太岁则在隔壁的析木,对应寅,太岁纪年则为"太岁在寅",这时的太岁名叫摄提格。次年,"岁在玄枵"了,对应子;太岁则到了大火,对应卯,太岁纪年就叫"太岁在卯",名曰单阏。西汉时,大约是借鉴了干支纪日吧,前人又取了阏逢、旃蒙、柔兆、强圉等十个名称,叫作岁阳,与十二太岁年名相配,组合成为60个年名。其中，阏逢摄提格为第一年、旃蒙单阏为第二年，依此类推。

《左传·襄公二十八年》载："春，无冰。"应当有而没有，大夫梓慎说话了，宋国、郑国要闹灾荒啊！依据是"岁在星纪，而淫于玄枵，以有时菑，阴不堪阳。蛇乘龙，龙，宋、郑之星也。宋、郑必饥。玄枵，虚中也。枵，耗名也。土虚而民耗，不饥何为？"别的且不说它，在这里梓慎发现，木星该在星纪，却是在玄枵（淫者，过也）。这表明公转周期并非整整 12 年，差了一些，星岁纪年法并不能反映逐年的实际天象。所以，自东汉顺帝以后，六十甲子纪年正式登场。

不知为什么，宋朝编纂的《资治通鉴》仍然采用岁阳纪年法。随机翻一页，比如卷十六《汉纪八》，下注"起强圉大渊献，尽上章困敦，凡十四年"，听起来已然近似行业切口，对照命名才能晓畅明了：强圉对丁，大渊献对亥；上章对庚，困敦对子。那么，司马光实际上在说，本卷叙述时间从丁亥年（前 154）起到庚子年（前 141）共十四年。本来挺简单的话，为什么不好好说？

前人认为，东方朔即木星下凡。《太平广记》云，东方朔生前对人说："天下人无能知朔，知朔者唯太王公耳。"他死后，汉武帝知道了这句话，把太王公找来："尔知东方朔乎？""不知。""公何所能？""颇善星历。"那你看看天上的星宿都在不在，太王公说："诸星俱在，独不见岁星十八年，今复见耳。"武帝感慨了："东方朔生在朕旁十八年，而不知是岁星哉！"乃"惨然不乐"。李白诗曰："岁星入汉年，方朔见明主。"杨亿诗曰："茂异纷纶集汉庭，求贤诏在竹书青。共趋金马门前路，谁识东方是岁星。"显见都是借题发挥。把木星嫁接到东方朔头上，敢是前人"五星"观中的"东方岁星"，嵌了"东方"二字之故？

"木星伴月"并不罕见,寻常人等也看不出个所以然,而各路媒体无不大肆渲染天文现象本身。借此科普一下木星,强似大惊小怪吧。

2022 年 9 月 15 日

梅尧臣

今天是欧阳修逝世 950 周年纪念日,不知怎么想到了与文忠公同时期的梅尧臣。或是拙作《六一居士》中已经写过文忠公,或是对这位与文忠公过从甚密、共同为宋诗开拓了新道路的杰出诗人念兹在兹之故吧。巧的是,今年是梅尧臣诞辰 1020 年,也是整数年,可惜他的生日已过。梅尧臣生于宋真宗咸平五年(1002)四月十七日。

梅尧臣诗作的影响力,在当时已非同一般。东坡居士"尝于淯井监得西南夷人所卖蛮布弓衣,其文织成梅圣俞(尧臣字)《春雪》诗",送给了欧阳修,欧阳修认为"此诗在圣俞集中,未为绝唱。盖其名重天下,一篇一咏,传落夷狄,而异域之人贵重之如此耳"。淯井监,时属泸州(今四川长宁);弓衣,装弓的袋子。梅诗不仅在偏远民间赢得了百姓喜爱,而且当朝俊彦也相当推崇。司马光云:"我得圣俞诗,于身亦何有?名字托文编,他年知不朽。我得圣俞诗,于家果何如?留为子孙宝,胜有千年珠。"文同云:"前日读子诗,快我烦病躯。若坐大暑中,琼杯饮琳腴。辞严意清绝,敢谓人所无。"苏轼云:"轼七八岁时,始知读书。闻今天下有欧阳公(修)者,其为人如古孟轲、韩愈之徒。而又有梅(尧臣)公者从之游,而与之上下其议论。其后益壮,始能读其文词,想见其为人,意其飘然脱去世俗之乐而自乐其乐也。"

在梅尧臣身后也是这样,还看宋朝名流。陆游云:"先生当吾宋太平最盛时官京洛，同时多伟人巨公，而欧阳公之文，蔡君谟之书，与先生之诗，三者鼎立，各自名家。文如尹师鲁，书如苏子美，诗如石曼卿辈，岂不足垂世哉？要非三家之比，此万世公论也。"刘克庄径直认为："本朝诗，惟宛陵（尧臣籍贯）为开山祖师。"当然，不同声音也是有的，徽宗时的张嵲就认为："圣俞以诗名本朝，欧阳永叔尤推尊之。余读之数过，不敢妄肆讥评。至反复味之，然后始判然于胸中不疑。圣俞诗长于叙事，雄健不足而雅淡有余，然其淡而少味，令人无一唱三叹之意，盖有愧古人矣。"但他对梅尧臣的五言律诗也是钦佩有加，以为"特精其句法步骤，真有大历诸公之骚雅云"。朱熹则全盘否定："欧公大段推许梅圣俞所注《孙子》，看得来如何得似杜牧注底好？以此见欧公有不公处。或曰：'圣俞长于诗。'曰：'诗亦不得谓之好。'或曰：'其诗亦平淡。'曰：'他不是平淡，乃是枯槁。'"

如果从推崇者中遴选之最的话，非欧阳修莫属了。其《七交》诗云："圣俞翘楚才，乃是东南秀。玉山高岑岑，映我觉形陋。"对梅之河豚诗，他说"余每体中不康，诵之数过，辄佳，亦屡书以示人为奇赠"。为梅作墓志，他写道："自武夫、贵戚、童儿、野叟，皆能道其名字，虽妄愚人不能知诗义者，直曰：'此世所贵也，吾能得之。'用以自矜。故求者日踵门，而圣俞诗遂行天下。"欧阳修甚至认为："黄河一千年一清，岐山鸣凤不再鸣。自从苏梅二子死，天地寂默收雷声。百虫坏户不启蛰，万木逢春不发萌。岂无百鸟解言语，喧呼终日无人听。"苏，指的是苏舜钦。在欧阳修看来，"二子精思极搜抉，天地鬼神无遁情。及其放笔骋豪俊，笔下万物生光荣"。用宋绩臣的话说："永叔嗜圣俞诗而患不能尽得之。"

梅尧臣之河豚诗，全名《范饶州坐中客语食河豚鱼》，"其状已可怪，其毒亦莫加。忿腹若封豕，怒目犹吴蛙"云云，可能是文学史上第一次以诗的形式书写河豚,时人因赠以"梅河豚"的雅号。那是宋仁宗景祐五年(1038),范仲淹知饶州,梅尧臣从建德县任上卸下,应范仲淹之邀同游庐山,席上有人讲起吃河豚,梅遂成诗。虽然他视河豚为丑陋不堪之物,但是仍然来了一篇140字的五古,显见是在借此抒发自家的感想,而"庖煎苟失所,入喉为镆铘。若此丧躯体,何须资齿牙",以及"斯味曾不比,中藏祸无涯。甚美恶亦称,此言诚可嘉"等,也不难证实这一点。林泽之说:"圣俞诗不好底多。如《河豚》诗,当时诸公说道恁地好,据某看来,只似个上门骂人底诗;只似脱了衣裳,上人门骂人父一般,初无深远底意思。"林泽之乃朱熹弟子,自然不会说什么好话,但是他毕竟看出来了,梅尧臣是在借题发挥。

"位卑名自重,才大命须奇。世俗那能识,伤嗟止为诗!"司马光悼梅尧臣句。欧阳修遗憾:"梅圣俞以诗知名,三十年终不得一馆职。晚年与修《唐书》,书成未奏而卒,士大夫莫不叹惜。"为他始终仕途不达而慨叹,以为"若使其幸得用于朝廷,作为雅颂,以歌咏大宋之功德,荐之清庙,而追商、周、鲁《颂》之作者,岂不伟欤!奈何使其老不得志,而为穷者之诗,乃徒发于虫鱼物类、羁愁感叹之言?"实际上,对修《新唐书》,梅尧臣也没那么欣欣然,他对妻子刁氏说:"吾之修书,可谓猢狲入布袋矣。"猴子喜欢上蹿下跳,钻进口袋的结局不难想象:受到束缚,很不自由。妻子则续了一句:"君于仕宦,亦何异鲇鱼上竹竿耶?"鲇鱼是水族,细腻无鳞,爬上光溜溜的竹竿该是何其艰难?

不过,还是欧阳修说得对:"英雄白骨化黄土,富贵何止浮云轻。唯有文章烂日星,气凌山岳常峥嵘。"倘若梅尧臣真的"上了竹竿",说不定更甚于"猢狲入布袋"。

2022 年 9 月 22 日

赤岗塔

前两天,得同系高两级白师姐的襄助,终于登上广州赤岗塔,可谓一偿夙愿。

1985 年负笈岭南,广州建筑物给我留下第一印象的,就是赤岗塔。彼时火车站有迎新大巴,直接把新生载到位于新港西路的中山大学校园,路途中便见到田野中耸立的赤岗塔,不禁十分好奇。没几天,按捺不住好奇,踩着稻田的田埂,深一脚浅一脚地来到塔下。这座楼阁式青砖塔为平面八角形,数一数共有九级,后来知道,塔内则分 17 层,首层直径达 12.5 米,塔梯为穿心壁绕平座式。当时很想登上去,"下窥指高鸟,俯听闻惊风",像岑参他们那样抒一抒怀,不料一二层间的塔梯已经断掉,且底层塔室早被附近耕作的农民视为现成的厕所,"地雷"密布,下不去脚。

如今的赤岗塔已沦为高楼大厦中的盆景,尊严不再。但建筑本身不断得到修缮,今年夏天起夜间还有射灯照亮塔身,端庄依然。工作以后,上下班都会路过赤岗塔,每次行经都不免瞄上几眼。两个月前,省政府公布了《第十批广东省文物保护单位》,赤岗塔名列其中,为之祝福。只是不知从何时起,塔的四周已被围起,颇似"养在深闺"。此番登临乃知,即便两个人上去也有拥挤之感,还真是不宜开放。远观看风采,近瞧窥细节。塔之基角,各有一个西方人模样的托塔力士石像,竟然已经不记得了。400年过去,虽然风化比较严重,但还是能看出人物造型的神韵,甚至流露出的顽皮一面:两个用单手擎塔的,一个手扶大腿,一个背后叉腰,满不在乎;另几个用双手的,有的面目平静,有的貌似使出了吃奶力气,有的压弯了身躯,有的歪头向上好像不解何以这么重。塔身还嵌着一块民国年间"番禺县政府示"的刻石:古塔砖石严禁盗取如敢故违拘究不贷。这该是担心赤岗塔遭遇和杭州雷峰塔一样的命运了。

塔的兴建,一般与佛教相关。《洛阳伽蓝记》中,寺与塔每形影不离。著名的永宁寺就不用说了,"中有九层浮图一所,架木为之,举高九十丈。有刹复高十丈,合去地一千尺。去京师百里,已遥见之"。此外有长秋寺,"中有三层浮图一所,金盘灵刹,曜诸城内";瑶光寺,"有五层浮图一所,去地五十丈";景明寺,"(孝明帝)正光年中,(胡)太后始造七层浮图一所,去地百仞";如此等等。即是在广州,城中六榕寺也有花塔。《广东新语》云:"梁(武帝)大同间刺史萧誉所建。其形八方,凡九级,高二百七十尺,上有铜柱,柱上一金宝珠。"还提到了怀圣寺光塔,"唐时番人所建,高十六丈五尺,其形圆……每岁五月。番人望海舶至,以五鼓登顶呼号,以祈风信"。六榕塔我在读书时上去过几回,那是开放的,买票就行;怀圣寺却还从未踏足。

赤岗塔却是座"风水宝塔"。其始建于明朝万历四十七年(1619),落成于天启年间(1620—1627)。《广东新语》也提到了它:"在城东五里者曰赤冈塔。盖会城东郊之山,左臂微伏,两厓林峦,与人居相错,累累若釜钟然。"至于风水,屈大均这么说的:"形家者以为中原气力至岭南而薄,岭南地最卑下,乃山水大尽之处,其东水口空虚,灵气不属,法宜以人力补之,补之莫如塔。于是以赤冈为巽方而塔其上，舻梭峻起，凡九级，特立江干，以为人文之英锷。"实际上，花塔与光塔也有这种意味，"形家者常谓会城状如大舶，二塔其樯，'五层楼'其舵楼云"。五层楼即镇海楼。形家的这套"原理"，我是弄不大明白。但赤岗塔无疑还具有实用功能，与较其先期问世、同样濒临珠江的琶洲塔、莲花塔一样，对于从南海进入珠江的中外商船起着导航作用，三塔也因有"省会华表""三支桅杆"之称。

美国人亨特著有《旧中国杂记》，那是他 19 世纪 20 年代初至 40 年代在中国的生活经历，其中涉及了广州的一些细节，如赤岗塔等三塔："外国人溯江而上前往广州，过了虎门以后，往往会被沿途看到的几个高耸的宝塔所吸引……离广州最近的一座被外国人称为磨碟砂涌塔（即赤岗塔），得名自流过它所在的小丘下的一条珠江支流。另一座是黄埔塔（即琶洲塔），还有一座塔在二道滩旁的山丘上（即莲花塔）。在城墙内的'五层楼'上，尽管相隔 30 英里的距离，都能清楚地看到这个塔。"那几个托塔石像，无疑可作为中外贸易、文化交流的见证。不过，溯江而前往广州的话，亨特所说的顺序却正好相反。莲花塔该是船只进入珠江口最先看到的标志性建筑，琶洲塔次之，最后才是赤岗塔，到了赤岗塔，表示广州城就要到了。

莲花塔、琶洲塔、赤岗塔今日仍然屹立，成为海上丝绸之路的重要史迹，实乃广州之幸。登顶赤岗塔，"小蛮腰"近在咫尺，附近的一条路就叫双塔路。有次我徒步上班，从新港中路拐进新市头路，走到尽头，二塔赫然在目。当即摄影一帧，戏言宋人见了，说不定会揶揄为"龟鹤宰相"。盖《鸡肋编》云："（徽宗）建中靖国初，韩忠彦、曾布同为宰相，曾短瘦而韩伟岸，每并立廷下，时谓'龟鹤宰相'。"赤岗塔身高 50 余米，而"小蛮腰"600 米，二塔同框,不是有些形象吗? 差不多 40 年过去,终于登塔而上,虽然因为恐高而每登一层便不免多一分胆战心惊,但还是心满意足。

2022 年 9 月 29 日

鹅

　　国庆期间去了趟同在海珠区的小洲村。那是个具有岭南水乡特色的所在,名列住房城乡建设部等公布的第二批中国传统村落。当代不少画家钟情于此,甚至在此筑屋栖居,小洲村因有艺术村之称。村内尚存若干古迹,"蚝壳屋"以及"大跃进"时修建的"小洲人民礼堂"也颇具特色。此番与友朋聚会于"鹅公村"酒家,店招开宗明义,以吃鹅为特色的所在。

　　鹅这种家禽,没人会感到陌生,西汉早期甚至已经有了斗鹅游戏。《西京杂记》云:"鲁恭王好斗鸡鸭及鹅雁,养孔雀、鸐鹊,俸谷一年费二千石。"鹅雁,即鹅;鲁恭王,汉景帝之子刘馀,就是因为好治宫室而拆孔子旧宅却意外地"于其壁中得古文经传"的那位。《世说新语》亦云,桓玄小时"与诸从兄弟各养鹅共斗",因为斗不过,"甚以为忿",竟至于"夜往鹅栏间,取诸兄弟鹅悉杀之"。在一些人看来,后来的桓玄之乱并非偶然。

　　"鹅,鹅,鹅,曲项向天歌。白毛浮绿水,红掌拨清波。"千百年来,对鹅的描写首推骆宾王《咏鹅》,区区十几个字,却融视与听、动与静、声与色于一炉,鹅的形神情态活灵活现。而超级"鹅粉",要首推王羲之了,鹅甚至赢得了"右军""羲爱"的别名。不过,翟灏《通俗编》云,宋人(张耒)诗有"水底右军方熟眠"句,可笑至极，"今人书简称鹅曰'羲爱'，但较愈于'右军'耳"。他觉得将鹅径呼为"右军"，是对羲之不恭吧。

王羲之之所以爱鹅，前人一般从书法用笔去联想。陈师道《后山谈丛》云："逸少（羲之字）非好鹅，效其宛颈耳，正谓悬手转腕。"这是认为鹅之"转颈"与书法之"转腕"相通。包世臣《艺舟双楫》云："（书法）其要在执笔，食指须高钩，大指加食指中指之间，使食指如鹅头昂曲者。中指内钩，小指贴（无）名指外距，如鹅之两掌拨水者。故右军爱鹅，玩其两掌行水之势也。"这是认为鹅之"转颈"是一方面，鹅掌"拨水"对书法亦有启迪。然而，陈寅恪先生认为，羲之爱鹅，是因为经常吃鹅。

在《天师道与滨海地域之关系》一文中，陈先生辟出一章论述"天师道与书法之关系"，指出"东西晋南北朝之天师道为家世相传之宗教，其书法亦往往为家世相传之艺术，如北魏之崔、卢，东晋之王、郗，是其最著之例"。这个"王"，就是王羲之家族了。王羲之书法诚然了得，但"本草药物之学出于道家"。《晋书·王羲之传》载，其"与道士许迈共修服食，采药石不远千里，遍游东中诸郡，穷诸名山，泛沧海"。而孟诜《食疗本草》以鹅为"与服丹石人相宜"，所以寅恪先生认为："鹅之为物，有解五脏丹毒之功用。"则羲之爱鹅，靠食之以解丹药之毒，并非寻常乐道的雅事。

王羲之具体怎么吃鹅，不很清楚。史上鹅的吃法虽不及鸭，但也很有一些。比如"鹅公村"作为招牌的，是烧鹅。《宋书·庾悦传》载，刘毅没发达时在庾悦手下做事，但庾悦不大看得起他。某天"悦厨馔甚盛，不以及毅"，刘毅却又不走，还说"身今年未得子鹅，岂能以残炙见惠"。子鹅，即幼鹅、嫩鹅；残炙，剩下的烧鹅。《南齐书·刘琎传》载，武陵王萧晔"与僚佐饮，自割鹅炙"，吃的也是烧鹅。我所居住的海珠区大塘村出产"大塘烧鹅"，为广州的烧鹅名牌。早几年如果搭地铁,会路过其生产车间,透过近乎二楼的玻璃窗,能清楚地看到一排排吊在那里、刚出炉的烧鹅。现在这车间不知搬去了哪里。

《水浒传》中,武松被张都监陷害而刺配恩州,施恩来送,除了两件绵衣,还"煮得两只熟鹅在此,请哥哥吃了两块去"。这该是炖鹅吧。武松出城"行不过五里路,把这两只熟鹅都吃尽了",这样来看,应该是两只子鹅。《梦粱录》介绍南宋都城临安饮食时,提到"鹅粉签、五味杏酪鹅、绣吹鹅、间笋蒸鹅、鹅排吹羊大骨"等。蒸,尚可理解,其他的如何烹制,要就教于方家了。

宋人吃得不亦乐乎,明朝则有限制,尤其对巡按御史。《枣林杂俎》云,巡按御史赴任必须独自前往,行李不能超过 80 斤,再有就是"出不马,食不鹅",既不准骑马也不准吃鹅。巡按御史代天子行使监察权,"大事奏裁,小事立断"。这些规定,想来是防止御史"灯下黑"吧。这也可见,彼时吃鹅是与奢侈挂钩的。《涌幢小品》云:"食品以鹅为重,故祖制:御史不许食鹅。"王世贞《觚不觚录》更以父亲的实例予以了佐证。他父亲王忬从御史职务产退休,"巡按来相访,则留饭,荤素不过十器,或少益以糖蜜果饵、海味之属,进子鹅必去其首尾,而以鸡首尾盖之,曰:'御史无食鹅,例也。'"这算是"上有政策、下有对策"的生动写照了。

广东如今吃鹅,还有一种卤制,以澄海狮头鹅为名品,尤其鹅头。这种鹅,"头大颈粗……公鹅姿态雄伟,头部形似雄狮",这是去年 3 月 28 日,广东省农业农村厅开始实施的《狮头鹅》地方标准的定义。该标准规定了狮头鹅的原产地、分布和品种特征与特性,包括体型外貌特征、体重、体尺、生长性能、屠宰性能和繁殖性能,适用于狮头鹅品种鉴别、选育等。这类标准比较有趣。

2022 年 10 月 5 日

夸父

　　10月9日7时43分,我国在酒泉卫星发射中心成功将先进天基太阳天文台卫星——"夸父一号"发射升空,开启对太阳的探测之旅。对卫星的命名,早在今年7月就开始向全国征集,共收到25000多份建议,其中三分之一建议命名为"夸父"。

　　夸父,古代神话传说中的人物,最有名的举动即为"逐日",因而这个得名恰如其分。《山海经》中有颇多"夸父"痕迹。《大荒北经》云:"大荒之中有山,名曰成都载天。有人珥两黄蛇,把两黄蛇,名曰夸父。"《西山经》云:"蛎渊……有兽焉,其状如禺而文臂,豹虎而善投,名曰举父。"郭璞认为,举父,"或作夸父"。《北山经》云:"梁渠之山……有鸟焉,其状如夸父。"《东山经》云:"犲山……有兽焉,其状如夸父而彘毛。"人兽同体,是中国上古神话神形的基本特征,所以并不意外。《中山经》云有"夸父之山",夸父又成了山名,"其木多棕、楠,多竹箭"。《朝野佥载》云"邓夸父与日竞走,至此(夸父山)煮饭",许是山名之因。

　　《山海经》也数次提到夸父逐日。《海外北经》云:"夸父与日逐走,入日。渴欲得饮,饮于河渭。河渭不足,北饮大泽。未至,道渴而死,弃其杖,化为邓林。"又,《大荒北经》云:"夸父不量力,欲追日景,逮之于禺谷。将饮河而不足也。将走大泽,未至,死于此。应龙已杀蚩尤,又杀夸父,乃去南方处之,故南方多雨。"前一则尚平铺直叙,后一则明显带有贬义。识者指出,神话是民族文学的先声和源头,虽然具有一定的荒诞性,但是蕴含了一个民族的精神。

早在1927年,神话学先驱黄石先生便认为:"神话是一朵灿烂的鲜花,是人类文化史的第一页,希腊有多量的美丽神话,留存至今,正显出其国民性的优美。只可怜我们的中国的神话,却被古代的忽视一笔勾销。"所幸今人注意到了这一点。我在中山大学人类学系读书时,知道如袁珂、乌丙安诸先生在神话研究上都卓有建树。袁珂《中国古代神话》一书,所据材料主要便出自《山海经》,次则《楚辞》《淮南子》《列子》《搜神记》《拾遗记》《博物志》《述异记》,以及《穆天子传》《吕氏春秋》《韩非子》《庄子》《左传》《国语》等,从300多则零散、片断的神话材料中,整理出包含有蚩尤、夸父、刑天、精卫、应龙等几十个人神的长篇神话故事。然而,因为原始材料失之于简,失之语焉不详,所以在理解上见仁见智,聚讼纷纭,也就是一种正常现象。

比如夸父为什么要追赶太阳? 一种认为是古人对虹在自然界出现与消失的规律以神话形式进行的形象阐释,反映雨后出虹的自然现象。"朝虹西,暮虹东",古人认识到虹与太阳关系密切,似乎存在某种追逐关系,于是把夸父视为虹神,想象出夸父永远在追赶太阳。还有一种认为,原始人把生命意识和对复生的渴望投射到太阳上,追逐太阳的行为充满了生命张力,意味着追逐生命和永生,而太阳提供能量过多又会毁掉生命。夸父渴亡而成为受难者,是原始人对太阳积极面的认知扩展到对其消极面认知的反映。还有一种认为夸父神话的核心情节,不是"与日逐走"而是"渴欲得饮",炎热、干旱导致黄河及其支流渭水水流锐减,夸父乃始作俑者,是一个旱神。各种说法都是从细节处探究原本,各有各的一定道理,悲观地说,也不可能存在标准答案。

古人虽然没有对神话文本进行研究,但使用神话材料却并不乏见。

如陶渊明有《读山海经十三首》,记录了自己在"不为五斗米折腰"而"既耕亦已种,时还读我书"的乡居生活中,"泛览周王传,流观山海图"亦即阅读《穆天子传》《山海经》的心得。其中第九首关于夸父:"夸父诞宏志,乃与日竞走。俱至虞渊下,似若无胜负。神力既殊妙,倾河焉足有?馀迹寄邓林,功竟在身后。"五柳先生把神话情节和自身感受结合起来,熔叙事、抒情、议论于一炉,平淡中透露出对夸父的深情礼赞,豪饮河渭之水也具有一种广阔的襟怀和雄伟的气魄。在他看来,一时失意不要紧,生前即使未能施展才能,但留下的精神产品未尝不能泽被后人。

又如柳宗元有《行路难》三首,上篇关于夸父:"君不见夸父逐日窥虞渊,跳踉北海超昆仑。披霄决汉出沆漭,瞥裂左右遗星辰。须臾力尽道渴死,狐鼠蜂蚁争噬吞。北方狰人长九寸,开口抵掌更笑喧。啾啾饮食滴与粒,生死亦足终天年。睢盱大志小成遂,坐使儿女相悲怜。"明朝韩醇指出:"谓志大如夸父者竟不免渴死,反不若北方之短人,亦足终天年。盖自谓也。"倘若明了诗乃河东先生贬永州后之作,就不难明了韩醇的意思了。

在"夸父一号"之外,这些年我们见识了不少将神话传说的美好意象与科学探索工具完美结合在一起的范例。我国探月计划中的第一颗绕月人造卫星叫"嫦娥一号",首辆月球车叫"玉兔号",首次月球着陆点的位置叫"广寒宫",首颗暗物质粒子探测卫星叫"悟空号",首颗太阳探测科学技术试验卫星叫"羲和号"。这些命名,给科学探索赋予了浓浓的诗意。古老的神话传说丰富多彩,而如今的太空探索没有止境,二者的继续"融合"也就完全可以预期。

2022 年 10 月 11 日

粮食

10月16日是世界粮食日。联合国粮农组织自1981年起设立这一节日,旨在引起人们对全球粮食短缺问题的重视,敦促各国采取行动增加粮食生产,与饥饿和营养不良作斗争。"人是铁,饭是钢,一顿不吃饿得慌。"粮食在日常生活中的重要性,俗语道得分明。

粮食,供食用的谷物、豆类和薯类的总称。不过,在古人眼里,二者还是两个独立的名词,粮是粮,食是食。《周礼·地官·廪人》载:"廪人……凡邦有会同师役之事,则治其粮与其食。"郑玄注:"行道曰粮,谓糒也;止居曰食,谓米也。"《说文·米部》云:"粮,谷也;糒,干饭也。"《释名·释饮食》云:"干饭,饭而暴干之也。"综合起来看就不难明了:行旅、打仗带的干饭叫粮,居家所吃的饭叫食。《诗·大雅·公刘》有"乃裹糇粮,于橐于囊"句,即是说周人先祖公刘带上干粮、放进口袋,带领周民由邰迁豳。《孟子·梁惠王下》孟子云:"故居者有积仓,行者有裹囊也,然后可以'爰方启行'。"长途跋涉之前,准备好干粮是必要的前提。

民以食为天。纵观历代有影响的起义军,口号、作为不一,隋末的便以开仓放粮而闻名。《隋书·炀帝纪》载,大业十三年(617)二月,"李密、翟让等陷兴洛仓";四月,"李密陷回洛东仓"。

九月，"武阳郡丞元宝藏以郡叛归李密，与贼帅李文相攻陷黎阳仓"。《旧唐书·太宗纪》载，李世民则是"取永丰仓以赈穷乏"。隋朝兴建了大量粮仓。《隋书·食货志》载，"开皇三年（583），朝廷以京师仓廪尚虚，议为水旱之备"，乃"于卫州置黎阳仓，洛州置河阳仓，陕州置常平仓，华州置广通仓"等；炀帝即位，又于东都洛阳"新置兴洛及回洛仓"。然而隋末在大灾面前，并没有发挥这些粮仓的应有作用。以洛阳而言，百姓"初皆剥树皮以食之，渐及于叶，皮叶皆尽，乃煮土或捣稿为末而食之。其后人乃相食"，而"所在仓库，犹大充牣，吏皆惧法，莫肯赈救，由是益困"。所以，《隋书·李密传》载李密拿下兴洛仓后，"开仓恣民所取，老弱负缰，道路不绝"。大业十二年（616），李渊攻入长安，"发永丰仓以赈之，百姓方苏息矣"。除了救一时之急，还有一个非常显著的效果，如"李密自号魏公，称元年，开仓以振群盗，众至数十万，河南诸郡相继皆陷焉"，人们纷纷加入了起义队伍。

"兵马未动粮草先行"，凡要打仗，也要先准备粮草，粮草有命脉的意味。《三国志·魏书·武帝纪》便可拈出两条。献帝兴平元年（194）春，曹操打吕布，"自力劳军，令军中促为攻具，进复攻之，与布相守百余日"。这时，"蝗虫起，百姓大饿，布粮食亦尽，各引去。"又，建安五年（200）八月，曹操打袁绍，双方在官渡"相拒连月，虽比战斩将，然众少粮尽，士卒疲乏"。这时，袁方谋臣许攸来降，献了一计。裴松之注引《曹瞒传》可窥其详："公孤军独守，外无救援而粮谷已尽，此危急之日也。今袁氏辎重有万余乘，在故市、乌巢，屯军无严备；今以轻兵袭之，不意而至，燔其积聚，不过三日，袁氏自败也。"曹操闻言大喜，"乃举精锐步骑，皆用袁军旗帜，衔枚缚马口，夜从间道出，人抱束薪……既至，围屯，大放火，营中惊乱。大破之，尽燔其粮谷宝货"。官渡之战为曹操统一北方奠定了基础，"尽燔其粮谷"无疑是关键之举。

因此，前人对农业生产相当重视。在理论层面，如《孟子·滕文公上》所云："后稷教民稼穑，树艺五谷，五谷熟而民人育。人之有道也，饱食、暖衣、逸居而无教，则近于禽兽。"管仲还有个著名观点："仓廪实则知礼节，衣食足则知荣辱。"《史记·管晏列传》将"则"改成"而"，那是司马迁洞察到"仓廪实、衣食足"与"知礼节、知荣辱"之间并不存在必然联系，但前者不可或缺。在实践层面，典籍中不乏以劝农而闻名的循吏。如西汉龚遂，其迁渤海太守，"见齐俗奢侈，好末技，不田作，乃躬率以俭约，劝民务农桑，令口种一树榆，百本薤、五十本葱、一畦韭，家二母彘、五鸡。民有带持刀剑者，使卖剑买牛，卖刀买犊"。又如东汉王景，迁庐江太守，"先是百姓不知牛耕，致地力有余而食常不足。郡界有楚相孙叔敖所起芍陂稻田。景乃驱率吏民，修起芜废，教用犁耕，由是垦辟倍多，境内丰给。遂铭石刻誓，令民知常禁"。前面提到的公刘，也是致力于耕种，才"于豳斯馆"。《史记·周本纪》对此评价："周道之兴自此始，故诗人歌乐思其德。"

中国共产党第二十次全国代表大会昨天开幕，大会报告明确："全方位夯实粮食安全根基，牢牢守住十八亿亩耕地红线，确保中国人的饭碗牢牢端在自己手中。"这就表明，粮食安全与能源资源、重要产业链供应链安全一道，纳入到了"国家安全体系"之列。粮食安全，以生产来满足需求是一方面，反对浪费是另一方面。"谁知盘中餐，粒粒皆辛苦"，李绅的悯农诗众所周知，实则揭示稼穑艰辛的文字汗牛充栋，今天要多多开掘传统文化。"半夜呼儿趁晓耕，羸牛无力渐艰行。时人不识农家苦，将谓田中谷自生。"类似颜仁郁的这些，同样有振聋发聩之效。

2022 年 10 月 17 日

燕子

　　昨天下午看央视科教频道,播的是《怀集燕岩》。怀集是隶属肇庆市的一个县,其燕岩有"中国最佳溶洞奇观"的美誉,无数燕子栖居于此。二十多年前我曾经到过一次,印象深刻。

　　燕子因为色黑,前人也称之"玄鸟"。《诗·商颂·玄鸟》有"天命玄鸟,降而生商",王逸注《楚辞》云:"玄鸟,燕也。"朱熹认为:"此亦祭祀宗庙之乐,而追叙商人之所由生,以及其有天下之初也。"这种带有神话色彩的说法,还是可作史料品读。《史记》就采纳了,《殷本纪》云:"殷契,母曰简狄,为帝喾次妃。三人行浴,见玄鸟堕其卵,简狄取吞之,因孕生契。"显然,殷商将燕子视为图腾。

　　"燕燕于飞,差池其羽。之子于归,远送于野。瞻望弗及,泣涕如雨! 燕燕于飞,颉之颃之。之子于归,远于将之。瞻望弗及,伫立以泣。 燕燕于飞,下上其音。之子于归,远送于南。瞻望弗及,实劳我心。"《诗·邶风·燕燕》三章,清朝学者王士禛称赞"宜为万古送别诗之祖"。其《分甘馀话》云:"《燕燕》之诗……合本事观之,家国兴亡之感,伤逝怀旧之情,尽在阿堵中。《黍离》《麦秀》,未足喻其悲也。"燕于飞,亦早成送别之典。通过对燕子飞翔时毛羽、形态、声音的描绘,渲染"瞻望弗及"的情景。后世李白之"孤帆远影碧空尽,唯见长江天际流"、苏轼之"登高回首坡垅隔,惟见纱帽出复没"、韩缜之"但登极、楼高尽日,目断王孙"等,都是对这种意象的进一步发挥。

燕子飞舞,倘若配上黄莺鸣叫,那是形容春光明媚的景象。苏轼《被锦亭》有"烟红露绿晓风香,燕舞莺啼春日长",毛泽东《水调歌头》有"到处莺歌燕舞,更有潺潺流水",表达的正是这样一种美好。而诸多入诗入词的燕子,还是寄物咏怀。刘禹锡《乌衣巷》——"朱雀桥边野草花,乌衣巷口夕阳斜。旧时王谢堂前燕,飞入寻常百姓家",算是非常直白的。原本六朝贵族居住的乌衣巷,那么繁华,如今朱雀桥边已然长满了野草,乌衣巷口也只有夕阳斜照在深墙上,让人不免感到日薄西山的惨淡。傅咸《燕赋序》云:"有言燕今年巢在此,明年故复来者。其将逝,剪爪识之。其后果至焉。"那么,昔日栖息在王导、谢安这些权贵厅堂檐檩上的燕子,故地重来,不知飞进的已是普通人家。此一时彼一时,引起刘禹锡的无限感慨。

陶渊明的表现手法便相当隐晦。其《拟古九首》之三云:"仲春遘时雨,始雷发东隅。众蛰各潜骇,草木纵横舒。翩翩新来燕,双双入我庐。先巢故尚在,相将还旧居。自从分别来,门庭日荒芜。我心固匪石,君情定何如。"叶嘉莹先生认为该诗写实,要说的是当一个时代外界环境改变的时候,你是变还是不变?你对别人的变与不变取什么态度?逯钦立先生则认为该诗纪事。仲春,二月;遘时雨,遇到及时雨。这是以二月春雷喻刘裕二月起兵讨伐篡位的桓玄。《晋书·五行志》载:"桓玄初改年为大亨,遐迩欢言曰'二月了',故义谋(刘裕举义之谋)以仲春发也。"又《桓玄传》载,安帝大亨二年(402),桓玄"讽帝以禅位告庙",经过一番"百官到姑孰劝玄僭伪位,玄伪让,朝臣固请"的戏码而登基,未几

"迁帝（兄弟）居寻阳"，"翩翩新来燕"云云，说的就是这事。"先巢故尚在"云云，则是喻安帝复辟还京。《宋书·武帝纪》载安帝诏赞刘裕："拯朕躬于巢幕，回灵命于已崩。"陶诗以巢燕比安帝，先已道明这层意思。末两句，则借《诗·邶风·柏舟》之"我心匪石，不可转也"，表明自己不会改变。通观全诗，陶渊明的乡居生活，岂止"采菊东篱下，悠然见南山"？

《怀集燕岩》少不了介绍燕窝，那是燕岩的一个特色。燕子的尾巴分叉，被人类借鉴为燕尾服，燕窝则是被拿去享用。这种珍贵食品，虽然果真是燕子的窝，但是乃部分雨燕和金丝燕的窝，以它们分泌出来的唾液再混合其他物质而成。乌衣巷的以及我们家乡燕子衔泥而成的燕窝，是不能吃的。这种燕窝筑在两条椽子之间，一尺来长，类似东北从前的干打垒。尽管时常掉下些脏东西，长辈依然要叮嘱小孩千万不能去捅，燕子肯来筑窝是个好兆头。能吃的燕窝，存在于像怀集燕岩这一类的地方。岩洞内至今挂着不少貌似无序的竹竿，是从前采摘燕窝人的遗留，凭借这些竹竿，他们在没有任何保护措施的情况下能攀爬十几米高的峭壁，想来都惊心动魄。

燕窝的吃法自然有许多，如今频现的广告，"每天一盏碗燕"之类，都是"预制"的，袁枚《随园食单》记录了自己动手的，"每碗必须二两，先用天泉滚水泡之，将银针挑去黑丝。用嫩鸡汤、好火腿汤、新蘑菇三样汤滚之"云云。放太少了，"以三钱生燕窝盖碗面"那种，他揶揄为"如白发数茎，使客一撩不见，空剩粗物满碗。真乞儿卖富，反露贫相"。他倒是瞧得起粤东的"杨明府冬瓜燕窝"，以为"甚佳"。

燕和雀都是可爱的小鸟，组合在一起性质却变了。秦末陈胜的一声叹息："嗟乎，燕雀安知鸿鹄之志哉！"成了比喻庸俗的人不能理解志向远大者的抱负。燕子和蝙蝠也是这样，组合在一起的"燕蝠争"，成了没有意义的争吵。这与人们历来对燕子的喜爱似乎矛盾，不知该如何解释。

2022 年 10 月 23 日

红马

不知从何时开始,防疫健康码的颜色开始极大地左右国人的正常生活。色分绿、黄、红,大抵是借鉴了交通灯的功能吧。绿码万事大吉;黄码,赶紧去测核酸,还得找专测黄码的队伍;红码就大件事了,立刻拉走隔离。

饶是绿码,因为时而甚至每天要测,还是给生活带来了很大不便。这时候,国人"乐感文化"一面的呈现,多少起到了舒缓作用。有人用博物馆里的绿马、黄马和红马进行调侃,戏言防疫当前,百姓最喜欢的动物是绿马——以"马"谐"码",最担心的是红马。稍有常识的人都知道,现实中恰恰没有绿马,博物馆里的绿马,如作为中国旅游标志的"马踏飞燕"等,其绿乃是青铜器经过氧化、腐蚀等化学反应的结果,属于铜锈。青铜器由铜和铅、锡合金铸成,原本的颜色取决于不同成分的占比,可能紫红,也可能橙黄或灰白。

黄码和红码,虽然眼下比较忌惮,黄马和红马在生活中倒是真实存在的。《三国演义》中,曹操有次被吕布打败,逃跑时"吕布从后拍马赶来,将戟于操盔上一击,问曰:'曹操何在?'"曹操灵机一动,手一指:"前面骑黄马者是他。"北魏裴果从宇文泰征讨,"乘黄骢马,衣青袍,每先登陷阵,时人号为'黄骢年少'"。隋唐时的秦琼也有一匹著名的黄骠马。

红马就更多了。《晋书·刘曜载记》载,318 年,前赵皇帝刘曜"常乘赤马",有次和石勒作战,那马"无故踠顿,乃乘小马"。毫无来由地摔倒了,吓得刘曜不敢再骑。又,《北史·王晞传》载,王晞"尝从文宣(高洋)北征,乘赤马"。他大概有点儿缺心眼,"旦蒙霜气,遂不复识。自言失马,虞候为求觅不得",等下太阳出来了,"马体霜尽,系在幕前,方云:'我马尚在'"。这也可能是个笑话,没有人会迂腐到这个程度。

《说文解字》中"马部"的字,许多都与马的颜色有关,但也没有绿色。如骐,青黑色的马;骊,深黑色的马;骆,身白而黑鬣黑尾等。骃、骠、駓都是黄马,区别在于嘴色、毛色等。骝,"赤马黑髦尾也",就是红马了,马身红色,鬣毛和尾巴黑色。前人最青睐的,也该是红马。

《三国志》载,吕布"有良马曰赤兔",赤兔马无疑即红马。吕布"便弓马,膂力过人,号为飞将",袁绍"遣壮士夜掩杀布,不获。事露,布走河内……绍令众追之,皆畏布,莫敢逼近者"。此前有"飞将军"之称的,西汉李广算一个,何其了得?《三国演义》中,吕布更被描写成天下第一猛将,关羽、张飞联手也打不赢。那么,透过"人中有吕布,马中有赤兔"的时谚,可知赤兔马的本领了。前人每以兔喻马,如《吕氏春秋·离俗览》云:"飞兔……古之骏马也。"前人释曰:"飞兔,马名也,日行万里,驰若兔之飞,因以为名也。"

唐太宗"昭陵六骏"石刻中的"白蹄乌""什伐赤",一望而知为黑马、红马,而"飒露紫",全称"飒露紫燕骝",也是一匹红骏马,那是李世民东征洛阳平定王世充时的坐骑。"飒露紫"是六骏中唯一伴有人像的,这个人是丘行恭。《旧唐书·丘行恭传》载:

"行恭善骑射,勇敢绝伦。"在邙山会战中,世民"与诸骑相失,惟行恭独从。寻有劲骑数人追及太宗,矢中御马,行恭乃回骑射之,发无不中,馀贼不敢复前,然后下马拔箭,以其所乘马进太宗。行恭于御马前步执长刀,巨跃大呼,斩数人,突阵而出,得入大军"。为了纪念此事,"贞观中,有诏刻石为人马以象行恭拔箭之状,立于昭陵阙前"。殊为可惜的是,"飒露紫"与"拳毛騧"石刻在1914年便被盗往国外,今藏美国宾夕法尼亚大学博物馆。

《万历野获编》之"先朝四骏"条,告诉我们明成祖朱棣在燕王时期征战,也失去了不少坐骑。1576年,万历皇帝"出内府旧藏文皇靖难时所乘四骏图,命辅臣张居正等恭题"。这四匹战马,即朱棣当年夺取皇位时所驭。其一曰龙驹,死于"郑村坝大战,胸膛着一箭";其二曰赤兔,死于"白沟河大战,胸膛着一箭";三曰枣骝,死于"小河大战,胸膛一箭,后两曲池一箭";四曰黄马,死于"灵璧县大战,后曲池着一箭"。四骏中,两红一黄,尤其赤兔,自三国后重现世人面前。万历皇帝之所以要张居正等作文,因为"时阁臣所上诗章,俱不足发挥神功圣烈,亦才限之也"。不过,朱棣本有八骏图,另为乌兔、飞兔、飞黄和银褐,沈德符不解"今上何以仅出其半",在他看来,"内府所珍,断无遗失之理"。

文学作品中,前人作战很讲究色彩,红马更不可或缺。《水浒传》中,吕方、郭盛红白相映,吕方"穿一身红,骑一匹赤马",郭盛"穿一身白,骑一匹白马"。两人交起手来,"左右红云侵白气,往来白雾间红霞"。单廷珪、魏定国则是红黑相映。黑泽明电影《乱》中,秀虎三个儿子的各自部队也各以颜色区分,该是从我们这里承继的传统吧。

宋理宗时有个叫柴望的,上《丙丁龟鉴》十卷。他发现,自秦昭襄王五十二年丙午(前255)到五代后汉天福十二年丁未(947)

共 1200 余年中,凡值丙午、丁未之年,国家均有乱事发生。丙丁属火,色赤;午马未羊,后因称国家大乱为"赤马劫"或"红羊劫"。无论被柴望言中了多少,对红马而言都是"欲加之罪"。

2022 年 11 月 7 日

小哥

广州海珠区因为防疫而"静默"之后,外卖小哥发挥了巨大作用。小哥,如今有成为年轻人从事某项职业的后缀的趋势,"知名"的还有快递小哥。

我第一次对"小哥"的称谓引起注意,是在读《西游记》的时候。孙悟空官封"弼马温",始而欢欢喜喜,后来别人告诉他:"这样官儿,最低最小,只可与他看马。似堂尊到任之后,这等殷勤,喂得马肥,只落得道声'好'字,如稍有些尪羸,还要见责;再十分伤损,还要罚赎问罪"。孙悟空一听生气了,"忽喇的一声,把公案推倒,耳中取出宝贝,幌一幌,碗来粗细,一路解数,直打出御马监",回花果山去了。玉帝"即封托塔天王李靖为降魔大元帅,哪吒三太子为三坛海会大神,即刻兴师下界",问罪孙悟空。巨灵神首先出战,结果"大圣轻轻轮铁棒,着头一下满身麻",狼狈而逃。接着是哪吒,"悟空迎近前来问曰:'你是谁家小哥?闯近吾门,有何事干?'"不料哪吒恶语相向,"泼妖猴!岂不认得我?"

古代的"小哥"称谓,在元明清文学作品中比较习见,或许像今天一样,也只是民间的说法。

《儒林外史》第一回,出于生活所迫,母亲要十岁的王冕去秦老家放牛。次日,"秦老留着他母子两个吃了早饭,牵出一条水牛来交与王冕，指着门外道："就在我这大门过去两箭之地，便是七泖湖。湖边一带绿草，各家的牛都在那里打睡。又有几十伙合抱的垂杨树，十分阴凉，牛要渴了，就在湖边上饮水。小哥，你只在这一带顽耍，不必远去"。

《镜花缘》第二十回，在白民国麟凤山，多九公说："数年前老夫从此路过，曾见凤凰与鹣鹣（西方神鸟）争斗，都是各发手下之鸟，或一个两个，彼此剥啄撕打，倒也爽目。"唐敖觉得"凤凰不可不看"，于是一行人"只检梧桐多处游去"。走着走着，前面有个牧童，唐敖上前拱手道："请问小哥：此处是何地名？"

《喻世明言》卷三十六、《二刻拍案惊奇》卷三十五等处，都有"小哥"，都是对少年或年轻男子的客气称呼。

元秦简夫有出戏目叫《东堂老劝破家子弟》，讲的是败家子弟扬州奴（赵小哥）迷途知返的故事。扬州奴结交了两个损友，叫柳隆卿的这个，"不养蚕桑不种田，全凭马扁度流年"。他和胡子传是结拜兄弟，"两个不会做甚么营生买卖，全凭这张嘴抹过日子"，自从傍上了扬州奴，"我们两个吃穿衣饭，那一件儿不是他的。我这几日不曾见他，就弄得我手里都焦干了"。第一折在茶馆，两人先到，听到伙计说"赵小哥，你来了也，有人在茶房里坐着，正等你来哩"，两人还拿了一把，"一个做好，一个做歹"，演了出双簧：假装在外面迎接的柳隆卿（做见科，云）哥，你在那里来，俺等了你一早起了。（扬州奴云）哥，这两日你也不来望我一眼。（柳隆卿云）胡子传也在这里。（扬州奴云）我自过去。（见科，云）哥，唱喏咱。（胡子传不采科）（柳隆卿云）小哥来了。（胡子传云）那个小哥？（柳隆卿云）赵小哥。（胡子传云）他老子在那里做官来，他也是小哥？诈官的该徒，我跟前歪充，叫总甲来绑了这弟子孩儿！

该徒，犹家伙；歪充，指胡乱冒充。胡子传这样说话，是因为小哥在从前也可以是对年轻官僚子弟的尊称。《红楼梦》第五十一回，小哥指的就是宝玉。晴雯病了，太医来看，以为进的是绣房，老嬷嬷笑道："那屋子是我们小哥儿的，那（病）人是屋里的丫头，倒是个大姐；那里的小姐的绣房？小姐病了，你那么容易就进去了！"胡子传偷换小哥义项，既是开玩笑，也显示了其无赖的一面。

宋朝已有"外卖小哥"。张择端名作《清明上河图》中，一家叫"十千脚店"的店铺旁边就有一个类似人物：系着围裙，右手拿筷子，左手端着两个食盒，走在街上张望，似乎在寻找送餐地点。《东京梦华录》载，北宋都城开封"市井经纪之家，往往只于市店旋买饮食，不置家蔬"；《梦粱录》亦载，南宋都城临安"处处各有茶坊、酒肆、面店、果子、彩帛、绒线、香烛、油酱、食米、下饭鱼肉鲞腊等铺"，所以"经纪市井之家，往往多于店舍，旋买见成饮食，此为快便耳"。种种叠加来推断，宋朝不仅有外卖行业，而且还非常兴旺。遗憾的是，包括"外卖小哥"在内跑腿的人，当时被称为"闲汉"。

史上"快递小哥"中出了若干名人，比如奠定北齐基业的高欢。《北齐书·神武纪》载，高欢"家贫，及聘武明皇后（娄昭君），始有马，得给镇为队主"。这匹马，显然是娄家的嫁妆。也许是有马的前提，高欢"自队主转为函使"。函使，传递书信、文件的人。胡三省云："凡书表皆函封，函使者，使奉函诣京师也。"高欢"为函使六年"，干得很愉快。"尝乘驿过建兴，云雾昼晦，雷声随之，半日乃绝，若有神应者。每行道路，往来无风尘之色"，做梦都是"履众星而行，觉而内喜"。正是因为常跑京师，高欢"乃有澄清天下之志"。

外卖小哥、快递小哥撑起了一个新型行业,功不可没。只是随之而来的,还有交通安全隐患。尤其外卖小哥,为了抢时间而肆意穿行、逆行,对自身以及路人的安全都构成了威胁,已经到了必须引起管理部门足够重视的地步。

2022 年 11 月 10 日

祖宗

　　一段视频显示：11 月 13 日，新疆乌鲁木齐市疫情防控新闻发布会上，发言人读出这样的文字："近期大家还关心宠物用品的购买，可以通过抖音搜索'新疆小祖宗宠物用品店'进行购买，并全城配送。"舆论旋即大哗。当地也旋即回应，视频是真的，但被"小祖宗"给剪辑了，因为发布会还提到了另外两家宠物店，"小祖宗"为宣传自身，误导公众认为该店乃政府唯一指定。

　　疫情发布会发布这些东西是否妥当，先不管它，"小祖宗"的店招有些意思。生活中时常能听到"小祖宗"，本义是指奴仆在焦急时对年轻主子的称呼。如《红楼梦》第九回，贾政迁怒宝玉的"跟班"李贵："等我闲一闲，先揭了你的皮，再和那不长进的算账。"宝玉知道了给李贵陪笑："好哥哥，你别委曲，我明儿请你。"李贵道："小祖宗，谁敢望你请，只求听一句半句话就有了。"与"小祖宗"对应的，是"老祖宗"。还拿《红楼梦》为例，贾母就每被这样称呼。第五十三回，凤姐儿挽着贾母笑道："老祖宗走罢。咱们家去吃去，别理他。"老祖宗，对尊长者的敬称。小祖宗，引申开来为家长等嗔怪孩子顽皮时的昵称。乌鲁木齐那家店铺，又将之"引申"去了动物界，让人目瞪口呆。

　　小祖宗，显系自"祖宗"中脱胎而来。祖宗，如今在"江湖"中等同祖先,而原本也是"庙堂"里的专属名词,帝王级人物的祖先。王安石变法明确的"三不足"中,有著名的"祖宗不足法"。他说的"祖宗",实则宋王朝建立以来奉行的政策法令。在他看来,"法先王之政当法其意",要"视时势之可否,因人情之患苦,变更天下之弊法",不能拘泥。但"凡是"派政敌们揪住"祖宗之法"不放。司马光说"祖宗之法,不可变也";范纯仁说"王安石变祖宗法度,掊克财利",使"民心不守";文彦博说"祖宗法制俱在,不须更张,以失人心";等等。祖宗"君转民"的时间点,未知是在何时。

祖与宗,从前各有所指。《礼记·祭法》云:"(有虞氏)祖颛顼而宗尧,(夏后氏)祖颛顼而宗禹,(殷人)祖契而宗汤,(周人)祖文王而宗武王。"这种区分是有意识的。唐朝经学家赵匡指出:"凡祖者,创业传世之所自来也。宗者,德高而可尊,其庙不迁也。"孔颖达也这样认为:"祖,始也,言为道德之初始,故云祖也;宗,尊也,以有德可尊,故云宗。"谁是祖、谁是宗,并非个人自封而由后任认定,是前任死后后任给出的庙号,亦即在太庙立室奉祀时特起的名号。唐朝开国的是李渊,所以是高祖,以后是太宗、高宗、中宗什么的;宋朝开国的是赵匡胤,所以是太祖,然后是太宗、真宗、仁宗什么的;明朝有两个"祖",开国的朱元璋是太祖,发动"靖难之役"抢班夺权的朱棣是成祖,因为他"知人善任,表里洞达,雄武之略,同符高祖"。

照明初这个逻辑来看,通过"玄武门之变"上台的李世民也可以称祖,所以没有,大抵前人做事还稍有底线可言,后来才越来越无所忌惮吧。以"何不食肉糜"闻名的晋惠帝在位时,"政出群下,纲纪大坏,贿赂公行,势位之家,以贵陵物,忠贤路绝,谗邪得志,更相荐举,天下谓之互市",鲁褒《钱神论》即问世于斯时,所以尽管惠帝后面有中宗、显宗、孝宗甚至有世祖,他却什么也不是。而明朝嘉靖帝是凭借"兄终弟及"被厘定的,登基后却非要追封生父,引发了著名的"大礼议"之争,到底给他弄到了"睿宗"。

刘知幾承继了前人观点,其《史通·称谓》云:"古者天子庙号,祖有功而宗有德,始自三代,迄于两汉。名实相允,今古共传。"认为自两汉之后,已然名实不允。颜真卿更将时间提前到了东汉,其《论元皇帝祧迁状》云:"昔汉朝廷近古,不敢以私灭公,故前汉十二帝,为祖、宗者四而已。至后汉渐违经意,子孙以推美为先,自光武已下,皆有庙号,则祖、宗之名,莫不建也。"其实,他们若是多活几百年甚至活完自己所在的唐朝就会看到,后面的祖、宗属例行公事,什么德不德的,当过皇帝的基本都能混上个"宗"。

庙号的滞后性,往往令一知半解的人闹出笑话。元杂剧中比比皆是。孔文卿《地藏王证东窗事犯》楔子,岳飞出场道白,说自己"随高宗南渡于金陵"。赵构驾崩之后才可以有高宗,而岳飞正死于赵构、秦桧之手,焉能知晓?高文秀《好酒赵元遇上皇》第二折,赵匡胤出场,居然自道庙号:"朕乃宋太祖皇帝是也。自登基以来,四海晏然,八方无事。今引近臣楚昭辅、石守信,俺三人打扮做白衣秀士,私行于郊外。"郑德辉《辅成王周公摄政》楔子,微子出场也是:"自家姬姓,周家嫡族,现为太师。从先考文王时,参预国事,至今上武王,一同克商伐纣。"武王之"武"乃谥号,"今上武王"不就非常滑稽了吗?

11月14日,乌鲁木齐市场监管局通报:"新疆小祖宗宠物用品店"误导公众,扰乱正常保供秩序,破坏市场公平竞争,罚款50万元并列入严重违法失信名单。对店家而言,正所谓"偷鸡不成蚀把米"。

2022年11月15日

大白

新冠肺炎疫情暴发后，"大白"成了高频词，用于指代那些身穿白色防护服奋战在抗疫一线的人们，医务人员、社区工作者、公安民警、志愿者等。网上看到，不少人不喜欢这种称呼，理由一二三；但喜欢的应该还是多数，主流媒体中，"大白"二字也随处可见。

"大白"一词，由来已久，只是义项与今天的不同。

大杯喝酒，文雅的说法就是"浮一大白"。这种说法可以上溯至战国时代，刘向《说苑·善说》云，魏文侯跟大夫们一起饮酒，派一个叫公乘不仁的人"为觞政"，相当于今天饭桌上的酒司令，还定了条规矩："饮不嚼（或釂）者，浮以大白。"嚼，尽也；大白，大酒杯、大酒樽。那么，这条规矩的意思就很清楚了：杯中酒如果被发现没喝完的，要罚一大杯。不料，先中招的是魏文侯自己，"饮而不嚼"，或许他认为，规矩是定给手下的，自己可以例外吧。但公乘不仁忠诚地履行职责，"举白浮君"，然"君视而不应"，大约没有料到他来真的。其他人出来打圆场："不仁退！君已醉矣。"公乘不仁不仅没有就此下台阶，反而对魏文侯晓之以理："《周书（书或作谚）》曰：'前车覆，后车戒。'盖言其危，为人臣者不易，为君亦不易。今君已设令，令不行，可乎？"魏文侯恍然大悟，"举白而饮,饮毕,曰:'以公乘不仁为上客。'"上客,上宾、贵客。魏文侯作为开明之君,任李悝为相、吴起为将、西门豹为邺令,使国家大治,从这个细节看并非偶然,这三人都以执法严明而著称。

"浮以大白"的"以",后来演化成了"一"。《虞初新志》所收黄周星《补张灵崔莹合传》云:"一日,灵独坐读《刘伶传》,命童子进酒,屡读屡叫绝,辄拍案浮一大白。"张灵很能喝,"久之",童子报告:酒喝没了。但小子马上提示:"今日唐解元(伯虎)与祝京兆(枝山)宴集虎丘,公何不挟此编一往索醉耶?"张灵大喜,随即出发。《孽海花》第二十四回,朝鲜东学党起义,中日军队因之在平壤对垒,"这个风声传到京来,人人义愤填胸,个个忠肝裂血,朝励枕戈之志,野闻同袍之歌,不论茶坊酒肆、巷尾街头,一片声的喊道:'战呀! 开战呀! 给倭子开战呀!'"太史闻韵高、新点状元章直蜚也不甘人后,在"十刹海荷花荡畔一座酒楼上,凭栏寄傲,把盏论文"。章直蜚有内部消息:"你看不日就有宣战的明文了。"闻韵高听说忙站起来,满满地斟了一大杯酒道:"得此喜信,胜听挞音,当浮一大白!"

大白,还有白色旗帜的意思,最早或为殷所使用。《周礼·春官·巾车》有"建大白,以即戎,以封四卫"句,郑玄注:"大白,殷之旗。"《礼记·明堂位》有"殷之大白,周之大赤"句,孔颖达疏曰:"殷之大白,谓白色旗;周之大赤者,赤色旗。"《史记·周本纪》中,也提及大白旗。周武王"闻纣昏乱暴虐滋甚,杀王子比干,囚箕子"等,乃遍告诸侯:"殷有重罪,不可以不毕伐。"于是,"率戎车三百乘,虎贲三千人,甲士四万五千人,以东伐纣"。那一边,"帝纣闻武王来,亦发兵七十万人距武王"。周武王则经过孟津会师、牧野之战,以少胜多,以弱胜强,创造了中国古代车战初期的著名战例。按《史记》活灵活现的说法,纣见大势已去,"蒙衣其殊玉，自燔于火而死"，自杀了。周武王来到纣之死所，表演了一番："自射之，三发而后下车，以轻剑击之，以黄钺斩纣头，县大白之旗。"把纣的脑袋砍下来，悬挂在殷的大白旗帜上。

这样来看，《水浒传》中吕方、郭盛这两个强人在争夺对影山的控制权时，一定要"分个胜败，见个输赢"的那天，双方人马的色泽便很有商周决战那会儿的遗风。"（郭盛）这一边都是素白旗号，（吕方）那壁都是绛红旗号"，比商周进了一步的是，吕方还"穿一身红，骑一匹赤马"，郭盛"穿一身白，骑一匹白马"，且双方背后喽啰的着装也都整齐划一，"红衣红甲"VS"白衣白甲"。二人惊诧于花荣的神箭，乃握手言欢，再出征时则形影不离，然排名上从来都是吕方之"红"在前、郭盛之"白"在后，大胆地假设一下：施耐庵落笔之时，脑袋里浮现的可能就是武王伐纣的情形。

大白，也可以是帽子名、船名。《礼记·杂记上》载："大白冠、缁布之冠，皆不蕤。"郑玄注："大白者，古之白布冠也。"孙希旦认为，蕤，即"冠缨之结于颐下而垂馀以为饰者也"。简言之，白、黑帽子，盖头而已，没有任何装饰。作为船名，可见《抱朴子·博喻》："畎浍之流，不能运大白之艘；升合之器，不能容千钟之物。"畎浍，田间水沟。综合两句的语意，大白这种船还是不小的船。此外，《老子·德经》四十一章有"上德若谷，大白若辱，广德若不足"句，辱乃通假字，"黑垢也"。道教仙人河上公认为，此谓"大洁白之人，若污辱不自彰显"，则大白即最白。该章紧接的"大方无隅，大器晚成，大音希声，大象无形"，大皆"之最"。又，成语"真相大白"，大白为完全显露、彻底明白。

总之，"大白"的义项很多，如今用之于防疫一线的"逆行者"，无疑又延展了其内涵。将来辞书修订词条，或能得到补充吧。

2022 年 11 月 17 日

家暴

11月25日是"国际消除家庭暴力日"。家庭暴力,即发生在由婚姻或亲密关系、血缘和法律而联系在一起的家庭成员之间的暴力。最受关注的,大抵是夫妻之间。

家暴在今天还是个如此严重的问题,更不要说在女性地位低下的古代了。讽刺的是,夫妻在古代,名义上是平等的。《白虎通·嫁娶》云:"妻者,齐也,与夫齐体。自天子下至庶人,其义一也。"所以,"嫁女之家,三日不绝火,思相离也。娶妇之家,三日不举乐,思嗣亲也"。《礼记·哀公问》中,孔子也曾对鲁哀公大谈敬妻之道。孔子曰:"昔三代明王之政,必敬其妻子也,有道。妻也者,亲之主也,敢不敬与?"在孔子看来,妻之身上负有上事宗庙下继后世的神圣责任,能不敬重吗?但如果结合他同时所说的"子也者,亲之后也,敢不敬与?"可知其所谓敬重,纯粹是从宗庙的角度,而非敬重妻、子个人。顺便言及,孔子这样说话,按方悫的理解是借喻"身与妻、子者百姓之象也,盖(君主)能敬其身,则能敬百姓之身矣"。

现实生活最有说服力。《列子·天瑞》云:"孔子游于太山,见荣启期行乎郕之野,鹿裘带索,鼓琴而歌。"荣启期穿着属于"冬日恶服"的粗布衣服还那么高兴,孔子感到不解:"先生所以乐,何也?"荣启期回答"吾乐甚多",首先,"天生万物,唯人为贵,而吾得为人"。其次,"男女之别,男尊女卑,故以男为贵;吾既得为男矣",感到很庆幸。此中"之别",不是性别不同,而是社会属性意义上对男女交往、婚姻、分工乃至各个生活环节在礼制上的严格区别。《孟子·滕文公下》孟子曰:"女子之嫁也,母命之,往送之门,戒之曰:'往之女家,必敬必戒,无违夫子!'叮嘱女儿一定要恭敬、一定要注意,不要违背丈夫,意谓顺从才是妇女之道。

"桃之夭夭,灼灼其华。之子于归,宜其室家。"《诗·周南·桃夭》这首"美嫁娶及时"的作品,渲染了婚姻的美好。婚后生活千姿百态,悍妇自然不乏,开玩笑说,这算是"逆向"的家暴。如《梦溪笔谈》作者沈括再娶之张氏,"悍虐",沈括"时被箠骂"。有一次她把沈括的胡子给薅下来了,"儿女号泣而拾之,须上有血肉者",张氏下手之狠,不难想见。这就是典型的家暴了。但不容否认的是,妇女的社会地位,决定了家暴的受害者多数还是女性。

在清人编纂的诸多刑案集中,《刑案汇览》(四种)以收录案例众多、内容精良而备受世人关注。收录的案例皆由中央司法机关审理,始自乾隆元年(1736)至光绪十一年(1885),共9200余件,其中有不少关于家暴,应当说是记录刑案之因时的无心之举,但留下的资料非常宝贵。瞿同祖先生《中国法律与中国社会》中引用了若干,此处转引之。

其一,钟亮山酒醉回家,向妻索茶,钟杨氏即赴厨烧茶。钟亮山性急斥骂,杨氏分辩。钟亮山用铁锤殴伤杨氏头颅。其二,石潮科骂妻石李氏不应责打小孩,用烟袋殴伤李氏手指。李氏分辩,石潮科又取木扁担向殴。其三,蒋李氏不识字,误将田契当作废纸垫晒药末。其夫蒋常青看见,加以打斥。李氏分辩,蒋常青气忿,揪住李氏发辫,拾取柴块在李氏脑后发际乱打。其四,邢叶氏为伊夫邢哲仁烫酒。邢哲仁嫌酒冷,欲其重烫,叶氏回说火已熄灭,邢哲仁即以酒碗掷伤叶氏额角。叶氏跑走,邢哲仁又取木棍赶殴。其五,范兴得嘱令范刘氏煮饭,适刘氏在修补旧裤,回答俟补完再煮。范兴得斥骂,以竹条殴伤刘氏头顶。刘氏负疼,持剪刀及旧裤哭泣进房。范兴得赶进扑殴。如此等等。

必须看到,《刑案汇览》中的这些案例,并非同情遭到家暴的妇女,而是要说明即便妻子遭到了丈夫的非理性殴打,妻子一旦在抵抗中误伤丈夫,虽事出无心,仍须按妻殴杀夫本律问拟斩决。即便从宽,也是由"斩立决"改为"斩监候"。而丈夫过失杀妻并不责任。前面这几个家暴案例中,自食其果的都是男方。钟亮山追打杨氏,"扑势过猛,扑于门枋上,碰伤脑门倒地,次日身死"。石潮科的扁担被李氏抓住,"互相拔夺,李氏力乏松手,石潮科扳力过猛,扁担碰伤颞门,倒地殒命"。蒋常青打得太狠,"李氏负伤情急,用头吓撞,蒋常青胸膛受伤倒地,越十三日身死"。邢哲仁也是,"叶氏情急,顺拾木棍抵格,误伤邢哲仁,倒地殒命"。在范兴得那里,则是"刘氏情急,顺手用剪刀搪抵。范兴得赶拢势猛,收手不及,刀尖戳伤肚腹殒命"。扑势过猛、扳力过猛、赶拢势猛,家庭中芝麻绿豆大的琐事,也触发了丈夫家暴的莫大动因。而妻子之"情急",可见纯属无奈之下的本能自卫。

如今的家暴形式,已不再单纯是普遍认知的身体虐待,而包含了情感冷遇、言语辱骂等更多精神暴力。无论哪一种形式,家庭暴力都直接伤害了受害者的人格尊严和身心健康,导致婚姻家庭和子女成长的不幸,并极易引发恶性犯罪案件,波及社会的安全与稳定。家庭暴力的危害,超越了家庭本身。

2022 年 11 月 26 日

中年

疫情封控期间，偶然在手机上看到一部老电影，桑弧导演的《哀乐中年》(1949)，着实被震撼到了。电影讲的是鳏夫陈绍常致力于教育，创办一间小学并自任校长，而随着儿女长大、自己人到中年之后，因为不满足儿子为了门面给他安排的"老太爷"生活，重新出山并与挚友女儿最终走到一起，共同创办了另一间小学。之所以震撼，在于去今70多年前，我们的电影对中国式道德理想的诠释和建构，对积极、乐观、健康的生活态度的追求，就已经刻画得如此细腻入微。

《哀乐中年》的片名，源头或自东晋谢安。《世说新语·言语》中，谢安对王羲之说，自己"中年伤于哀乐，与亲友别，辄作数日恶"，得难受好几天。王羲之回答，这很正常，"年在桑榆，自然至此"，年纪大了，不免多愁善感。古人之"中年"如同"少年"，只是概数，不像"及笄"即女子年满十五，"弱冠"即男子年满二十那么明确。不要说那时候了，如今也没有划一标准。通常为我们认为"中年"的上限应该在60岁吧？但联合国世界卫生组织2021年给出的标准是：未成年人，0至17岁；青年，18至65岁；中年，66至79岁；老年，80至99岁。记得这标准问世之际，轰动不小，恰如谌容小说《减去十岁》的现实版本。

谢安自道的"中年"究竟是多大年纪,无从知晓,王羲之的"年在桑榆"表明,接近了晚年。《初学记》引《淮南子》曰:"日西垂景在树端,谓之桑榆。"这是说,夕阳之光照在桑榆树上,夜幕就要降临了。刘禹锡"莫道桑榆晚,为霞尚满天",其意更明。同样,《列子·周穆王篇》有阳里华子"中年病忘",《论衡·论死篇》有"若中年夭亡",元曲《张孔目智勘魔合罗》楔子,李彦实登场道白有"月过十五光明少,人到中年万事休"等,"中年"的年龄段都不明确,然品味细节可窥大概。

《列子·周穆王篇》云,宋国的阳里华子"中年病忘"的严重程度,到了"朝取而夕忘,夕与而朝忘;在涂则忘行,在室则忘坐;今不识先,后不识今"的地步,搞得全家上下苦不堪言。鲁国有个儒生认为能治好他的病,与华子的老婆和儿子商量如何如何,也果然奏了效。不料"华子既悟,乃大怒,黜妻罚子,操戈逐儒生"。人家把他劝住,问他为何狗咬吕洞宾。华子回答:"曩吾忘也,荡荡然不觉天地之有无。今顿识既往,数十年来存亡、得失、哀乐、好恶,扰扰万绪起矣。吾恐将来之存忘、得夫、哀乐、好恶之乱吾心如此也,须臾之忘,可复得乎?"

《论衡·论死篇》是体现王充"人死不为鬼"的无神论思想代表作,其中说道:"天地开辟,人皇以来,随寿而死。若中年夭亡,以亿万数。"他是想表达"计今人之数,不若死者多,如人死辄为鬼,则道路之上,一步一鬼。人且死见鬼,宜见数百千万,满堂盈廷,填塞巷路,不宜徒见一两人也",从而根本就没有鬼,"气凝为人""死还为气"。人皇,据说是最早的人,天、人、地"三皇"之一嘛。寿,寿限,王充认为正常人都能活到百岁左右。他在《气寿篇》说了:"若夫强弱夭寿,以百为数,不至百者,气自不足也。"没活到,那是胚胎于母体时所承受的禀气本来不足。中年,百年的一半左右，这时的死算是夭，死早了。开玩笑说，世界卫生组织制订那个标准时，敢是受到王充著作的启发？

《张孔目智勘魔合罗》中的李彦实已经有了个成年的儿子叫李文道，虽成年而尚未婚，"开着个生药铺"。他常常调戏堂嫂，堂哥外出做生意后，更明目张胆。因为屡不得逞，李文道便寻机毒死了病在路途的堂哥，然后嫁祸堂嫂，栽赃父亲，幸而断案的张鼎以一个魔合罗为线索，查出真凶。

综合这三条材料透露的信息，大抵可以揣度前人的"中年"标准跟今天差不多，就是四五十岁的年纪。倒是赋役制度关于年龄的"小""中""老"，指向非常清楚。

《通典·食货七》载："北齐武成河清三年，乃令男子十八以上六十五以下为丁，十六以上十七以下为中，十五以下为小。"隋文帝时，"十岁以下为小，十七以下为中……六十为老"。唐高祖时，"四岁为小，十六为中……六十为老"；《资治通鉴·唐纪六》载："初定均田租、庸、调法：丁、中之民，给田一顷。"十六岁就有资格分田了。唐玄宗时，"百姓宜以十八以上为中男"，提了两岁。白居易《东南行一百韵》有"大道全生棘，中丁尽执殳"句，中丁，即中男，这是说十八岁以上的男子都操兵器去打仗了，路上乏人行走，以至于长满了杂草。

前人之"中年"概念，并不限于说年龄，还指中等收成的年岁。《周礼·地官·均人》载，力役的征调依照年成的好坏，"丰年则公旬用三日焉，中年则公旬用二日焉，无年则公旬用一日焉"。中等年成时，对百姓的无偿征用为每人两天。这是役。《管子》强调"凡治国之道，必先富民"，所以赋的收取也是根据年成丰歉。如《大匡》云，齐桓公即位十九年，放宽了关市税以及农业税，"上年什取三，中年什取二，下年什取一，岁饥不税"。

"人到中年万事休"还被收入了《增广贤文》,影响甚广。当然,这种自暴自弃的灰暗人生观,毫不足取。

2022 年 11 月 28 日

阴阳

当下广州这波新冠疫情,令人们谈"阳"色变。连谐音都成了忌讳。不是吗？某小区内运走了原本的羊雕塑,代之以灌木修剪出来的马,如同美国电影《剪刀手爱德华》中爱德华的作品。这样做,无非是求个心理安慰:此中无"羊(阳)",只有"绿马(码)"。色变是有道理的,一旦核酸检测为阳性,就要"应转尽转",拉去方舱隔离,而方舱的各方面条件又令到过的人大吐其槽。这几天风雨凄凄,听到楼下的手持喇叭不断呼叫阳性病人赶快收拾东西下来集中,准备转运,更"别是一般滋味在心头"。

在医学术语上,阳性与阴性都是一种定性检查结果。如果是阳性,说明感染有或曾经感染有某种病毒,阴性则正常。如今在一定级别的体育赛事上,对运动员的尿检已是必备,以测定其体内是否存在某种被禁用的药物及其代谢产物。一旦呈阳性,则意味着该运动员服用了禁药,也就是背离了公平竞争的体育精神,比赛成绩取消是最起码的,严重的甚至终身禁赛。但在医学界之外,比如在我国古代哲学思想中,"阳"的概念则没有这么"负面",它只是宇宙中通贯物质和人事的两大对立面之一,另一面是"阴"。而阴阳的原初意义,也是指自然界中有无阳光照射的现象,有,是阳;无,是阴。

《学习强国》平台上屡次遇到一道选择题:根据《黄帝内经》

中有关于四时养生的论述,从"春秋养阳、夏季养阴、春夏养阳、春秋养阴"四个选项中给出正确答案,正确答案为"春夏养阳",春夏需保养心肝之谓。《黄帝内经》是我国现存最早的医学典籍,包括《素问》和《灵枢》两部分,这个题目出自《素问·四气调神大论》,认为"春夏养阳,秋冬养阴",乃是"万物之终始也,死生之本也,逆之则灾害生,从之则苛疾不起"。进而还就圣人"不治已病治未病,不治已乱治未乱"打了个比方:"夫病已成而后药之,乱已成而后治之,譬犹渴而穿井,斗而铸兵,不亦晚乎?"这也表明,《黄帝内经》的内容并不限于医学,而构成中国古代哲学思想的重要组成部分。

先秦留下的著作中,颇多阴阳文章。《周易·系辞上》云:"一阴一阳谓之道。"高亨先生注曰:"一阴一阳,矛盾对立,互相转化,是谓规律。"把阴与阳视为宇宙间普遍存在着的矛盾对立,是万事万物所普遍具有的性质。因此,阴阳在天象方面可以是日和月,在气候方面可以是寒和暑,在方位方面可以是进和退,在性质方面可以是柔和刚,在社会领域可以是尊卑、贵贱、君民、男女、生死、安危、屈伸、利害、治乱、存亡等。董仲舒《春秋繁露·基义》中说了:"君臣、父子、夫妇之义,皆取诸阴阳之道。君为阳,臣为阴;父为阳,子为阴;夫为阳,妻为阴。"在前人认知中,事物变化的根本原因,即阴阳矛盾的交替和转化。阴推阳,阳推阴,相互推动,相互影响,这种阴阳的交感是宇宙万物产生的根本,也是宇宙间存在的普遍规律。

纵观前人对阴阳的理解,汗牛充栋,各有各的阐释,针对同一件事,结论可能南辕北辙。如《左传·僖公十六年》载,当年春天发生了五块陨石掉在宋国等自然现象,宋襄公问叔兴"是何祥也?吉凶焉在",叔兴当面用鲁国死了不少大人物来作答,退出后则对人说，襄公多余一问，此"是（宇宙中）阴阳之事，非（人事）吉凶所在也"。又《昭公二十四年》载，夏五月发生了日食，梓慎认为阴胜阳，水属阴，要发生水灾；而昭子却认为将要大旱，因为"日过分而阳犹不克，克必甚，能无旱乎？"太阳已行过春分点，阳气盛时犹不能胜阴（光为月所遮蔽），等到太阳再现，郁积之阳气必甚发，不可能不旱。这两例也意味着，当时的阴阳范畴已经摆脱了以往的天人感应色彩。当然，到了董仲舒，又将之拉回感应的轨道上。《春秋繁露·阴阳义》云："天亦有喜怒之气、哀乐之心，与人相副，以类合之，天人一也。"具体而言，"春，喜气也，故生；秋，怒气也，故杀；夏，乐气也，故养；冬，哀气也，故藏。四者天人同有之"。所以，"为人主之道，莫明于在身之与天同者而用之，使喜怒必当义而出，如寒暑之必当其时乃发也"。

战国诸子百家中有一家即阴阳家，代表人物邹衍。《史记·孟子荀卿列传》载："驺（邹）衍睹有国者益淫侈，不能尚德，若《大雅》整之于身，施及黎庶矣。乃深观阴阳消息而作怪迂之变。"阴阳说和五行说本来是春秋、战国之际并行的两种思想，邹衍合二为一，形成了关于"阴阳五行"的理论体系，以五行为五种天然的势力即五德，每种势力皆有盛衰之时，每一朝代代表一德，"虞土、夏木、殷金、周火"，木胜土、金胜木、火胜金、水胜火、土胜水，如是循环，没有止息，"自天地剖判以来，五德转移，治各有宜"。《史记·秦始皇本纪》载，秦始皇深信于此，"以为周得火德，秦代周德"，所以"方今水德之始"。于是乎，"改年始，朝贺皆自十月朔。衣服旄旌节旗皆上黑。数以六为纪"等，都要"合五德之数"。

阴阳五行也是中医学认识世界的基本框架，阴阳和平是中医学最高的价值追求。"阳"之令人恐慌，充满"敌意"，根源在"阳"外。

2022 年 12 月 6 日

呼名制人

重看宫崎骏动画片《千与千寻》（2001）时留意到一个细节：汤婆婆能够夺走他人的名字，然后支配其人。

那是千寻一家误入了天神的澡堂所在，父母更因为误吃天神的食物而变成了肥猪。在这里，"没有工作的人，会被汤婆婆变成动物"，汤婆婆是澡堂的大总管。千寻努力争取到工作机会后，要在一份合同上签名，然后汤婆婆在"获野千寻"的名字上手掌一盖、一抓，"获、野、寻"三个字便从纸上飘起；汤婆婆手再一攥，告诉千寻："从今以后你就叫小千。"不过白龙悄悄告诉千寻，千万要记住自己原来的名字，名字一旦被汤婆婆夺走，"就再也找不到回家的路了"。这样来看，片名就不难释然了：千寻是女孩的本名，千是汤婆婆给取的新名。

通过获得他人的名字来控制住他人，也存在于我们的民间传说中。

《封神演义》中，商纣大将张桂芳就有一套呼名落马术。那是张桂芳奉诏西征，周武王这边的丞相姜子牙率军迎战。子牙先向商纣叛将黄飞虎咨询"张桂芳用兵如何"，飞虎回答："张桂芳乃左道旁门术士，有幻术伤人。"子牙好奇是何种幻术，飞虎说："但凡与人交兵会战，必先通名报姓。如末将叫黄某；正战之间，他就叫:'黄飞虎不下马更待何时!'末将自然下马。"飞虎认为此术颇难破解,"丞相须吩咐众位将军,但遇桂芳交战,切不可通名。如有通名者,无不获去之理"。子牙听罢,面有忧色,身旁诸将却不以为然,其中一个说:"岂有此理! 那有叫名便下马的? 若这等,我们百员将官只消叫的百十声,便都拿尽。"大家哄笑散去。

不料实战起来,果然如此。本来先是子牙这边的南宫适和那边的风林交手,张桂芳看到黄飞虎"在子牙宝纛幡脚下,怒纳不住,纵马杀将过来",两人酣战未及十五合,张桂芳大叫:"黄飞虎不下骑更待何时!"飞虎顿时"不由自己,撞下鞍鞴"。周纪来救,张桂芳掩一枪就走,随后对赶来的周纪又大叫一声:"周纪不下马更待何时!"周纪也是应声落马,被生擒活捉。我们还看到,张桂芳这一套对神则无济于事。与哪吒交手,他也是这样大呼,第一声,哪吒只是吃了一惊,"把脚登定二轮,却不得下来"。连叫三声,还把哪吒惹火了:"失时匹夫! 我不下来凭我,难道勉强叫我下来!"前人解释,"但凡精血成胎者,有三魂七魄,被桂芳叫一声,魂魄不居一体,散在各方,自然落马",而"哪吒乃莲花化身",没有魂魄这类东西。

有意思的是,姜子牙捧定"封神榜"从昆仑山上下来,正行进间,脑后有人叫:"姜子牙!"他没有答应。后边又叫:"子牙公!"再叫:"姜丞相!"都不应。那人急了:"姜尚! 你忒薄情而忘旧也!你今就做丞相,位极人臣,独不思在玉虚宫与你学道四十年,今日连呼你数次,应也不应!"子牙这才回头,原来是师弟申公豹,赶忙道歉。子牙不应,固然有师尊叮嘱的前提,怕也有对张桂芳幻术的余悸在内。

《西游记》里有另一种形式的呼名制人。金角大王和银角大王有件宝贝是红葫芦,"把这宝贝的底儿朝天,口儿朝地",叫谁一声，"他若应了，就装在里面，贴上一张'太上老君急急如律令奉敕'的帖子，他就一时三刻化为脓了"。大圣打探到之后，以孙行者兄弟"者行孙"的名义来搦战。二魔说："我也不与你交兵，我且叫你一声，你敢应我么？"大圣以为假名无所谓，胆气很壮："可怕你叫上千声，我就答应你万声。"结果，那宝贝不管名字真假，"但绰个应的气儿，就装了去也"。死里逃生后，大圣用毫毛变个假葫芦掉包了二魔的真家伙，以"行者孙"的名字又来了。他时刻不忘顽皮，对二魔说当年仙藤上结有两个葫芦，"我得一个是雄的，你那个却是雌的"。二魔再叫，他当然能"不歇气应了八九声，只是不能装去"，害得二魔信以为真。

《搜神后记》里还有一种。说南北朝刘宋年间，富阳以捉蟹为生的老王发现自己在水沟里设置的蟹断（捕蟹工具）老是被破坏，"蟹出都尽"。一而再再而三，而老王又每在现场"见一材长二尺许"，觉得猫腻在此，"乃取（材）内蟹笼中"，挑着回家了，边走边说："至家，当斧砍燃之。"结果半路上，"材头变成一物，人面猴身，一身一足"，对老王告饶："我性嗜蟹，比日实入水破君蟹断，入断食蟹。相负已尔，望君见恕，开笼出我。我是山神，当相佑助，并令断得大蟹。"在"苦请乞放"之余，此物又问："君何姓名，我欲知之。"但是无论他怎么问，老王都不回答，到家则"炽火焚之"。原来，那东西"土俗谓之山魈，云知人姓名，则能中伤人。所以勤勤问王，欲害人自免"。《从百草园到三味书屋》中长妈妈讲了一个故事：先前，有个读书人住在古庙里用功，晚间在院子里纳凉时，突然听到有人在叫他。答应着，四面看时，却见一个美女的脸露在墙头上，向他一笑，隐去了。他很高兴，但老和尚告诉他，那是"美女蛇"，人首蛇身的怪物，能唤人名，倘一答应，夜间便要来吃这人的肉的。山魈之下一步，正与美女蛇庶几近之。

呼名制人,自然当不得真,但毕竟是文化塑造了人。倘若历史地看问题就需要把握这些,从而准确理解前人的"三观",而不是简单的一句荒诞了事。

2022 年 12 月 8 日

天狗

新冠奥密克戎亚分支近日又出现了一种名为 BQ.1.1 的新型变异毒株,代号叫作"地狱犬"。国外有篇论文认为,这种变异毒株能更好地和人体细胞融合,引发的疾病可能更为严重。当下我们已形成的共识是,新冠病毒传染性虽威力不减,但危害在逐渐减弱。那么,"地狱犬"有没有那么邪乎,还需拭目以待。

地狱犬,古希腊和斯堪的纳维亚等神话传说中守卫地狱的猛犬。在希腊那里叫作刻尔柏洛斯,据说它有三颗脑袋,长着龙尾巴。与他们在"地"下的神犬不同,我们的往往强调在"天"上。《山海经》中便有"天狗""天犬"。其《西山经》云,阴山上"有兽焉,其状如狸而白首,名曰天狗,其音如榴榴,可以御凶",其《大荒西经》云:"有赤犬,名曰天犬,其所下者有兵。"东晋学者郭璞把"天狗""天犬"理解为天狗星,清朝学者郝懿行不同意,认为纯粹是兽名,与作为星宿的天狗星完全是两回事。典籍中不难发现天狗星。如《汉书·天文志》载:"天狗,状如大流星,有声,其下止地,类狗。所坠及,望之如火光炎炎中天,其下圜如数顷田处,上锐见则有黄色,千里破军杀将。"《隋书·天文志》载:"天狗所下之处,必有大战,破军杀将,伏尸流血。"

在前人"三观"中,天狗星被视为战乱的征兆,属于灾星。汉景帝七国之乱时，"天狗下，占为'破军杀将。狗，又守御类也，天狗所降，以戒守御。'"果然，"吴、楚攻梁，梁坚城守，遂伏尸流血其下"。《新唐书·天文志》载："贞观十七年七月，民讹言官遣枨枨杀人，以祭天狗。"说"（枨枨）其来也，身衣狗皮，铁爪，每于暗中取人心肝而去。于是更相震怖，每夜惊扰，皆引弓敛自防，无兵器者斫竹为之，郊外不敢独行"。《续资治通鉴》载，元至正六年（1346）二月，司天监奏："天狗星坠地，血食人间五千日，始于楚，遍及齐、赵，终于吴，其光不及两广。"这是把朱元璋视为天狗星下凡了。如此等等。

在我们的神话体系中，作为兽而存在的天狗，以二郎神的细犬或哮天犬最为知名。

在《西游记》里哮天犬亮相了两次，那时它还叫细犬。第六回，玉帝以十万天兵围攻花果山却奈何孙悟空不得，观音菩萨想到了玉帝外甥、"听调不听宣"的二郎神，乃请玉帝"降一道调兵旨意，着他助力"。二郎神也果然不负菩萨期许，再因太上老君从空中丢下的金钢琢打中了悟空天灵，悟空"立不稳脚，跌了一跤，爬将起来就跑"，这时，二郎神的"细犬赶上，照腿肚子上一口，又扯了一跌"，使悟空束手就擒。第六十三回，孙悟空一时奈何不得九头驸马，而二郎神"领梅山六兄弟，架着鹰犬，挑着狐兔，抬着獐鹿，一个个腰挎弯弓，手持利刃"，正好打猎归来路过。二人早已冰释前嫌，悟空便请他帮手。那驸马露出九头虫的本象，"展开翅，旋绕飞腾。二郎即取金弓，安上银弹，扯满弓，往上就打。那怪急铩翅，掠到边前，要咬二郎；半腰里才伸出一个头来，被那头细犬，撺上去，汪的一口，把头血淋淋的咬将下来"。

不过，在早于小说《西游记》问世的元杂剧《西游记》中，细犬咬的却是猪八戒，第四本第十六出即"细犬擒猪"。那件事是孙行者已陪伴唐僧走在取经路上，收伏八戒时发生的。孙行者先跟八戒赌斗，势均力敌。因为八戒醉后对娘子说过"怕二郎细犬"，所以行者邀二郎神来助阵。酣斗间，二郎神放出细犬，"忒伶俐不容他宽转"，将八戒"一口咬番在坡岸前"。

在《封神演义》里，细犬有了正式的名字：哮天犬。它的模样"形如白象势如枭"。作为杨戬的得力帮手，哮天犬频繁征战，勇猛无比。第四十七回，雷震子、黄天化、杨戬围攻赵公明，"杨戬暗放哮天犬，赵公明不防备，早被哮天犬一口把颈项咬伤，将袍服扯碎，只得拨虎逃归进辕门"。第五十回，哮天犬"把碧霄肩膀上一口，连皮带服扯了一块下来"。第五十四回，哮天犬"把邓婵玉颈子上一口，连皮带肉咬去了一块。婵玉负痛难忍，几乎落马"。第五十九回，哮天犬"把周信夹颈子上一口咬住不放。周信欲待挣时，早被杨戬一刀挥为两段"。第六十二回，杨戬复祭哮天犬，"把羽翼仙夹颈子一口"。第七十五回，余元追赶杨戬，杨戬"暗祭哮天犬存在空中……夹颈子一口，把（余元）大红白鹤衣扯了半边"。第八十回，哮天犬"把吕岳头上咬了一口"。第九十六回，杨戬追赶九头雉鸡精，"取出哮天犬祭在空中……赶上前一口，将雉鸡头咬吊了一个"。只有在对付土行孙时，哮天犬心有余力不足。土行孙会土遁，看见哮天犬出来，"将身子一扭，即时不见"。而从杨戬动辄"祭"出来看，哮天犬未必是实体犬，不用的时候还可以收起来。

从前的人不能理解日食、月食原理，一旦出现这种天象，便视为天狗吃了太阳或月亮。"我是一条天狗呀！我把月来吞了，我把日来吞了，我把一切的星球来吞了，我把全宇宙来吞了……"1920年，郭沫若的诗作《天狗》石破天惊。作者以天狗自喻，借天狗吞噬、毁坏包括自己在内的一切，抒发了冲破旧的思想藩篱，追求个性解放的强烈愿望。寻常的神话传说,也因之得到了内涵上的极大升华。

2022 年 12 月 11 日

名谐事

新冠防疫政策放开之后,阵痛之一是阳性感染者的增多。正常来看,阳转阴只需一周。于是"阳过""阳康"字样又频频出现于公众视线中,诸如"阳过"的家里该如何消杀才算"阳康"、"阳康"后如何恢复锻炼一类。

"阳过""阳康",大家都知道谐的是"杨过""杨康",乍听时会心一笑也说不定。二人均是金庸武侠小说中的人物,父子关系,杨康为父,杨过为子。二人的名字自有其寓意。《射雕英雄传》第一回,杨铁心、郭啸天这对结拜兄弟各自的后代将要出生,杨铁心便请丘处机给取两个名字,丘处机微一沉吟,说道:"郭大哥的孩子就叫郭靖,杨二哥的孩子叫作杨康,不论男女,都可用这两个名字。"郭啸天马上明白了,"道长的意思是叫他们不忘靖康之耻,要记得二帝被虏之辱"。不过事与愿违,杨康后来成了完颜康,在得知身世后仍然认贼作父,到死也背负着污点。所以,第四十回,杨康的遗腹子出生后,穆念慈要郭靖给取名,"郭靖想了一会儿",取了"杨过,字改之"。他觉得与杨康义结金兰,但杨康没有好下场,自己"未尽朋友之义,实为生平憾事,但盼这孩子长大后有过必改,力行仁义"。杨过果然没有辜负郭靖的期望,成为侠之大者。

不过,倘若以人名来谐时事,不必借助小说中的虚拟人物,即二十四史中也有现成的可用,还无须借助谐音,以"杨"代"阳",

字眼径直可以对板。举实例来说:不幸而感染的表述,文绉绉的有"阳昭",没文化的有"阳货",粗鄙的有"阳球";转为阴性了,则有"阳休之"。不妨也借此认识一下这几位古人。

阳昭,本传在《北史》。说他"学涉史传,尤闲案牍",在高澄府中做事,很为高澄看重,"与陈元康、崔暹等参谋机密"。高澄意欲夺取东魏的江山,演一出禅让的戏码,令阳昭"等定仪注,草诏册,并授官"。不料高澄突遭遇刺身亡,其同母弟高洋实现了哥哥的遗愿,终于在武定八年(550),迫东魏孝静帝禅位,改国号为齐,史称北齐。阳昭呢,"以风气弥留,不堪近侍,出除青州高阳内史,卒于郡"。

阳货,《史记·鲁周公世家》中略有提及,"定公五年,季平子卒。阳虎私怒,因季桓子,与盟,乃舍之"云云。阳虎,名虎字货,春秋时期鲁国大夫季平子的家臣,季氏几代掌握鲁国朝政,而阳货又掌握着季氏家政,季平子死后更专权鲁国政事。因为与孔子有交集,《论语》中也留下了《阳货》两章,道是阳货想见孔子并邀其出仕,而孔子不想见他,阳货便送上一只熟小猪。孔子不能不表示感谢,但打听到阳货不在家时,才"往拜之",谁知半路还是遇到。阳货说了番"怀其宝而迷其邦"不谓仁、"好从事而亟失时"不谓智的话,还用"日月逝矣,岁不我与"来打动孔子,而孔子以"诺,吾将仕矣",幽了阳货一默。前人说得好,孔子"非不欲仕也,但不仕于货耳",阳货"虽其善意,然不过欲使助己为乱耳"。

阳球,本传在《后汉书》,属于"酷吏"。年轻时,阳球"能击剑,习弓马",好申不害、韩非的法家之学。时"郡吏有辱其母者,球结少年数十人,杀吏,灭其家,由是知名"。有意思的是,当代山东也发生了轰动一时的类似案件:导致一死两伤的于欢,二审以防卫过当从无期徒刑改判为有期徒刑五年。阳球被归为酷吏,后世有两大学者为之鸣不平。王夫之《读通鉴论》云:"宦寺之祸,弥延于东汉,至于灵帝而蔑以加矣。党人力抗之而死,窦武欲诛之而死,阳球力击之而死,后孰敢以身蹈水火而姑为尝试者!"赵翼《陔馀丛考》云:"阳球奏诛宦官王甫等,刚正嫉恶,不避权势,自当与李固、杜乔等同传,乃列之酷吏,可乎?"

阳休之,本传在《北齐书》与《北史》,与阳昭有很近的亲属关系:休之父亲阳固,阳固从弟阳昭。在学问方面,阳休之"少勤学,爱文藻,弱冠擅声",其"博综经史,文章虽不华靡,亦为典正",留下"能赋能诗阳休之"的美声。74岁去世后,《北齐书》说他"所著文集三十卷,又撰《幽州人物志》并行于世",《北史》则说文集有四十卷,总之有很多吧。在从政方面,阳休之历仕四朝:在北魏当过中书侍郎,在北齐当过吏部尚书,在北周当过和州刺史,隋开皇二年罢任。当得还算不错,在地方"俱有惠政,为吏民所怀。去官之后,百姓树碑颂德"。在中央为吏部尚书,也因"多识故事,谙悉氏族,凡所选用,莫不才地俱允"。但在晚节上,在处理自家问题上,阳休之却有"深为时论所鄙"的一面。比如,他"说祖珽撰《御览》,书成加特进",于是把儿子辟强也塞进写作班子,"预修《御览》书",等着沾光;而他这个儿子"性疏脱,又无艺",完全是个不学无术的官二代。而祖珽后来被黜,阳休之也马上变脸,"布言于朝廷,云先有隙",自己早就跟祖珽不对付了。儿子呢,又被他安排"引入文林馆",不难想象,再"为时人嗤鄙焉"。

"阳过""阳康"大行其道,说明金庸武侠小说的影响力的确不容小觑。但如此以人名来谐事,如获至宝,也暴露了视野相当偏狭的另一面。倘若不是只追求表面上的热闹一时,何妨对内涵深厚得多的传统典籍多去了解了解,承继之并弘扬之?

2022年12月16日

托孤

12 月 11 日,重庆市三国文化研究会等机构预发的一则"学术研讨会"信息,引发了舆论热议。他们要研讨什么呢?"纪念刘备托孤 1800 周年"。先期有征文活动,第一个选题意向是"刘备托孤的文化意蕴及现代价值研究"。不过我想,这个问题陈寿早已作答了:"先主之弘毅宽厚,知人待士,盖有高祖之风,英雄之器焉。及其举国托孤于诸葛亮,而心神无贰,诚君臣之至公,古今之盛轨也。"

托孤,严格地说,应为"讬孤",谓以遗孤相托,多指君主把遗孤托付给大臣。《论语·泰伯》中,曾子有个自问自答:"可以讬六尺之孤,可以寄百里之命,临大节而不可夺也:君子人与? 君子人也。"六尺之孤,即年龄 15 岁以下。寄命,摄君之政令。曾子认为,其才可以辅幼君,摄国政,其节至于死生之际而不可夺,这就是君子。

家天下的历史簿子上,他姓不得染指宝座,讬孤就成为常态。至于效果,则正反两面皆历历在目。正面的如霍光,反面的如司马懿。所谓正面,就是曾子所说的君子,能够忠诚地履行讬孤之责;而所谓反面,就是被讬者借机夺取了政权。

综合《汉书》纪、传的记载,先看看霍光。汉武帝驾崩,册立未几的太子年仅八岁，大司马大将军霍光乃"受遗诏辅少主"，这种政事"一决于光"的状况，直到"昭帝既冠"也是如此。霍光也不辱使命，治国 13 年来，"百姓充实，四夷宾服"。昭帝崩，无嗣，霍光"请皇后徵昌邑王"刘贺即位，但 27 天后，"光奏(太后)王贺淫乱，请废"，贬之为海昏侯，再迎立刘病己(询)，是为宣帝。新皇帝已经成年，"光稽首归政"，然"上廉让不受，诸事皆先关白光"。西汉自"文景之治"后有"昭宣中兴"，与霍光的作用密不可分。霍光即曾子标准中的君子。

再看看司马懿。《三国志·魏书·明帝纪》载，魏明帝曹叡病笃，将司马懿"驿马召到，引入卧内，执其手"，郑重托孤："吾疾甚，以后事属君，君其与(曹)爽辅少子(芳)。吾得见君，无所恨！"司马懿当时"顿首流涕"。但众所周知，司马懿后来发动高平陵事变，控制了曹魏朝政。《资治通鉴·魏纪七》载，嘉平元年(249)正月，"帝谒高平陵，大将军爽与弟中领军羲、武卫将军训、散骑常侍彦皆从"。高平陵即明帝陵，去洛阳 90 里。司马懿瞅准了时机，"以皇太后令，闭诸城门，勒兵据武库，授兵出屯洛水浮桥"。此前，桓范曾提醒曹爽："总万机，典禁兵，不宜并出。若有闭城门，谁复内入者？"曹爽刚愎自用："谁敢尔邪！"

司马懿打的正是声讨曹爽的旗号，指责曹爽"背弃顾命，败乱国典，内则僭拟，外则专权，破坏诸营，尽据禁兵，群官要职，皆置所亲，殿中宿卫，易以私人，根据盘互，纵恣日甚"。司马懿承诺，对曹爽"唯免官而已，以洛水为誓"，但一俟曹爽兄弟归家，司马懿即"发洛阳吏卒围守之；四角作高楼，令人在楼上察视爽兄弟举动"，某次发现曹爽"挟弹到后园中"，楼上便唱言："故大将军东南行！"入瓮之前，曹爽还以为"吾得以侯还第，不失为富家翁"呢。《晋书·宣帝纪》载："既而有司劾黄门张当，并发爽与何晏等反事,乃收爽兄弟及其党与何晏、丁谧、邓飏、毕轨、李胜、桓范等诛之。"这当然是司马懿找到的杀人借口,归根到底,他是要彻底削弱曹魏宗室力量。所以,司马炎建立西晋后,追尊司马懿为宣皇帝,不忘是爷爷奠定的江山。

正反之间还有一条中间道路,受托孤大臣既没有履行使命,也没有改变家天下的本质,如南北朝时的刘宋。《宋书·武帝纪》载,武帝刘裕托孤于檀道济、徐羡之、傅亮、谢晦四大臣。但是,登基后的少帝德不配位,用皇太后令的说法,"不谓穷凶极悖,一至于此"。具体表现呢,如"大行在殡,宇内哀惶……(他)徵召乐府,鸠集伶官,优倡管弦,靡不备奏,珍羞甘膳,有加平日";如"日夜媟狎,群小慢戏,兴造千计,费用万端,帑藏空虚,人力殚尽。刑罚苛虐,幽囚日增"。他甚至"于华林园为列肆,亲自酤卖,又开渎聚土,以像破岗,率左右唱呼引船为乐"。徐羡之等遂借太后之名处死少帝刘义符,迎立武帝三子刘义隆,是为文帝。

形形色色的托孤中,最有名的自然是刘备。《三国志·蜀书·先主传》载,章武三年(223)三月,"先主病笃,托孤于丞相亮,尚书令李严为副"。《诸葛亮传》中交待得比较详细。时刘备对诸葛亮"属以后事",曰:"君才十倍曹丕,必能安国,终定大事。若嗣子可辅,辅之;如其不才,君可自取。"又叮嘱刘禅:"汝与丞相从事,事之如父。"诸葛亮当场哭了,郑重表态:"臣敢竭股肱之力,效忠贞之节,继之以死!"此后,尽管面对的是"扶不起的阿斗",诸葛亮也没有"自取",而是"鞠躬尽力,死而后已"。诸葛亮走的不过是霍光的路数。

"纪念刘备托孤 1800 周年学术研讨会"拟定于 2023 年 4 月至 6 月在重庆奉节、四川成都召开,遭到舆论的质疑后,能否如期进行是个疑问。其实,舆论先不用极尽嘲讽之能事,不妨拭目以待,根据研讨会的成色再去评价并不迟。而无论哪种形式的讬孤,出发点都是维护并延续自家的天下,这在现代社会毫无积极意义可言是确凿无疑的吧。

2022 年 12 月 20 日

天花板

《咬文嚼字》杂志昨天发布了 2022 年十大流行语,其中之一是"天花板"。天花板,屋子的顶棚。我们老家从前的房子都是"人字梁",所以再穷的人家也都在左右房间用木条或秸秆之类搭出一个与地面平行的平面,糊上白纸,形成天花板。中间那屋不弄,灶台在此的缘故吧,所以燕子可以在两根檩条之间筑窝。

蒋正子《山房随笔》云,元好问不仅自己乃"北方文雄",其道士妹妹也是"文而艳"。当朝张宰相对元妹动过心思,想娶她,派人来元好问这里探探口风。元好问回答行不行取决于妹妹,"妹以为可则可"。老张很高兴,"自往访,觇其所向",看看姑娘在家里干什么呢,结果发现"方自手补天花板"。元妹很礼貌,"辍而迎之"。老张则"询近日所作",元妹应声答曰:"补天手段暂施张,不许纤尘落画堂。寄语新来双燕子,移巢别处觅雕梁。"老张一听,这是一语双关啊,"悚然而出"。元家的房子结构,大约与我们老家的相似,而元妹的才华也借此可窥一斑。

天花板,古代还有他称,如承尘。高似孙《纬略》云:"沈存中《笔谈》曰:屋上覆橑,古人谓之绮井,亦曰藻井,又谓之覆海,今坟中谓之'斗八',吴人谓之'묘顶',唯宫室祠观谓之藻井,即天花板也。"沈括《梦溪笔谈》中,"坟"字实为"令文"二字。不必计较这种无关大局的引用出入吧,高似孙的话表明至少宋朝已有"天

花板"的称呼。至于承尘与藻井，典籍中便常常谋面了。

《后汉书·独行列传》载，雷义"尝济人死罪，罪者后以金二斤谢之"。雷义谢绝，那人"伺义不在，默投金于承尘上。后葺理屋宇，乃得之，金主已死，无所复还，义乃以付县曹"。这种"天知地知子知我知"的事情，衬托出雷义之廉绝不是做表面文章。

《聊斋志异·禽侠》故事中，天花板上藏的则是蛇。"天津某寺，鹳鸟巢于鸱尾。殿承尘上，藏大蛇如盆"。所以每当小鹳长出翅膀时，蛇就开荤了，"吞食尽"，致"鹳悲鸣数日乃去"。但是，鹳鸟"次岁巢如故"，一连三年如此，但在第三年，蛇又出动，"甫近巢"时，末日到了。鹳父母搬来救兵，但见"一大鸟翼蔽天日，从空疾下，骤如风雨，以爪击蛇，蛇首立堕，连催殿角数尺许，振翼而去"。蒲松龄就此感慨："（鹳）次年复至，盖不料其祸之复也；三年而巢不移，则报仇之计已决。"他觉得那只大鸟"必羽族之剑仙也，飘然而来，一击而去"，亦可称之禽侠。落笔前，不知蒲松龄想到了什么。

藻井这种装饰的天花板，可不是民间从前糊张白纸、如今吊顶那么简单，它是中国封建等级制度的标志，沈括说了，多用在宫殿、寺庙中的宝座、佛坛上方的重要部位。具体形制呢，一般做成向上隆起的井状，有方形、多边形或圆形凹面，周围饰以各种花纹、雕刻和彩绘。张衡《西京赋》有"蒂倒茄于藻井，披红葩之狎猎"，是说东汉长安宫殿的藻井，雕刻着倒植的莲茎，且用红花作为装饰了。

按照《咬文嚼字》对"天花板"的解释，英语以之比喻"最高限度、上限"，这个用法传入中文后含义进一步引申，指无法超越的"最高点、顶峰"。于是乎，不同领域的"天花板"说法便泛滥开来：容颜俊美称"颜值天花板"，社交能力超强称"社交天花板"，足球队、篮球队前锋球技出众称"前锋天花板"等。明白了，就是

"之最"嘛。东汉戴良"才既高达，而论议尚奇，多骇流俗"。人家问他："子自视天下孰可为比?"戴良曰："我若仲尼长东鲁，大禹出西羌，独步天下，谁与为偶!"钱锺书先生认为鲍照的文章"标为宋文第一，亦无不可"。倘用时尚的说法，戴良该认为自己的才华乃当时的"天花板"，鲍文则是钱先生眼里南朝刘宋文学的"天花板"。而藻井，尤其是北京故宫太和殿上的蟠龙藻井，乃清代建筑天花板的"天花板"。

《咬文嚼字》所举之例如"颜值天花板"，在《世说新语》涉及的人物里一抓一把，不这么表述就是。如"正向天花板"的，"裴令公有俊容仪，脱冠冕，粗服乱头皆好。时人以为玉人"。王右军见杜弘治，叹曰："面如凝脂，眼如点漆，此神仙中人。"有人说谁谁谁也很靓仔啊，又有人旁边说了，那是你们没见过杜弘治。"负向天花板"的，如刘伶，"身长六尺，貌甚丑悴，而悠悠忽忽，土木形骸"；如庾子嵩，"长不满七尺，腰带十围，颓然自放"。在大量列举"美姿仪""容貌整丽"人物的同时，刘义庆还嫌不够热闹，对身处两种"天花板"的人士还要进行对比。如"潘岳妙有姿容，好神情。少时挟弹出洛阳道，妇人遇者，莫不连手共萦之"，而"左太冲绝丑，亦复效岳游遨，于是群妪齐共乱唾之，委顿而返"。潘岳诚然有一副好皮囊，也是魏晋第一流的文学家，然左思《三都赋》甫一问世，"豪贵之家竞相传写，洛阳为之纸贵"，即便"绝丑"又怎么了?

前文《颜值》已经说过，如今的人喜欢制造词语。放着传统的、能够清晰表达的不用，非要另起炉灶。《咬文嚼字》在今年的评选中，摒弃了 yyds 等字母串、"夺笋"等谐音、"绝绝子"等所谓强化，非常可取，但如"天花板"这种"新瓶装旧酒"的，却也未必要予以考虑。

2022 年 12 月 27 日

十二生肖

《癸卯年》特种邮票今日发行,原图出自黄永玉先生。首枚票名曰"癸卯寄福",画面是一只右手执笔、左手持信的直立兔子,本意是向人们传递着新春的美好祝福,然兔之蓝色形象引发公众吐槽,一种说法是透着"妖"气。在下生肖属兔,同样毫不欣赏。

兔,十二生肖之一。十二生肖即分别代表十二地支的动物:鼠、牛、虎、兔、龙、蛇、马、羊、鸡、猪。生肖常用以记人的出生年,"你属什么的?"在乡村生活时每能听到此问。生肖概念至晚在汉代已经形成。王充《论衡·物势篇》在反驳董仲舒"天用五行之气生万物……故令相贼害"的理论时,便用生肖来作喻。王充先列出对方观点:寅属木,对应的动物为虎;戌属土,对应的动物为狗,"丑、未亦土也,丑禽牛,未禽羊也",因为木胜土,"故犬与牛羊为虎所服也"。同理,"亥,水也,其禽,豕也。巳,火也,其禽,蛇也。子,亦水也,其禽,鼠也;午,亦火也,其禽,马也。水胜火,故豕食蛇。火为水所害,故马食鼠屎而腹胀",大抵为逻辑演绎。

列到这里,王充指出,就算你说的这些都对吧,但另外一些该怎么解释呢:"午,马也。子,鼠也。酉,鸡也。卯,兔也。水胜火,鼠何不逐马?金胜木,鸡何不啄兔?"还有,"土胜水,牛羊何不杀豕?""火胜金,蛇何不食猕猴?"王充运用的是另外一套逻辑。十二生肖中，王充在这里只是没有提到"龙"，但他在结论中说："以四兽验之，以十二辰之禽效之，五行之虫以气性相刻，则尤不相应。"表明总共"十二"是不会差的，果然，《言毒篇》中便有"辰为龙，巳为蛇，辰巳之位在东南"的说法。识者指出，十二生肖的完整配属，在现有文献中最早即见于《论衡》。而明确为"十二属"，则始于南朝陈沈炯《十二属》诗："鼠迹生尘案，牛羊暮下来。虎啸坐空谷，兔月向窗开。龙隰远青翠，蛇柳近徘徊。马兰方远摘，羊负始春栽。猴栗羞芳果，鸡蹠引清杯。狗其怀物外，猪蠢育悠哉。"子丑寅卯一路下来，顺序一模一样。

王应麟《困学纪闻》云："朱文公尝问蔡季通，十二相属起于何时？首见何书？"杨慎接过话题："子鼠、丑牛，十二属之说，朱子谓不知所始，余以为此天地自然之理，非人能为也。"赵翼没有这么泄气，其《陔馀丛考》认为"十二相属起于何时，诸书皆无明文"，但他在王应麟的基础上进行了爬梳，指出"起于后汉无疑也"。但他同时认为陆深的起于北俗说"较为得之"，概因"《唐书》黠戛斯国以十二物纪年，如岁在寅，则曰虎年。《宋史·吐蕃传》，仁宗遣刘涣使其国，厮啰延使者劳问，具道旧事，亦数十二辰属曰兔年如此，马年如此。《辍耕录》记丘处机奏元太祖疏云，'龙儿年三月日奏'云云……盖北狄俗初无所谓子丑寅卯之十二辰，但以鼠牛虎兔之类分纪岁时，浸寻流传于中国，遂相沿不废耳"。这样来看，十二生肖倒是"中外"合璧的产物了。

十二生肖不可能一朝一夕而形成。《诗·小雅·吉日》之"吉日庚午，既差我马"，未尝不是端倪之一。而耐人寻味的，还是由生肖文章的借题发挥。

《抱朴子·登涉》讲到入山远游时的注意事项："山中寅日，有自称虞吏者，虎也。称当路君者，狼也。称令长者，老狸也。卯日称丈人者,兔也……辰日称雨师者,龙也……巳日称寡人者,社中蛇也……午日称三公者,马也……未日称主人者,羊也……申日称人君者,猴也……酉日称将军者,老鸡也……戌日称人姓字者,犬也……亥日称神君者,猪也……子日称社君者,鼠也……丑日称书生者,牛也。"葛洪觉得,"但知其物名,则不能为害也"。而所谓为害,当以虎、狼、狸为烈,而它们自称虞吏、当路君、令长,能不让读者怀疑说者有心?

又,柳宗元《永某氏之鼠》云,永州有个人怕犯自己的忌日,特别讲究禁忌,他属鼠,"因爱鼠,不畜猫犬,禁僮勿击鼠"。仓库、厨房,全部对老鼠开放,"由是鼠相告,皆来某氏,饱食而无祸"。结果,其家"室无完器,椸无完衣"。过几年,房屋易主,"鼠为态如故"。但这家人"假五六猫,阖门,撤瓦,灌穴,购僮罗捕之",至于"杀鼠如丘"。在这里,可以读出小人得志虽能嚣张一时,却终究不免覆灭的暗喻味道吧?

又,《国史补》云,文坛耆宿陆长源被委为宣武军行军司马,还很年轻的韩愈为巡官,"或讥其年辈相辽",岁数相差太大,韩愈闻而答曰:"大虫老鼠,俱为十二相属,何怪之有?"这话在长安很快就传开了。《侯鲭录》云,那是周愿说的。谁说的,很重要。如果是韩愈,属于自黑;如果是周愿,未尝不是对韩愈之讥。陆长源虽然没有韩愈那么知名,但也是一时人物。《新唐书》说他不仅瞻于文学,而且居官"清白自将"。任汝州刺史,有人"送车二乘",他很干脆地谢绝:"吾祖罢魏州,有车一乘,而图书半之,吾愧不及先人。"

如果确认《癸卯年》特种邮票"翻车",也并不奇怪。黄永玉先生以设计《庚申年》特种邮票而闻名,而接下来设计的《白鹤》特种邮票就说不上成功,尤其70分那枚,四条直挺挺的鹤脖子,毫无美感。个人趣味与大众审美不免存在矛盾的一面,但在为辞旧迎新而量身定制的公共产品面前,前者必须让位于后者。

2013 年 1 月 5 日

莘莘

《咬文嚼字》编辑部昨天公布了2022年十大语文差错，排在第十位的是："莘莘学子"的"莘莘"误读为 xīnxīn，应读 shēnshēn，形容众多。当然，"莘"是个多音字，也有读 xīn 的时候，这时则为药草名，即细辛。至于王莘——有"第二国歌"之誉的《歌唱祖国》词曲作者——的"莘"该读什么音，要听其"夫子自道"了。

"莘"字的出现大约较晚，东汉许慎《说文解字》上还检索不到。相传为春秋时期左丘明所撰的《国语》中，出现过"莘莘"；《全上古三代秦汉三国六朝文》所收宋玉《高唐赋》，亦有"莘莘"，"贲育之断，不能为勇。卒愕异物，不知所出。纵纵莘莘，若生于鬼，若出于神"云云，然是书乃清嘉庆举人严可均编纂，原始文字究竟是哪两个还很难说。

《国语》中则是转引，事见《晋语四》。晋公子重耳流亡至齐，"齐侯（桓公）妻之，甚善焉"。重耳过得很舒坦，打算在此终老一生，但追随者们不干，念念不忘有朝一日返国，扶他登基的同时，自家也能封妻荫子；加上"桓公卒，孝公即位，诸侯叛齐"，重耳更该非走不可，然其坚持"吾不动矣，必死于此"。这时，妻子姜氏以"《周诗》曰'莘莘征夫，每怀靡及'"来晓以大义："夙夜征行，不遑启处，犹惧无及，况其顺身纵欲怀安，将何及矣！人不求及，其能及乎？日月不处，人谁获安？"《国语》之外，出于汉代刘向的《列女传》《说苑》述及此事，引该诗时均作"莘莘"，则《国语》这一转引，或为其成书实乃汉后的一个佐证。

从《诗·小雅·皇皇者华》可知，《国语》等所转引的"莘莘"，实为"骁骁"。这首诗是使者外出调查、访贤求策时的途中自咏之作，"皇皇者华，于彼原隰。骁骁征夫，每怀靡及"云云。《毛传》曰："骁骁，众多之貌。"《说文解字》更明确"骁"为"马众多"，或其本义。该诗后半句是说：使者担心随从甚众，自己有辱使命。但随后的二到五章，"我马维驹，六辔如濡。载驰载驱，周爰咨诹"云云，每章只置换三四个字，于反复吟咏之中，歌唱马儿的高骏、缰绳的趁手，对自己此行又充满了自信和责任感，意气风发地展示了一幅行将开始的"田野调查"图景。

"骁骁"之外，与"莘莘"同音且同义的，还有"甡甡""侁侁"以及"侁侁"。不妨逐一看下例句。

甡甡。《诗·大雅·桑柔》乃忧时伤乱之作，芮良夫哀周厉王暴虐昏庸，任用非人而终遭灭亡，其中有句云："瞻彼中林，甡甡其鹿。朋友已谮，不胥以谷。人亦有言：'进退维谷'。"清朝学者马瑞辰释曰："《说文》：'甡，众生并立之貌。'盖鹿性旅行，见食相呼，有朋友相聚之象，故诗以兴朋友之不相善。"民初林义光说得更明确："言朋友谮伪太过，不能相与为善，不如林中之鹿尚能群居。"厉王后期，"国人莫敢言，道路以目"，友朋间的人际关系也崩溃到了不如动物的地步，国家的混乱程度可窥一斑。

侁侁。《楚辞·招魂》有"魂兮归来！君无上天些。虎豹九关，啄害下人些。一夫九首，拔木九千些。豺狼从目，往来侁侁些"句，这个"侁侁"，王逸注也引了《皇皇者华》，"骁骁"即被转引成"侁侁"，然释为"行声"，行进的声音。另，《诗·周南·螽斯》

有"螽斯羽,诜诜兮。宜尔子孙,振振兮"句,螽斯,蝗虫一类的虫,又名蚣蝑,多子。诜诜,众多貌。郑玄笺曰:"凡物有阴阳情欲者,无不妒忌,维蚣蝑不耳,各得受气而生子,故能诜诜然众多。"因此,这是一首祝人多子多孙的诗,用螽斯表达对多子者的祝贺。

侁侁。傅咸《皇太子释奠颂》云:"亹亹皇嗣,希心阙里……济济儒生,侁侁胄子。"释奠,从前学校设置酒食奠祭先圣先师的仪式。《礼记》云:"凡始立学,必先释奠于先圣先师。"杜甫《题衡山县文宣王庙新学堂》诗,亦有句曰:"我行洞庭野,欻得文翁肆。侁侁胄子行,若舞风雩至。周室宜中兴,孔门未应弃。是以资雅才,涣然立新意。"那是诗人走在洞庭湖畔的郊野,忽然发现了这所新学堂,但见众多学子走向那里,就像风中舞雩一般,唐王朝应当中兴,儒学教育不可中断。用这种方式助力俊才成长,诗人认为富有创意。这里的"侁侁胄子",与后世之"莘莘学子"已经完全等同,字眼相差而已。

从"莘"作为药草名即"细辛",想起儿时看过的一本印象深刻的小人书。名字已经忘记了,情节大意是坏蛋一方诡称外出抓药而被我方截获,明知其有猫腻,但除了从其身上搜到的一张药方,别无所获。最终,药方上的"细辛三钱"字样给我方高人识破了,他知道谚有"细辛不过钱,过钱命相连"的说法。以此为突破再一研究,原来药方是份"藏头"情报,把每一副中药名字的头一个字连缀起来,就是情报内容!

"莘莘学子"的"莘莘"被误读为 xīnxīn,并不是新问题,去年也不过是个别地方覆辙重蹈而已。《咬文嚼字》"年度十大"已成品牌,若充分发挥点穴之效,遴选差错案例务需精准,至少是该年度普遍存在的问题才更有意义。

2023 年 1 月 12 日

瓜子

1月11日，"傻子瓜子"创始人年广久因病去世，享年84岁。

年广久以炒瓜子、卖瓜子起家，有"中国第一商贩"之称。他卖瓜子时，"别人买一袋后，总会问这够秤吗，我就抓起一大把递到他手上"，因为这个举动，许多人说他是傻子，他索性以之自称。《邓小平文选》第三卷如此注释"傻子瓜子"："指安徽省芜湖市的一家个体户，他雇工经营，制作和销售瓜子，称为'傻子瓜子'，得以致富。"年广久之所以一度举国瞩目，在于他堪称中国经济体制改革的一位标志性人物。

如今说瓜子，人们马上想到零食，典籍中的瓜子则需甄别。《南史·孝义传上》载，韩灵敏"早孤，与兄灵珍并有孝性。母寻又亡，家贫无以营凶，兄弟共种瓜，朝采瓜子，暮生已复，遂办葬事"。《齐民要术·种瓜》"收瓜子法"云："凡种瓜法，先以水净淘瓜子，盐和之"。这些"瓜子"，指的就是瓜的种子。《太平寰宇记》载，幽州"土产"有"绵，绢，人参，瓜子，贡范阳绫，琉璃"，这瓜子亦未知是否与食用相关。

从前的文学作品中，瓜子是常客。《红楼梦》第八回，下雪天，宝玉在薛姨妈家吃鹅掌鸭信时要就一盅酒，吩咐不用暖，"我只爱吃冷的"。宝钗说："酒性最热，若热吃下去，发散的就快，若冷吃下去，便凝结在内，以五脏去暖他，岂不受害？"宝玉"便放下冷酒，命人暖来方饮"。一旁的黛玉"磕着瓜子儿，只抿着嘴笑"。《老残游记》第二回，老残慕名到戏园子听白妞、黑妞姐妹说书，"满园子里的人，谈心的谈心，说笑的说笑。卖瓜子、落花生、山里红、核桃仁的，高声喊叫着卖"。《二十年目睹之怪现状》第三回，吴继之给"我"讲野鸡道台的故事，涉及了好多行业切口，其中有个"装干湿"，就是"化一块洋钱去（找妓女）坐坐，妓家拿出一碟子水果，一碟子瓜子来敬客"。

黛玉、戏园子、窑子里嗑的瓜子是什么籽，都没有明说，如今零食中的主要是葵花籽、南瓜籽。报道说，年广久当年名片上印有蓝天白云的辽阔背景和若干朵金黄的向日葵，可见"傻子瓜子"以葵花籽为主。前文《向日葵》说了，向日葵在中国的种植最早记载见于明朝王象晋《群芳谱》，该书成于 1621 年即明熹宗天启元年，意谓在此之前的瓜子，不会是葵花籽。黛玉他们身处清朝，嗑葵花籽是可能的。吴其濬《植物名实图考》"丈菊"云："此花向阳，俗间遂通呼向日葵，其子可炒食，微香，多食头晕。滇、黔与南瓜子、西瓜子同售于市。"吴其濬乃嘉庆状元，表明其时已有炒葵花籽，只是"多食头晕"不知从何讲起。

炒葵花籽越吃越香，有些地方将嗑瓜子称为"鬼扯手"，一旦吃上就停不下来。我在东北生活的时候正是这样。因为嗑量极大，一般人家买瓜子都动用面口袋，像一袋粮食一样扛回来。20世纪 80 年代中负笈广州，发现当地人嗑的是红瓜子，觉得既难嗑也不香。开始以为是西瓜籽，后来才知道是西瓜的近亲——打瓜的籽。嗑这种瓜子，是因粤人甚怕热气，而这东西不上火；所以染成红色，又因粤人凡事讲究好意头。某年寒假我负责看门，住在本系大厅里，刚好头天晚会剩下了大量红瓜子，闲得无聊，又不想浪费，终于嗑出了门道：一击而中，空壳不散，呈鸭嘴状。

取其形状相似之故吧，瓜子溢出食用范畴后，也有多种表达。如瓜子脸，即微长而窄，上部略圆、下部略尖的面庞，这是生活中很多人喜欢的一种脸型。《老残游记》中的王小玉便是，"瓜子脸儿，白净面皮，相貌不过中人以上之姿，只觉得秀而不媚，清而不寒"。又如瓜子金，既是一种植物，也是一种砂金。作为植物，《植物名实图考》有详细介绍，"长根短茎，数茎为丛，叶如瓜子而长"云云。作为砂金，《癸辛杂识》云："广西诸洞产生金，洞丁皆能淘取。其碎粒如蚯蚓泥大者，如甜瓜子，故世名瓜子金。"其中，以"金色深紫"的为"金之绝品"。因为银之"绝品则色青"，所以"金紫银青"也是"达官显贵"的代名词。

瓜子金在现实生活中曾经普遍使用。《宋史·赵普传》载，开宝六年(973)，太祖光临赵普家，"时钱王俶遣使致书于普，及海物十瓶，置于庑下。会车驾至，仓卒不及屏"。太祖问瓶里是什么东西，"普以实对"。太祖曰："海物必佳。"即命启之。不料，里面不是海产，"皆瓜子金也"。赵普吓坏了，赶快谢罪："臣未发书，实不知。"太祖只有感叹的份儿："受之无妨，彼谓国家事皆由汝书生尔！"别的不说，钱俶的障眼法今日不是也似曾相识吗？

当年，在街头卖瓜子的个体商贩，引起中央高层领导的关注，在于改革开放初期，年广久突破性的一举一动，有"个体经济发展晴雨表"的意味。年广久雇佣了工人，是不是"剥削"曾引起很大争论。《邓小平文选》收录的小平同志在 1984 年一次讲话中指出："那个能影响到我们的大局吗？如果你一动，群众就说政策变了，人心就不安了。你解决了一个'傻子瓜子'，会牵动人心不安，没有益处。让'傻子瓜子'经营一段，怕什么？伤害了社会主义吗？"为年广久撑腰，体现的是改革开放的意志不会动摇。

2023 年 1 月 15 日

癸卯年

农历已经进入癸卯年。循自家之例，盘点一下过往癸卯年中发生、值得回味的人和事。公元前，癸卯年对应的公历年尾数逢8；进入公元，则逢3。

先看看其中的一些文化事件。

1123年，即宋徽宗宣和五年，诏"以元祐学术政事聚徒传授者，委监司举察，必罚无赦"。这已是"再禁"。徽宗崇宁元年（1102）立《元祐党人碑》，司马光、苏轼等120人被列其中；崇宁三年（1104）重定元祐党籍，"增补"189人。元祐学术，即指元祐党人所撰之诗、赋、史论。元祐学术之一禁再禁，实乃权势者对政敌斩尽杀绝的后续手段。

1303年，即元成宗大德七年，《大元一统志》编成。这部官修地理总志，是我国古代最大的一部舆地书。1603年，即明神宗万历三十一年发生了"妖书"案，实质上是以"国本之争"面貌出现的晚明党争。还有两事关于科举，一是改乡会试八股文为策论表判，二是命工部造贡院应用桌椅等器，不许借用于民间，分别发生在1663年、1723年，亦即清康熙二年、雍正元年。

历史上的癸卯年中，也相继去世了一些文化名人。

583年有南朝梁陈间的徐陵。徐陵在文化上的贡献，一是与庾信一道开创了"徐庾体"诗风,清朝学者蒋士铨评价,二人"独有千古"。二是其编纂的《玉台新咏》收入东周至南梁诗歌共769篇,其中不乏感情真挚且具有现实意义之作,如《陌上桑》《孔雀东南飞》。

1183年有南宋史学家李焘,时其《续资治通鉴长编》纂成未几。该书是我国古代私家著述中卷帙最大的断代编年史,详记北宋九朝凡168年史事,仿司马光《资治通鉴》体例,以"宁失于繁,无失于略"为原则,除宋代的实录、国史外,还大量采用经、史、子、集,笔记小说,家乘志状。

1243年,南宋另一位史学家李心传去世。李心传的史学著作,主要有《建炎以来系年要录》《建炎以来朝野杂记》《旧闻证误》等,其中《旧闻证误》为考订两宋尤其是北宋史事的笔记,乃有宋一代考据学的代表作。

1843年,清朝文献学家严可均去世。严可均的成就在于编纂《全上古三代秦汉三国六朝文》,这是我国古代文献涵盖时间最长的一部文学总集,对唐以前的中国历史、文学、宗教、语言等研究,具有极其重要的学术价值。

历史上的癸卯年中,关于皇帝和自封"皇帝"的事也有好几宗。

223年,刘备死,刘禅嗣位。943年,闽王延政称帝,国号殷。同年,南汉刘弘熙杀其主刘玢,称帝改元,且改名刘晟。这些是正史承认的。不承认的,则有403年桓玄逼晋安帝退位,自称皇,国号楚。同一年,南燕有个叫王始的,利用宗教形式聚众数万起事,称太平皇帝。523年,北魏破六韩拔陵聚众反魏,建元真王。正史承认的里面,南汉那一次皇位更迭属于宫廷政变,两人是兄弟关系。《十国春秋·南汉二》记载了全过程。刘玢本身也是荒淫无道，老皇帝还没出殡，他就开始"召伶人作乐饮酒"了。继位后，"山海间盗贼竞起，帝莫能省。左右恣意，辄死，无敢谏者"。他因为"酷好手搏"，刘弘熙就召集了五名力士，"习为角抵以献"。有天看得高兴，刘玢大醉，起身，力士们假装来扶，趁机"拉杀之"。

朝政层面的大事，史上癸卯年中至少有两件值得关注。一件发生在公元前 198 年即汉高祖刘邦九年，和亲制度之始。再一件是 1843 年即清道光二十三年，以耆英为钦差大臣，赴广东办理通商事，与英国璞鼎查订立《五口通商章程》。

和亲，即我国古代中原汉族王朝皇室为免于战争而与边疆异族统治者结成姻亲。《汉书·匈奴传》载，时匈奴"引兵南逾句注，攻太原，至晋阳下。高帝自将兵往击之"，然而被"冒顿纵精兵三十余万骑"围困于白登山，"七日，汉兵中外不得相救饷"。刘邦乃采纳陈平之计，"使使间厚遗阏氏"，在匈奴阏氏劝说下，冒顿"开围一角"，汉军突围，双方罢兵。接着，刘邦"使刘敬奉宗室女翁主为单于阏氏，岁奉匈奴絮缯酒食物各有数，约为兄弟以和亲"，缓和了匈奴的袭扰。

和亲这一做法，就此为后代所效袭。汉代最有名的，自然是元帝时的"昭君出塞"。唐代最有名的，当推太宗时文成公主嫁给吐蕃赞普松赞干布。唐代不仅对吐蕃，与突厥、回鹘、吐谷浑、高丽等均有和亲之举。如《旧唐书·突厥列传上》载："圣历元年，默啜表请与（武）则天为子，并言有女，请和亲。"睿宗继位，"默啜又遣使请和亲，制以宋王成器女为金山公主许嫁之"。

《五口通商章程》是《中英虎门条约》的附件。根据茅海建先生的研究，这是"天朝"稀里糊涂地自己给自己在脖子上套的一道绞索，即便如引水权的丧失、海关验货权的分割等姑且不论，清朝也至少丧失了四项重大权益：关税自主权、对英人的司法审判权、片面最惠国待遇和英舰进泊通商口岸权。换言之，虎门条约及其附件作为不平等条约，带给中国的危害不亚于《中英南京条约》，而大异其趣之处在于，这是战后两国"平等"相商缔结的产物，但谈判、签订条约的耆英等人，审核、复议条约的军机大臣们，乃至最后批准条约的道光帝，"对亲手出让的权益都没有丝毫的察觉"！

在这个癸卯年，余将结束职业生涯。弹指间生命到了一个甲子。白驹过隙。

2023 年 1 月 22 日

本命年（续）

进入癸卯年，意味着到了自己的本命年。本命，人的生年干支；本命年，就是与生年干支相值之年。自家出生的 1963 年正为癸卯年，即是说现在已年至花甲。这是最"正宗"的本命年概念，干支完全相同。后来，与生年属相相值之年也成了本命年。这样一来，本命年的周期被大大缩短，每 12 年就遇到一个。

"本命"作为前缀的概念，还有本命日、本命辰等，自然是同生日干支相同的日子、同生年干支相同的辰区了。如《元典章》载："城里官人每每年做圣节多费钱物，百姓生受，更兼本命日又科敛钱物，百姓生受。"本命日，60 天便一个轮回，意味着那些贪得无厌的家伙每两个月就要以过生日为名伸一回手。叶子奇《草木子》云："元朝末年，官贪吏污，始因蒙古色目人惘然不知廉耻为何物。其间人讨钱，各有名目。"前人认为"野史之言而强于国史"，就在于"科道不能明言，而野史言之，野史言之而远播之"。《草木子》正可为之一证。

前文说到，民间普遍认为本命年有吉凶之征，是吉是凶，有时不免"看人下菜碟"。《隋书·袁充传》载，袁充"好道术，颇解占候"。文帝杨坚"将废皇太子，正穷治东宫官属"，他瞅准杨坚"雅信符应"，就说自己"比观玄象，皇太子当废"，杨坚更坚定了决心。对杨坚生日，袁充更上表大拍马屁，"皇帝载诞之初，非止神光瑞气,嘉祥应感,至于本命行年,生月生日,并与天地日月、阴阳律吕运转相符,表里合会"云云。杨坚把年号从"开皇"改成"仁寿",就是听了袁充的,袁充说如此则以"明合天地之心,得仁寿之理",令杨坚"大悦"。这是本命年的所谓吉征。

在潘金莲那里,本命年就是凶兆了。《金瓶梅》第十二回,刘瞎子给潘金莲算命,说她"聪明机变,得人之宠。只有一件,今岁流年甲辰,岁运并临,灾殃立至"等。潘金莲庚辰年生,那时24岁,本命年。当然,灾殃面前并非束手无策,刘瞎子给了潘金莲"禳解"法,"用柳木一块,刻两个男女人形,书着娘子与夫主生辰八字,用七七四十九根红线扎在一处",如何如何。

《金史·世宗诸子列传》载:"郑王永蹈以谋逆诛。"永蹈就是受了本命年"谶记灾祥"的蛊惑。家奴毕庆寿告诉他:"郭谏颇能相人。"永蹈便把郭谏找来相一相自己及妻、子。郭谏说:"大王相貌非常,王妃及二子皆大贵。"怎么才能大贵呢?永蹈又召崔温、马太初来"论谶记天象"。崔温说:"丑年有兵灾,属兔命者来年春当收兵得位。"那一年是章宗明昌四年(1193),癸丑年;属兔命者,属兔人的本命年,永蹈属兔。郭谏添油加醋:"昨见赤气犯紫微,白虹贯月,皆注丑后寅前兵戈慄乱事。"永蹈深信其说,"乃阴结内侍郑雨儿伺上起居,以崔温为谋主,郭谏、马太初往来游说"。结果事泄,"赐永蹈及妃卜玉,二子按春、阿辛,公主长乐自尽",另外如"崔温、郭谏、马太初等皆伏诛"。永蹈的所谓本命灾殃,实乃咎由自取了。

在唐朝李林甫那里,"本命"还可以是置对手于死地的一件利器。《旧唐书·李适之传》载,天宝元年(742),宗室李适之代牛仙客为左相,累封清和县公。其与李林甫"争权不叶",而"适之性疏,为其阴中"。李林甫利用的就是"本命"。他假装好意告诉李适之:"华山有金矿,采之可以富国,上未之知"。李适之还挺感激,"他日从容奏之"。玄宗一开始也很高兴,"顾问林甫",李林甫翻脸了,他说这事他早就知道,"然华山陛下本命,王气所在,不可穿凿,臣故不敢上言"。《资治通鉴》中,胡三省在李林甫的话下注:"帝制《华岳碑》曰:予小子之生也,岁景戌,月仲秋,膺少暤之盛德,协太华之本命……林甫知此旨,故以误适之而陷之。"以"口有蜜,腹有剑"而闻名的李林甫,陷害同僚的手段多种多样。《资治通鉴》另载:"户部尚书裴宽素为上所重,李林甫恐其入相,忌之。"用什么手段除掉裴宽的呢?挑拨离间。"刑部尚书裴敦复击海贼还,受请托,广序军功,宽微奏其事",私下里,李林甫偷偷告诉了裴敦复,"敦复言宽亦尝以亲故属敦复"。李林甫说,那你赶快参他一本,"勿后于人"。裴敦复"乃以五百金赂女官杨太真之姊,使言于上"。结果,裴宽"坐贬睢阳太守"。

根据《资治通鉴》所载,李适之不得已而"仰药自杀"事,发生在天宝五载(746)。参诸《旧唐书·礼仪志》,"玄宗乙酉岁生,以华岳当本命。先天二年(713)七月正位,八月癸丑,封华岳神为金天王。开元十年(722),因幸东都,又于华岳祠前立碑,高五十余尺。又于岳上置道士观,修功德场",玄宗对本命所在尊崇到如此地步,李适之却懵然无知,可见其"性疏"的程度了。

范成大《丙午新年六十一岁,俗谓之元命,作诗自贶》云:"岁复当生次,星临本命辰。四人同丙午,初度再庚寅。"诗人有个自注:"仆与今丞相王公、枢密使周公、参政钱公皆丙午,又顷皆同朝,故用此事稍也。"就是说,他们四个属马的,那年都到了60周岁,61是虚岁。而当斯时,"童心仍竹马,暮境忽蒲轮。镜里全成老,尊前略似春",容颜尽管老了,但心态还非常年轻,也还能干些事情。

2023 年 1 月 26 日

神兽

央视兔年春晚有个"创意节目"叫《当"神兽"遇见神兽》，以音乐剧的形式，将《山海经》《抱朴子》等典籍描述的六只神兽——凤凰、麒麟、白泽、貔貅、鲲、甪端——提炼出各自特点。如麒麟，"心地善良仁义"；貔貅，"骁勇奋进"；甪端，"日行万里，自强又自信"；白泽，"聪明无比，博古通今"……借助上古传说的这些神兽，与新时代活泼灵动的孩子们进行穿越时空的互动交流，势必能使他们更形象地了解中国传统文化。

《当"神兽"遇见神兽》中的前一个"神兽"，众所周知是指如今的孩子，既是昵称，也有实指意味，那就是父母对孩子流露出的无可奈何。现场女主持人马凡舒提供了另外一说："神兽这个词儿其实特别贴切，形容他们精力旺盛、调皮捣蛋、战斗力爆棚。"而神兽的本意是神异之兽，所谓灵兽。音乐剧中的六种，虽然白泽、甪端相对生僻，但还是属于著名的一类，非著名的数不胜数。《山海经》里，动辄言某山某地"有兽焉"，而那个古里古怪的兽名及其习性，大抵都是神兽。

兽，一般指四条腿、全身生毛的哺乳动物。《周礼·天官·庖人》分得很清楚："庖人掌共六畜、六兽、六禽，辨其名物。"郑玄注引郑司农曰："六兽，麋、鹿、熊、麇、野豕、兔也。"俗语"鸟兽散"，也颇能说明问题。所以，狭义地说，春晚节目中的凤凰与鲲该算神鸟或神禽而非神兽。广义的当然就不同了，可以包括所有动物在内。前人也的确是这么运用的。《楚辞·九章·涉江》有"驾青虬兮骖白螭，吾与重华游兮瑶之圃"，汉王逸注："虬、螭，神兽，宜于驾乘。"虬、螭实则该算神龙。《晋书·吕光载记》载，吕光奉苻坚之命讨西域，某天"营外夜有一黑物，大如断堤，摇动有头角，目光若电，及明而云雾四周，遂不复见。旦视其处，南北五里，东西三十余步，鳞甲隐地之所，昭然犹在"。吕光笑了，这是黑龙啊。部将杜进出主意了："龙者神兽，人君利见之象。《易》曰：'见龙在田，德施普也。'斯诚明将军道合灵和，德符幽显。愿将军勉之，以成大庆。"这是说，神兽的出现乃为暗示，暗示吕光可以另起炉灶，所以"光有喜色"。晋孝武帝太元十一年（386），吕光"僭即天王位，大赦境内，改年龙飞"，难说不与之相关。

需要看到的是，春晚节目中的六种神兽都是瑞兽，散发及传递的是正能量，而神兽的队伍也分两大派，另一派属于凶兽，负能量满满。如《山海经》里的穷奇。《西山经》云，邽山"其上有兽焉，其状如牛，猬毛，名曰穷奇，音如獆狗，是食人"。郭璞注："或云似虎……厌形甚丑，驰逐妖邪，莫不奔走。"《史记正义》引《神异经》云："西北有兽，其状似虎，有翼能飞，便剿食人，知人言语，闻人斗，辄食直者，闻人忠信，辄食其鼻，闻人恶逆不善，辄杀兽往馈之，名曰穷奇。"总之，这是个是非颠倒的家伙。上古凶神兽共有四大，穷奇之外，还有浑敦、梼杌和饕餮。《左传·文公十八年》在讲到"昔高阳氏有才子八人"的同时，也讲到了四个"不才子"，正是这四凶：分属于帝鸿氏的浑敦、少皞氏的穷奇、颛顼氏的梼杌和缙云氏的饕餮。特征呢，如浑敦，"掩义隐贼，好行凶德，丑类恶物，顽嚣不友"，无异于皂白不辨；如梼杌，"不可教训，不知话言，告之则顽,舍之则嚚,傲很明德,以乱天常,天下之民谓之梼杌",无异于冥顽不化;如饕餮,"贪于饮食,冒于货贿,侵欲崇侈,不可盈厌,聚敛积实,不知纪极,不分孤寡,不恤穷匮",无异于贪得无厌。

即便对于瑞兽,如何看待也要有清醒头脑。《晋书·段灼传》载,段灼"前后陈事,辄见省览。然身微宦孤,不见进序,乃取长假还乡里"。临走前他又上一表,其中说道:"语有之曰:'华言虚也,至言实也,苦言药也,甘言疾也。'臣欲言天下太平,而灵龟神狐未见,仙芝蓂莆未生,麒麟未游乎灵禽之囿,凤皇未仪于太极之庭,此臣之所以不敢华言而为佞者也。"倒是这一表奏效了,"帝览而异焉,擢为明威将军、魏兴太守"。灵龟、神狐,均为瑞兽,段灼说自己之所以从未阿谀奉承,是因为这些瑞兽都没出现,开不了口。这显然是反话正说。而度其"敢昧死言艾所以不反之状"不难判断,即便瑞兽出现,段灼也不会成为"佞者",也不会尽皆"华言""甘言",而只会有"至言""苦言"。

回到春晚,对《当"神兽"遇见神兽》中选取白泽、角端,我还是有些看法的,不仅相对生僻,而且意义有限,不如代之以獬豸、鹓雏。白泽,《抱朴子》中乃"辟山川庙堂百鬼之法"之一种,就是道士进山的傍身之物,带上《白泽图》,"则众鬼自却"。角端,就更加鲜为人知了。而獬豸,能以其独角辨别邪佞;鹓雏,"非梧桐不止,非练实不食,非醴泉不饮"。仿照现场男主持人撒贝宁"希望孩子未来能像麒麟一样驰骋天地,像凤凰一样遨游九州"的说法,置换此两种神兽,可以希望孩子们像獬豸一样是非分明,像鹓雏一样志向高洁。

2023 年 1 月 28 日

舞鲍老

宋朝正月十五民俗中，有一项"舞鲍老"非常盛行。

《水浒传》虽是小说，但对宋朝节日民俗的落笔皆有依据。在"宋江夜看小鳌山"那一回，宋江投奔到花荣为官的清风镇后赶上元宵节，夜里去镇上看花灯，"迤逦投南走，不过五七百步，只见前面灯烛荧煌，一伙人围住在一个大墙院门首热闹。锣声响处，众人喝采"，那正是"一伙舞鲍老的"。宋江个子矮，"相陪的梯己人，却认的社火队里，便教分开众人，让宋江看。那跳鲍老的身躯扭得村村势势的，宋江看了，呵呵大笑"。在"吴用智取大名府"那一回，梁山为救卢俊义、石秀，选择的动手时机也是趁元宵节热闹。先由时迁火烧翠云楼，各路人马在城之四门一齐动手，像他们的历次作战一样，并不考虑无辜百姓的死活，"踏竹马的暗中刀枪，舞鲍老的难免刀槊"，刚刚还欢欢乐乐的场所，转瞬成了人间地狱。"可惜千年歌舞地，翻成一片战争场"，施耐庵对好汉们为达目的而不择手段的做法，还是带有谴责意味的吧。

辞书上说，鲍老是宋代戏剧脚色名。舞鲍老者何？则众说纷纭。有的认为是傀儡（木偶）戏，有的认为是模仿傀儡的假面戏，有的又认为正相反，真人舞而为傀儡戏所吸收。但说舞鲍老是由舞者装扮成老年村夫，通过夸张动作来表现滑稽调笑的风格，大抵差不到哪去。《武林旧事》有"大小斫刀鲍老、交衮鲍老",《梦粱录》有"掉刀鲍老、踢灯鲍老",《西湖老人繁胜录》说到鲍老社，"福建鲍老一社,有三百余人;川鲍老亦有一百余人",种类繁多，形式多样,可见舞鲍老在宋代社会所受喜爱的程度行。清风镇那伙舞鲍老的,想来是没经过多少训练的村民,构成了另一种滑稽，所以让宋江笑出了声。熟悉《水浒传》的人都知道,因为笑声太大,给刘高老婆听到,来了个恩将仇报。

"鲍老当筵笑郭郎,笑他舞袖太郎当。若教鲍老当筵舞,转更郎当舞袖长。"此杨亿之《咏傀儡》。金性尧先生笺注认为,鲍老出场时跣足,携大铜锣,随身步舞而进退,故亦叫"抱锣"。郭郎,本指戏剧脚色中的丑角。段安节《乐府杂录·傀儡子》云:"后乐家翻为戏,其引歌舞有郭郎者,发正秃,善优笑,闾里呼为郭郎,凡戏场必在俳儿之首也。"因为发秃,郭郎也每被称为郭秃。北齐《颜氏家训·书证》以问答形式提供了一种说法。或问:"俗名傀儡子为郭秃,有故实乎?"答曰:"《风俗通》云:'诸郭皆讳秃。'当是前代人有姓郭而病秃者,滑稽戏调,故后人为其象,呼为郭秃。"郎当,衣服宽大不合身材。金先生认为:"傀儡的动作全靠幕后牵线,舞袖郎当实是身不由己,故鲍老亦不必笑郭郎,意在讽刺世态。"即是说,鲍老要是自己上去,还不如郭郎呢。

郭郎在东汉《风俗通》中就出现了,鲍老要晚得多,从许多笔记小说中可以看到,鲍老一俟问世,便与郭郎几乎如影随形。

田汝成《西湖游览志馀》云:"桂孟平有《看灯词》十五首,杭人称之。瞿宗吉效之,亦作十五首。"其中第五首曰:"傀儡装成出教坊,彩旗前引两三行。郭郎鲍老休相笑,毕竟何人舞袖长。"因为"词中所言风俗,与今无异",表明到了明朝,舞鲍老还是元宵的保留节目。还需看到的是,瞿词在言及民俗的同时,也捎带了世相。如第十三首:"雪白春衫窄窄裁,青茸狸帽紫茸胎。灯前莫怪轩昂甚,新与官员养马来。"田汝成指出,这后一句较难理解,实则意谓"其时藩、皋而下借乘马,而养马之家颇怙势也"。好家伙,如果说鲍老、郭郎是娱乐中的滑稽,养马之家在元宵时的这副尊容,该是现实中的滑稽了。

桂衡(字孟平)与瞿佑(字宗吉)是好朋友,中华书局标点出版的瞿佑《剪灯新话》,为明初文言小说的开山作、代表作,不少篇章以怪诞形式记录了元末明初的士人心态。因为"宗吉索余题",桂衡乃为之序并赋古体一首,"从来松柏有孤操,不独鸳鸯能并栖"云云。不过,国子监祭酒李时勉读罢,以为"假托怪异之事,饰以无根之言……若不严禁,恐邪说异端日新月盛,惑乱人心"。于是,《剪灯新话》又成了中国文学史上第一部被官方明文禁毁的小说。这是另话。在明了友朋背景之后,则桂、瞿两人之作,出自元宵狂欢之际的相互唱和也说不定。

《坚瓠癸集》有"贾刘献佞"条,云宋臣贾余庆、刘岊降元后,"一日留远亭夜集,北人燃火亭前,聚诸公列座行酒"。贾余庆来劲了,"满口骂座,毁宋人物无遗,以此献佞"。刘岊则"数以淫亵奉,北人专以为笑具,于舟内取一村妇至,使荐刘寝",上演不堪的一幕。文天祥"不胜悲愤",口占二绝,刺贾余庆"甘心卖国罪滔天,酒后猖狂诈作颠。把酒逢迎酋长笑,从头骂坐数时贤";刺刘岊"落得称呼浪子刘,樽前百媚佞游裘。当年鲍老不如此,留远亭前犬也羞"。后一绝无疑是说,以滑稽著称的鲍老也不会为了迎合而这般下作,刘岊简直连条狗都不如。

舞鲍老这样有趣的民俗活动,如今一定还在哪里以"活化石"的形态存在,可能名称变了,暂时没有对上号。

2023 年 2 月 5 日,癸卯正月十五

扫街

宋朝元宵民俗中还有颇为有趣的一个：扫街。

此之"扫街"，与打扫大街搞清洁没有任何干系，用周密《武林旧事》"元夕"条的说法："至夜阑则有持小灯照路拾遗者，谓之'扫街'。"热闹完了，来捡漏，看看有没有狂欢之后丢在地上的好东西。这个"扫"字非常形象，表明看得仔细，有涓滴不遗的意味。功夫不负有心人，"遗钿堕耳，往往得之"。《梦粱录》说得恐怕夸张了，斯时"公子王孙，五陵年少，更以纱笼喝道，将带佳人美女，遍地游赏。人都道玉漏频催，金鸡屡唱，兴犹未已。甚至饮酒醺醺，倩人扶着"，至于"堕翠遗簪，难以枚举"。

周密说，这种扫街民俗"亦东都遗风也"。遗憾的是，如鲍老一样，以追述汴京城市风俗人情为要的《东京梦华录》，没有对此落笔。《西湖游览志馀》引刘邦彦《上元五夜观灯》诗，有"归迟不属金吾禁，争觅遗簪与坠钿"句，似乎明朝元宵仍有扫街一景。"行漏不能分昼夜，游人无复辨西东"（晏殊句），当此热闹非凡之际，"堕珥遗簪"是非常可能的，甚至带有必然性的一面。

从可能性来看，唐朝开始，上元就已是"金吾不禁夜，玉漏莫相催"（苏味道句）的狂欢节了。到宋朝，元宵节假期从三天调整为五天，更是"优俳戏剧尽堪乐，游人士女如堵墙"（佘安行句）。

《芦浦笔记》收录关于上元的十五首《鹧鸪天》词,刘昌诗以为"备述宣(和)政(和)之盛,非想象者所能道,当与《(东京)梦华录》并行也"。其中第十首云:"风约微云不放阴,满天星点缀明金。烛龙衔耀烘残雪,羯鼓催花发上林。河影转,漏声沈,缕衣罗薄暮云深。更期明夜相逢处,还尽今宵未足心。"第十一首云:"五日都无一日阴,往来车马闹如林。葆真行到烛初上,丰乐游归夜已深。人未散,月将沈,更期明夜到而今。归来尚向灯前说,犹恨追游不称心。"第十三首云:"忆得当年全盛时,人情物态自熙熙。家家帘幕人归晚,处处楼台月上迟。花市里使人迷,州东无暇看州西。都人只到收灯夜,已向樽前约上池。"参与人数之众,流连忘返之态,意犹未尽之兴,跃然纸上。

有街可扫,关键更在于假期那几天,女子皆盛装出游。《东京梦华录》云:"市人卖玉梅、夜蛾、蜂儿、雪柳、菩提叶、科头圆子、拍头焦半……"《宣和遗事》云,宣和六年(1124)正月十四日夜,"京师民有似云浪,尽头上戴着玉梅、雪柳、闹蛾儿,直到鳌山下看灯"。《武林旧事》云:"元夕节物,妇人皆戴珠翠、闹蛾、玉梅、雪柳、菩提叶、灯球、销金合、蝉貂袖、项帕,而衣多尚白,盖月下所宜也。"用辛弃疾词言之:"蛾儿雪柳黄金缕,笑语盈盈暗香去。"不过,珠翠可能算是比较贵重的妆饰品,闹蛾、玉梅、雪柳、菩提叶之类,大抵是由丝绸或纸剪成的象形之物。就像如今兔年到了,不少市民在游玩时都买个兔耳朵装饰戴在头上以应节差不多。

凡此种种,"拾遗"就有了逻辑前提。从文献记载来看,对翠、簪之类,有人不满足于拾,而动手去抢。《东京梦华录》云:"西朵楼下,开封尹弹压,幕次罗列罪人满前,时复决遣,以警愚民。楼上时传口敕,特令放罪。"《武林旧事》道得详细:"京尹幕次,例占市西坊繁闹之地,贲烛粃盆,照耀如昼。其前列荷校囚数人,大书犯由，云：'某人，为不合抢扑钗环、挨搪妇女。'"抢扑钗环、挨搪妇女，即抢夺首饰、调戏妇女。狂欢夜有此插曲，目的"姑借此以警奸民"，所以，"三狱亦张灯，建净狱道场，多装狱户故事及陈列狱具"。借现成案例，以灯饰、图像来对潜在的不法分子发出警示与威慑，形同现在的普法教育了。

在所有节日中，宋朝上元夜也许是最热闹的。而其乐融融中，也有人保持着清醒头脑。《曲洧旧闻》云，"真宗皇帝因元夕御楼观灯，见都人熙熙"，举酒对重臣们高兴地说："祖宗创业艰难，朕今获睹太平，与卿等同庆。"大家称贺，"皆饮醹"，唯独李沆"终筋不怿"。次日王旦问他怎么回事："上昨日宣劝，欢甚，公不肯少有将顺，何也？"李沆说出了自己的担心："'太平'二字，尝恐谀佞之臣，以之藉口干进，今人主自用此夸耀臣下，则忠鲠何由以进。既谓'太平'，则求祥瑞而封禅之说进，若必为之，则耗帑藏而轻民力，万而有一，患生意表，则何以支梧。"果然，"其后，四方奏祥瑞无虚日，东封西祀，讲求典礼，纷然不可遏"。王旦追思其言，赞叹李沆"真圣人也"之余，求其画像，"置于书室中而日拜之"。忽然想到，辛稼轩之"蓦然回首，那人却在灯火阑珊处"，又何妨不可以理解成李沆这种心态的写照？

"堕珥遗簪想无限，华胥犹见梦回人。"苏轼用《汉书》之典，遥想起唐玄宗幸华清池而杨国忠姊妹五家扈从的情形。《旧唐书·中宗本纪》载，景龙四年（710）上元夜，"帝与皇后微行观灯，因幸中书令萧至忠之第。是夜，放宫女数千人看灯，因此多有亡逸者"。如果说，堕珥遗簪属于无心之失，那么，诸多宫女借机逃逸就属于有心之举。何以至此？这也是狂欢之际值得思索的问题吧。

2023 年 2 月 7 日

婚闹（续）

2月9日，江苏徐州一对新人举行婚礼，到了"闹洞房"环节，新娘被多名男子强吻。现场视频显示，新娘对此非常排斥和厌恶，来回躲闪。有的来客还拍打新娘臀部。情景不堪入目。欢闹上的人大言不惭地说，这种风俗是祖上传下来的，"摸下新娘腔，三年不生病"。有媒体针对此事询问了当地民政局工作人员，答曰这是个人恶作剧。

婚闹本身，确是一种古俗。《汉书·地理志下》在说到燕地时，先言"燕称王十世，秦欲灭六国，燕王太子丹遣勇士荆轲西刺秦王，不成而诛，秦遂举兵灭燕"，再言"太子丹宾养勇士，不爱后宫美女，民化以为俗，至今犹然。宾客相过，以妇侍宿"，至于"嫁取之夕，男女无别，反以为荣。后稍颇止，然终未改"。钱锺书先生认为，这里已经有"闹房""戏妇"的影子。

《世说新语·假谲》云，曹操年轻时，"尝与袁绍好为游侠"。有天二人"观人新婚，因潜入主人园中，夜叫呼云：'有偷儿贼！'"参加婚礼的人赶快跑出来抓贼，曹操乃趁虚而入，"抽刃劫新妇，与绍还出"。不料袁绍"坠枳棘中"，动弹不得，曹操又大叫："偷儿在此！"袁绍一急，"遑迫自掷出，遂以俱免"。假谲，指虚假欺诈。刘义庆收入这个未知杜撰与否的故事，旨在说明曹操之奸由来已久，但间接也道出了婚闹的一种雏形。

《酉阳杂俎·礼异》云："北朝婚礼，青布幔为屋，在门内外，谓之青卢。于此交拜，迎妇。夫家领百余人，或十数人，随其奢俭，挟车俱呼'新妇子'，催出来。至新妇登车乃止。"这些情形，今天在颇多地方依然如是。婚后，姑爷回拜女家，不得了，"妇家亲宾妇女毕集，各以杖打聟（婿）为戏乐，至有大委顿者"。就婚礼时的婚闹，段成式举了当时的一个案例："有甲娶，乙、丙共戏甲，旁有柜，比之为狱，举置柜中，复（通'覆'）之，甲因气绝"，把新郎给活活憋死了！又，"娶妇之家，弄新妇"，这个"弄"字，表明新娘子也要经受来客的一番考验。

明朝杨慎说他那个时候，婚闹之俗，"世尚多有之，娶妇之家，新婿避匿，群男子竞作戏调，以弄新妇，谓之谑亲。或褰裳而针其肤，或脱履而规其足，以庙见之，妇同于倚市门之倡，诚所谓敝俗也"。很遗憾，饶是敝俗，人们仍然乐此不疲。《清稗类钞》中还可以拈出若干条。

如"淮安婚夕闹房"条，讲的是江苏淮安——与徐州仅隔宿迁。云"闹房者，闹新房也。新妇既入洞房，男女宾咸入，以欲博新妇之笑，谑浪笑敖，无所不至"。当其时也，"男家预从男客中择一能言者为招待员。惟闹者，约分孩童与成年者二组。孩童闹房，其目的则在安息香"，虽所唱闹房歌，"歌辞多不堪入耳之语"，但也没有什么，有口无心，充其量是给大人教坏的。"成年者之闹房"，性质就恶劣了，"其目的则在侮弄新娘及伴房之女"，所以，"淫词戏语信口而出，或评新娘头足，或以新娘脂粉涂饰他人之面，任意调笑，兴尽而止。男家听其所为，莫可如何也"。

又，"衡州婚夕闹房"条，讲的是湖南衡阳。云"衡州闹房之风盛行，稍文明者为抬茶"，这里面细分的话，有合合茶，就是"新郎新妇同坐一凳，新郎以左足置新妇右腿上，新妇亦然，新郎左手与新妇右手相互置肩上,其余手之拇指及食指合成正方形,置茶杯于中,戚友以口就饮之"。合合茶之外,还有桂花茶、安字茶等名堂,"无非为戏弄新妇而已"。不那么文明的,即如"打传堂卦"一类,"公举戚友中之滑稽者作堂官,以墨涂面若丑角,着外褂,黼黻以荷叶为之,朝珠以算盘子为之,首冠大冠,红萝葡为顶,大蒜为翎,旁立差役若干,皆戚友中之有力者"。一切准备就绪,"拘新郎新妇及其翁姑跪堂下,命翁姑教新郎新妇以房术,新郎新妇既听受,必重述一过,否则以鞭笞从事,亦不敢出怨言"。

衡州婚闹波及了伴娘、媒人。本来,"新嫁娘之有伴娘也,各省皆然。伴娘果美丽者,闹房之人视线所集,不于新嫁娘而于伴娘矣"。衡州混闹的奇特之处还在于,"每于未婚之前,必由媒氏传语女家,聘伴娘一二,以容貌清丽歌曲工雅者充之。俟亲迎日,肩舆而来,而客乃任意调笑,甚且苟合,少则三五日,多或一二月,随男家之贫富为转移。伴娘亦以其多金而安之,虽声名狼藉,不惜也"。对媒人,衡州则是强之以酒。"衡州俗,亲迎之日,媒氏峨冠华服而往。主人先于大门外设席,席置酒果,择善饮者二三人立俟于前。俟媒至,强令痛饮,多者十余碗,少者一二碗,必使尽醉,然后迎接升堂,款以上宾之礼"。

发生在江苏徐州的婚闹行为,实质上已经构成了猥亵。这对新人倘若追究,婚闹者恐怕"吃不了兜着走"。想来新人并非生活在真空中,碍于种种因素只有忍气吞声罢了。但社会有关方面,对传统习俗中丑陋不堪的成分,却不应听之任之。上面致甲身亡的乙、丙两人,被"论当鬼薪"。颜师古解释:"鬼薪,主取薪柴,以供祭祀鬼神也。"虽然"此谓轻罚",不过"三岁刑也",但是表明前人对过分的婚闹行为,不是也不能容忍吗?

2023 年 2 月 12 日

满江红

癸卯春节期间,张艺谋新片《满江红》大热,领跑了这一档期的票房,然舆论对电影却赞弹不一。《满江红》是部什么片子? 用张导演自己的话来表述:有喜剧色彩的悬疑情节片,通过几个小人物,讲他们舍生取义、铲奸除恶、永不言败的故事,快节奏的悬疑惊悚反转之后,浪漫地表达了中国人的家国情怀。剧情则是,一伙志士仁人策划了针对奸臣秦桧的行动,不惜代价且最后损失殆尽的目的,是逼迫秦桧背出岳飞遗作《满江红》。

"怒发冲冠,凭栏处、潇潇雨歇"云云,这阕《满江红》早为后人熟知,得以传世,原来秦桧"功不可没"。对该词,历来褒扬有加。明朝沈际飞云:"胆量、意见、文章悉无今古……有此愿力,是大圣贤、大菩萨。"明末清初刘体仁云:"词有与古诗同义者,'潇潇雨歇',《易水》之歌也。"清朝陈廷焯云:"何等气概! 何等志向! 千载下读之,凛凛有生气焉。'莫等闲'二语,当为千古箴铭。"然该《满江红》是否出自岳飞,学界争议不已,感觉否定派占据上风。究竟与否,在下力有不逮,惟拟就"满江红"本身发些议论。

提及"满江红",人们首先想到的是词牌,不过它也有漆成红色的江中渡船之意。《陔馀丛考》云:"江船之巨而坚实可重载者,曰满江红。"其得名与打天下时的朱元璋有关,说朱元璋"初得和阳,欲图集庆,与徐达间行以觇之。至江,直岁除,呼舟莫应。有贫叟夫妇二人,舟甚小,欣然纳之"。朱元璋登基后,"访得之,无子,官其侄,并封其舟而朱之,故江中渡船称满江红云"。林则徐坐过这种满江红,他在道光十七年(1837)六月九月十四日日记写道:"早晨入城拜薛提军及守、令、将领,因雨不能赴……晡时归舟,已换坐满江红。夜雨益大。"这是他新任湖广总督后,自总督署武昌启程,乘船巡视湖北湖南时的经历。

但"满江红"更以词牌而闻名,词牌,即填词所用的曲调名。词从唐代最初出现时起,就开始有词牌。最初的词,也都是配合音乐来歌唱,或按词制调,或依调填词,后者渐占上风。词牌名称众多,某一类词牌,只适宜表现某一些内容,《满江红》宜表现激越情感。填词之前,先要选择词牌,选用哪一个就必须得遵守那个词牌的文字、音韵结构定式:句数、段数和字数,以及平仄、韵脚。如《满江红》有仄韵、平韵二体,仄韵词以宋人填者最多,双调,九十三字,前段八句四韵,后段十句五韵,一般用入声,且上下阕中间七字两句,以对仗为工。平韵体为南宋姜夔始创,但似乎也只有他自己使用。

词牌名称的产生,有多种情况。《满江红》得自白居易《忆江南》词:"江南好,风景旧曾谙。日出江花红胜火,春来江水绿如蓝。能不忆江南?"取的是中间那句,红日出来光照江水江花的旖旎美景,以为调名。我比较欣赏自历史事件中来的,如《沁园春》《雨霖铃》等。《能改斋漫录》云,《沁园春》得名出自《后汉书》,"'窦宪女弟立为皇后,宪恃宫掖声势,遂以贱直请夺沁水公主园'。然则沁水园者,公主之园也。故唐人类用之"。沁水公主,汉明帝女。《后汉书·窦宪传》中,"县直"乃"贱直",而"主逼畏,不敢计"。后来章帝(公主的哥哥或弟弟)知道了,愤怒地警告窦宪:"今贵主尚见枉夺,何况小人哉!国家弃宪如孤雏腐鼠耳。"

《雨霖铃》之得名，《明皇杂录》存有一说："明皇既幸蜀，西南行初入斜谷，属霖雨涉旬，于栈道雨中闻铃，音与山相应。上既悼念贵妃，采其声为《雨霖铃》曲，以寄恨焉。"后来，"车驾复幸清华宫，从官嫔御多非旧人。上于望京楼下命（张）野狐奏《雨霖铃》，曲未半，上四顾凄凉，不觉流涕，左右感动，与之歔欷"。

史上《满江红》词目不暇接，不乏精品。视野所及，宋朝张昪的值得推崇，道是："无利无名，无荣无辱，无烦无恼。夜灯前、独歌独酌，独吟独笑。况值群山初雪满，又兼明月交光好。便假饶百岁拟如何，从他老。　知富贵，谁能保。知功业，何时了。算簪瓢金玉，所争多少。一瞬光阴何足道，但思行乐常不早。待春来携酒殢东风，眠芳草。"张昪乃仁宗、英宗朝名臣，《宋史》中有传，说他"性质朴，不善择言"，"指切时事无所避"。他斥责张贵妃，就令仁宗很难堪，陈升之曰："此忠直之言，不激切，则圣意不可回矣。"对张昪这阕《满江红》，古人已青睐有加。《青箱杂记》云，这是张昪八十余岁时所作，时"退归阳翟，生计不丰，短毡轻绦，翛然自适，乃结庵于嵩阳紫虚谷，每旦晨起焚香读《华严》，庵中无长物，荻帘、纸帐、布被、革履而已"。一阕《满江红》，令"闻者莫不慕其旷达"。

文徵明也填过一阕《满江红》，专论岳飞："拂拭残碑，敕飞字、依稀堪读。慨当初倚飞何重，后来何酷？果是功成身合死，可怜事去言难赎。最无辜、堪恨更堪怜，风波狱。　岂不惜、中原蹙；且不念，徽钦辱。但徽钦既返，此身何属？千载休谈南渡错，当时自怕中原复。笑区区、一桧亦何能，逢其欲。"是的，岳飞的不幸遭遇，远非"奸臣模式"所能搪塞或掩盖得了的。

2023 年 2 月 18 日

橄榄

2月18日，一场豪放遒劲的英歌舞在广州市海心沙亚运公园火热登场，拉开了潮州橄榄文化周湾区展销活动的序幕。潮州市潮安区橄榄种植大户、合作社、橄榄深加工企业等 25 家企业，携 60 多种潮州特产齐聚羊城。

广东人自古就喜欢吃橄榄。《植物名实图考长编》引《本草图经》云："橄榄生岭南，今闽、广诸州皆有之。木似木樨而高，且端直可爱。秋晚实成，南人尤重之。咀嚼之，满口香味不歇，生啖及煮饮，并解诸毒。"早些年，"鸡公榄"还是广州的著名小吃。卖榄人为了吸引顾客注意，把一只色彩缤纷的纸扎大公鸡模型套在自己身上，吹着唢呐，穿街过巷叫卖橄榄。如今在上下九路等历史街区，偶尔能够看到作为民俗展示的这一文化残存。

吴曾《能改斋漫录》云："橄榄，岭外有五种：一曰丁香橄榄，此以其形；二曰故橄榄；三曰蛮橄榄，此以其所出呼之；四曰新妇橄榄，以其短矮而小；五曰丝橄榄，此以其子紧小，唯出桂府阳朔县。"也许这是宋朝的情形吧。屈大均《广东新语》云，橄榄只有"青、乌二种，闽人以白者为青果，粤中止名白榄，不曰青果也。白榄利微，人少种，种者多是乌榄，下番禺诸乡为多"。而参看"鸡公榄"的介绍，采用的原料却正是白榄。

对橄榄树，我是"相逢不相识"，借用《南方草木状》的说法，其"身耸，枝皆高数丈"。树这么高，如何采摘果实呢？苏轼《橄榄》诗有"纷纷青子落红盐，正味森森苦且严"句，范景仁解释："橄榄木高大难采，以盐擦木身，则其实自落。"江邻幾则说是擦姜汁："橄榄木，其花如桴，将采其实，剥其皮，以姜汁涂之则尽落。"不过，南宋胡仔予以证否："余居岭外七年，备见土人采橄榄，初未尝以盐擦树身，亦只以梯采之，或以杖击之；而东坡'落红盐'之语，当自别出小说也。"徐俯也指出："盖北人相传，以为橄榄树高难取，南人用盐擦，则其子自落。今南人取橄榄虽不然，然犹有此语也，东坡遂用其事。"说到底，就是弄假成真。

嚼橄榄和吃别的水果不同，再用《南方草木状》的说法，"味虽苦涩，咀之芬馥，胜含鸡骨香"，所以"（三国）吴时岁贡，以赐近伺。本朝自泰康（晋武帝年号）后亦如之"，那时闽广以外的人能吃到，是一种很高的待遇。又，《旧唐书·哀帝纪》载，天祐二年（905）六月，哀帝李柷敕："福建每年进橄榄子，比因阉竖出自闽中，牵于嗜好之间，遂成贡奉之典。虽嘉忠荩，伏恐烦劳，今后……其进橄榄子宜停。"想来也与唐朝到了末世相关吧。

橄榄核也是好东西，至少从明朝开始就成为核雕的原料，核雕技艺传承至今。2008 年，"广州榄雕"入选了国家级非遗名录。

《虞初新志》有一篇《核舟记》，出自明末散文家魏学洢，记得收入过中学课本，说的是明朝王叔远，"能以径寸之木，为宫室器皿人物，以至鸟兽木石，罔不因势象形，各具情态"。接着详细介绍了王叔远送给他的一个"曾不盈寸"的核舟，刻的是"大苏泛赤壁"，包括东坡、佛印、黄庭坚在内，人物就刻了五个，还刻了 34 个字、八扇窗户、箬篷、手卷、念珠等，"盖简桃核修狭者为之"，是桃核雕。而榄核雕高手及作品，明清笔记中亦可窥见。

《遵生八笺》里有夏白眼，其乃明朝宣德年间人，"所刻诸物，若乌榄核上，雕有十六娃娃，状米半粒，眉目喜怒悉具。又如荷花九鹭，飞走作态，成于方寸小核，可称一代奇绝"。《坚瓠集》里有沈君玉。褚人获收藏了他的一枚榄核雕，雕的是一个驼背人，"棕帽，胡须，直身，肩有补顶，手持一扇"，扇子上有一首诗："一世无骄色，常年只鞠躬。对人能委曲，随处笑春风。"落款雕有沈君玉的印章。他还有其"杨梅核雕猢狲一枚，眉目毕具，惜失之矣"。《履园丛话》里有杜士元。"乾隆初年，吴郡有杜士元号为鬼工，能将橄榄核或桃核雕刻成舟"，且"每成一舟，好事者争相购得，值白金五十两"。代表作也是"东坡游赤壁"，不逊于王叔远的。杜士元好酒，乾隆皇帝"闻其名，召至启祥宫，赏赐金帛甚厚，辄以换酒"，想借此把他垄断起来。而"士元在禁垣中，终日闷闷，欲出不可"，没办法，来了招诈疯，乾隆才把他放走。

正因为"味虽苦涩，咀之芬馥"，橄榄又有了别名，如王祯《农书》云："昔人名为谏果。"昔人，至少可溯至宋朝王禹偁，其《橄榄》诗道出了这层意思："江东多果实，橄榄称珍奇。北人将就酒，食之先颦眉。皮核苦且涩，历口复弃遗。良久有回味，始觉甘如饴。我今何所喻，喻彼忠臣词。直道逆君耳，斥逐投天涯。世乱思其言，噬脐焉能追。寄语采诗者，无轻橄榄诗。"谏言，不就是听起来逆耳，实则有益朝政的忠言吗？屈大均也说，橄榄"一名味谏，粤人有欲效其友忠告者，辄先赠是果"。这种颇有意义的象征之举，不知今天还见存于民间与否。

不过，清朝学者王文诰说："此果味在回甘，而其俗通以盐渍之，名曰咸榄，失谏果之义矣。"开玩笑说，如"九制橄榄"之类加工过了的橄榄，非常适口，当与谏果无涉。

2023 年 2 月 25 日

刘三姐(妹)

3 月 4 日凌晨,戏曲电影《刘三姐》扮演者黄婉秋因病离世,享年 80 岁。消息传出,网友纷纷表达哀思。提起刘三姐,想到的往往就是黄婉秋。黄婉秋塑造的刘三姐形象,已经深入观众的心底。

电影《刘三姐》根据广西柳江流域流传的"刘三姐传说"改编而成,拍摄地选在"山水甲天下"的桂林,"坐实"了刘三姐的广西籍贯。时至今日,"刘三姐"也已成为广西的一张文化名片。河池市宜州区被认定为刘三姐故乡;2006 年,该区申报的"刘三姐歌谣"入选第一批国家级非物质文化遗产名录。不过,在已知的文献记载里,与传说却不大一样。首先,对"刘三姐"的称呼基本上是"刘三妹",兼有刘三姑、刘三太、刘三娘等。其次,其"籍贯"既有广西贵县说,更有广东说,广东说里面又有新兴、阳春说、封开说等。此外,湛江、茂名、阳江、清远、梅州等地,尤其是粤西地区的"刘三妹传说",也都大同小异。

王士禛《池北偶谈》提到的是广西贵县说:"相传唐神龙中,有刘三妹者,居贵县之水南村,善歌。"神龙,唐中宗李显的年号。广西说或还有其他吧。广东新兴说,见于屈大均《广东新语》"刘三妹"条:"新兴女子有刘三妹者,相传为始造歌之人,生唐中宗年间,年十二。"唐中宗李显前后两次即皇帝位,头一次是 684 年,才当了 55 天就被母亲武则天废为庐陵王;705 年,武则天病重,朝臣发动神龙政变,李显复辟,五年后,"帝遇毒,崩于神龙殿,年五十五"。方濬师《蕉轩随录》提到广东阳春说:"阳春县北八十里思良都铜石岩东之半峰,相传为李唐时刘三仙女祖父坟,今尚存,春夏不生草。刘三仙女者,刘三妹也。"他还爬梳出《舆地纪胜》等载"阳春有三妹山,以三妹坐岩上得名"。1989 年我在封开县罗董镇"劳动锻炼",隔壁杏花镇有号称"天下第一石"的斑石,当地人说刘三妹就是那里的人。我在道光年间编纂的《封川县志》上也看到:"三妹以善歌得仙,土人祠之。"

刘三妹在多地出现,可能如屈大均所说"往来两粤溪峒间"的结果,也可能有"文化借重"的因素。就是说,在文化传播过程中,传播者自觉或不自觉地利用已有优势或强势文化符号,作为传播的主题要素。

前人给出了刘三姐(妹)生活于唐中宗时期的时间点,视之为真实历史人物,但"中国民俗学之父"钟敬文先生认为不可能,在两广地区尤其是广西因为歌圩风俗很盛,历史上曾经存在和刘三姐相似的著名女歌手则是可能的,"后人根据当地流行之唱歌风俗,加以想象所造成者"。休说歌圩这种"江湖"之所,以唐朝而言,"庙堂里"以唱歌而闻名的女歌手也着实不少:杨贵妃侍女红桃善唱《凉州词》、虞姥能"一声留得满城春"(赵嘏句)、晚唐张好好一开口便"众音不能逐,袅袅穿云衢"(杜牧句)……

"刘三妹传说"的核心之处,正是"善为歌"。屈大均说:"千里内闻歌名而来者,或一日,或二三日,卒不能酬和而去。三妹解音律,游戏得道。尝往来两粤溪峒间,诸蛮种类最繁,所过之处,咸解其言语,遇某种人,即依某种声音作歌,与之倡和,某种人奉之为式。尝与白鹤乡一少年登山而歌，粤民及傜、僮诸种人围而观之，男女数十百层，咸以为仙，七日夜歌声不绝，俱化为石，土人因祀之于阳春锦石岩……三妹今称歌仙，凡作歌者，毋论齐民与狼（俍）、傜、僮人、山子等类，歌成，必先供一本祝者藏之。"在王士禛的说法中，刘三妹"与邕州白鹤秀才登西山高台，为三日歌"，结果唱了七天七夜，也是"皆化为石"，不过唱歌时的"七星岩（桂林？）上，下有七星塘"，不知确指哪里。统而观之，刘三妹的歌声远远超过了余音绕梁，则是二人的共识。屈云"月夕辄闻笙鹤之音，岁丰熟，则仿佛有人登岩顶而歌"；王云"至今风月清夜，犹仿佛闻歌声焉"。

电影《刘三姐》赋予了刘三姐反抗地主老财压迫的阶级斗争内涵，其中也有与秀才对歌，且秀才有三个之多，都是莫老爷请来的帮手，然皆被刘三姐尽情嘲讽，莫老爷被气得失足落水。如"开场白"，刘三姐"今日歌场初会面嘞，三位先生贵姓名"，三秀才故作聪明，让刘三姐去猜："百花争春我为先（即陶姓），兄红我白两相连（即李姓），旁人唱戏我挨打哟（即罗姓），名士风流天下传。"结果刘三姐旋即挖苦："姓陶不见桃结果，姓李不见李花开，姓罗不见锣鼓响嘞，蠢才也敢对歌来。"那么从前会唱些什么呢？王士禛说"大抵皆男女相谑之词"，还拿对歌那回说事，"秀才歌《芝房》之曲，三妹答以《紫凤》之歌；秀才复歌《桐生南岳》，三妹以《蝶飞秋草》和之；秀才忽作变调曰《朗陵花》，词甚哀切，三妹歌《南山白石》，益悲激，若不任其声者，观者皆歔欷"。

"人虽已逝，歌声永存。"黄婉秋女士逝世后，有网友这样悼念。不过，电影中的刘三姐唱段实际上绝大多数出自傅锦华，少数出自蔡秀英，道白则出自张桂兰，犹如北京奥运会开幕式上"演唱"《歌唱祖国》的林妙可，只是负责出镜，真正的声音出自杨沛宜。这些很早之前已被"揭秘",此处提起,在于"幕后英雄"万万不能忽略。

2023 年 3 月 5 日

花甲

　　正宗的本命年，实际上就是花甲，60岁。曾经以为，花甲对自己是件遥不可及的事情。"昔日戏言身后事，今朝都到眼前来"，元稹当年已把常人的这种普遍心境进行了诗意表达。吉利一点儿的话，把"身后事"理解成很远以后的事就是。

　　前人用干支纪年，以十天干和十二地支错综搭配，排列组合成60个名称，自甲子始，至癸亥终，一个排列周期为60年。如此周而复始，便组成了干支纪元法。十天干，即甲、乙、丙、丁、戊、己、庚、辛、壬、癸；十二地支，即子、丑、寅、卯、辰、巳、午、未、申、酉、戌、亥。因为组合出的名号繁多且相互交错令人眼花缭乱之故吧，六十甲子便称为"花甲"，后来又专指60岁。范成大《丙午新正书怀十首》其一云："不用桃符帖画鸡，身心安处是天倪。行年六十旧历日，汗脚尺三新杖藜。祝我膡周花甲子，谢人深劝玉东西。春风若借筋骸便，先渡南村学灌畦。"表明落笔之时，范成大到了60岁的年纪，也可见他是属马的。刚刚这个春节过后，农历便进入了癸卯年，这是天干中的"癸"与地支中的"卯"组合的结果。

　　《西游记》第二十回，唐僧师徒途经黄风岭之前露宿一户人家，唐僧与老者聊天："老施主，高姓？""在下姓王。""有几位令嗣?""有两个小儿,三个小孙。""年寿几何?""痴长六十一岁。"听到这里,孙悟空在一旁插话了:"好!好!好!花甲重逢矣。"花甲重逢,即 61 岁。设定某人甲子年出生,61 岁时又遇到甲子年,就相当于两个花甲碰面,所以悟空遵照民间传统,说老王是"花甲重逢"。当然,狭义的"花甲重逢"是 120 岁,也就是"满"两个花甲。不用说,这样高寿的人凤毛麟角。《郎潜纪闻初笔》转了两手书籍说道:乾隆辛未(1751)南巡,"有湖南老人汤云程来接驾,年一百四十岁……其孙曾随者,皆白发飘萧之翁也"。乾隆先赐其匾额云"花甲重周",又赐云"古稀再庆",两个花甲意犹未尽,干脆再来两个古稀。

昭梿《啸亭续录》"蒋香杜"条云,蒋棠"少聪敏,沈文悫公(德潜)赏识之,遂以鼎甲自负",然"屡试不售,落魄京师,尝馆于秋斋主人及予家中"。时蒋棠"年已花甲,性犹不衰,必欲致身科目",68 岁时终于中了进士。其人自喜过望,曰:"今始不负读书人也。"昭梿也表示钦佩,说他"亦可谓有志之士矣"。

蒋棠花甲之年仍在奋斗,那些成名较早的人又是如何度过的?

宋文帝元嘉元年(424)甲子,陶渊明花甲之年。江州刺史檀道济来看他,他已"偃卧瘠馁有日矣"。道济有点儿看不下去,开导他:"贤者处世,天下无道则隐,有道则仕。今子生文明之世,奈何自苦如此?"渊明对曰:"潜也何敢望贤,志不及也。"对道济所馈粱肉,渊明也"麾而去之",盖"道济宋室元勋,靖节心鄙之,故不受其馈"。颜延之来了则不同,不仅"日造公饮",而且"临去,留二万钱与公。公悉送酒家,稍就取酒"。他把延之所馈,视为"故人之谊"。

北宋哲宗绍圣二年(1095)己亥,苏轼花甲之年,他正在惠州,前一年十月三日贬谪而来。在给陈季常信中他写道:"自当涂闻命,便遣还骨肉阳羡,独与幼子过及老云并二庖婢过岭。到惠将半年,风土食物不恶,吏民相待甚厚。孔子云:'虽蛮貊之邦行矣,岂欺我哉!'"老云,就是朝云了。在给徐得之的信中他说:"到惠已半年,凡百粗遣,既习其水土风气,绝俗息念之外,浩然无疑,殊觉安健也。"虽然不大看得起岭南,但心境还算不错,他在惠州能留下脍炙人口的诗文,自然与之相关。

南宋孝宗淳熙十六年(1189)己酉,朱熹花甲之年,时《大学章句》和《中庸章句》"二书定著已久,犹时加窜改不辍。至是,以稳洽于心而始序之"。《朱子语类》云:"某年十七八时,读《中庸》《大学》,每早起须诵十遍。"朱熹认为"《大学》是为学纲目,先通《大学》,立定纲领,其他经皆杂说在里许。通得《大学》了,去看他经,方见得此是格物致知事,此是正心诚意事,此是修身事,此是齐家治国平天下事"。他甚至还说过:"我平生精力,尽在此书,先须通此,方可读书。"因此,这两篇文字不可小觑,"先生微言大义,具见二书序中,尤学者所当尽心也"。

清道光三年(1823)癸未,阮元花甲之年。正月二十寿辰这一天,"兼署广东巡抚"任命下达,且得"恩赐御书'福'字、'寿'字"。阮元拜受后,"携妇孺皆随往府署东园湛清堂下万竹林中,煮茶看竹,谢绝一切,秉烛始返,谓之竹林茶隐"。用他的诗句说:"酒中有至乐,恨我绝不谙。近岁作茶隐,聊以当沈酣。"也正是生日这个月,四册文集刻成,那是他为自己准备的本命年礼物,"自取旧帙,命儿子辈重编写之"。作为"三十余年以来"的学术成果,文集其一为"说经之作",其二"近于史之作",其三"近于子之作",其四"则御试之赋及骈体有韵之作"。

"平岸小桥千嶂抱,柔蓝一水萦花草。茅屋数间窗窈窕,尘不到,时时自有春风扫。　午枕觉来闻语鸟,欹眠似听朝鸡早。忽忆故人今总老,贪梦好,茫然忘却邯郸道。"花甲之年正月,王安石所填《渔家傲》词,他是要就此摒弃功名,潜心修养了。

2023 年 3 月 10 日

五官争功(续)

　　早些年写过一篇《五官争功》(参《尽入渔樵闲话》),如今十几年过去,于典籍阅读中又有所得,乃续为之。

　　对人体五官究竟何指,并无划一的说法。《黄帝内经》中黄帝"愿闻五官",岐伯认为是鼻、目、口、舌、耳,"鼻者,肺之官也;目者,肝之官也;口唇者,脾之官也;舌者,心之官也;耳者,肾之官也"。在岐伯看来:"肺病者,喘息鼻张;肝病者,眦青;脾病者,唇黄;心病者,舌卷短,颧赤;肾病者,颧与颜黑。"《荀子》里的五官,是"耳、目、鼻、口、形(即身)",唐朝杨倞注《荀子》则谓"耳、目、鼻、口、心"。如今医院五官科的五官,为"眼、耳、鼻、喉、口"。

　　群口相声《五官争功》中,争功的实际上是四官——嘴、眼、耳、鼻,另一个是头,脑袋。宋朝罗烨《醉翁谈录》里争功的也有四者:眉、眼、口、鼻。所以没说四"官",在于前人五官说虽有多种,但都没有包含眉毛。四者是这么争的,先是嘴巴说鼻子:"尔有何能,而位居吾上?"鼻子底气十足:"吾能别香臭,然后子方可食,故吾位居汝上。"它转而说眼睛:"子有何能,而位在吾上也?"眼睛也不甘示弱:"吾能观美恶,望东西,其功不小,宜居汝上也。"鼻子便又说眉毛:"若然,则眉有何能,亦居吾上?"眉毛好脾气:"吾也不解与诸君厮争得,吾若居眼鼻之下,不知你一个面皮安放那里?"

《解愠编》之"眉争高下"条,与眉毛较劲的不是鼻子而是眼睛。眼睛对眉毛很不忿:"我能辨别好歹,认识万象,有大功于人,尔有何能,位居吾上?"眉毛回答:"我也不与你争高下,必欲我在尔下,好看不好看?"

《荀子》早就指出:"耳、目、鼻、口、形能,各有接而不相能也,夫是之谓天官。"就是说,人的五种感官各有独特感知外界的本能,并不能互相代替。就像杨倞注释说的:"耳辨声,目辨色,鼻辨臭,口辨味,形辨寒热疾痒。其所能皆可以接物而不能互相为用。官,犹任也。言天之所付任有如此也。"《呻吟语》亦云:"手有手之道,足有足之道,耳目鼻口有耳目鼻口之道。但此辈皆是奴婢,都听天君使令。使之以正也顺从,使之以邪也顺从。渠自没罪过,若有罪过,都是天君承当。"这里的天君指心,实则亦出自《荀子》:"心居中虚,以治五官,夫是之谓天君。"因而所谓"五官争功",归根到底是心在作怪。

列子拜老商氏为师,以伯高子为友,九年之后达到了一种境界,"横心之所念,横口之所言,亦不知我之是非利害欤,亦不知彼之是非利害欤;亦不知夫子之为我师,若人之为我友:内外进矣"。没有是非,没有彼此,连自我的意识也不存在,身心与大道完全融合,于是乎,"眼如耳,耳如鼻,鼻如口,无不同也。心凝形释,骨肉都融;不觉形之所倚,足之所履,随风东西,犹木叶干壳。竟不知风乘我邪? 我乘风乎?"卢重玄解曰:"眼、耳、口、鼻不用其所能,各任之而无心,故云无不同也。"张湛注:"夫眼、耳、鼻、口,各有攸司。令神凝形废,无待于外,则视听不资眼、耳,嗅味不赖鼻、口。"这该是五官不去争功,反而形成合力产生的神奇效果。

《西游记》第十四回"心猿归正,六贼无踪",讲的是唐僧刚收了悟空为徒,便遇到自诩"大名久播"的六个剪径毛贼,"一个唤做眼看喜,一个唤做耳听怒,一个唤做鼻嗅爱,一个唤作舌尝思,一个唤作意见欲,一个唤作身本忧",要师徒"赶早留下马匹,放下行李,饶你性命过去"。心猿,即孙悟空,第七回的回目就交待了:八卦炉中逃大圣,五行山下定心猿。六贼呢,此既实指,亦为形象化比喻。佛教以眼、耳、鼻、舌、身、意这六根为六贼,所谓妄逐尘境,如贼劫财。六贼所生出的喜、怒、爱、思、欲、忧,乃是烦恼的根源,六个剪径毛贼的名字清楚地展示了这一点。而修行之人一定要首先断除这六贼,所以孙悟空须臾间团灭了六个家伙——"被他拽开步,团团赶上,一个个尽皆打死",实则表明自己祛除了这六种欲念,坚定了到西天取经的决心。相形之下,倒是责备悟空"全无一点慈悲好善之心",甚至认为他"去不得西天,做不得和尚"的唐僧,在断除与否这一点上要姑且存疑了。

心一旦作怪,争功的便不止五官了。《解缙编》有"茶酒争高",云茶谓酒曰:"战退睡魔功不少,助成吟兴更堪夸;亡家败国皆因酒,待客如何只饮茶?"酒不服气:"瑶台紫府荐琼浆,息讼和亲意味长;祭祀筵宾先用我,何曾说着淡黄汤?"两个争论不已,水在旁边说话了:"汲井烹茶归石鼎,引泉酿酒注银瓶;两家且莫争闲气,无我调和总不成。"又有工匠争功,木工自诩"能巧用斧凿造室制器,真良工也",石工云"断木非难,雕石为难,我良工也",铁工说:"治木治石,必藉炉冶钳锤之力,尔曹无我都做不成,且莫虚争闲气也。"又有钉地桃符仰视艾人而骂:"尔何等草芥,辄居我上?"艾人俯而应:"汝已半截入土,犹争高下乎?"桃符怒,门神为之开解:"吾辈不肖,方旁人门户,何暇争闲气耶?"

五官争功一类的本质殊途同归:争闲气。

2023 年 3 月 15 日

丑角

由戏剧想到了丑角。

戏剧有生、旦、净、丑四个行当，其中的丑又分文丑、武丑，文丑扮演的多是小人物，社会地位低下的人，店家酒保、贩夫走卒以及奸猾之辈。丑在四行当中虽然排名最后，角色身份也提不上台面，但在戏班中的地位却最高，后台的许多规矩都尊重之：在后台化妆，须丑先开脸；休息时坐的衣箱，生、旦、净坐何种都有明确规定，丑可随便。

丑角的这种地位，据说与唐玄宗李隆基和后唐庄宗李存勖演过丑角有关。如杨懋建《梦华琐簿》云："余每入伶人家，谛视其所祀老郎神像，皆高仅尺许，作白皙小儿状貌，黄袍被体，祀之最虔，其拈香必以丑脚，云：'昔庄宗与诸伶官串戏，自为丑脚，故至今丑脚最贵。"《清稗类钞》又添了个乾隆皇帝："丑角以优孟、曼倩为先声，开幕最早，伶界以此为最贵，无论扮唱与否，均可任情谈笑，随意起坐，不为格律所拘，相传唐明皇曾为之。至本朝，高宗亦尝扮此，故人人尊视，异乎其俦。"

行当之得名，说法很多。有的说是反着来，"生有须，是老而将死，故反言生。旦为妇人，昏夜所用，故反言旦。末本用以开场，故反言末。净本大污不洁，故反言净。外充院子，日常在内，故反言外。丑皆街猾，鸡鸣不起，故反言丑"。有的说是伶人文化程度不高，"始而减笔，继而误写，久之一种流传，遂为专门之名词，明知其误而不可改矣。譬如外，员外也。生，生员也……小旦，小姐也，先去女旁，后又改且为旦，但图省笔而已。丑，醜之代音字也"。反着来，还有另一种说法：生，唱念都该纯熟反称生；旦，本是晨曦初上属阳而名之女角；净，面孔粉墨本污秽不堪；丑呢，在十二生肖中属牛，牛很笨拙而角色伶俐活泼。祝允明《猥谈》则认为，没那么多讲究，"此本金元阛阓谈吐"，民间土话而已。

无论丑是如何得名的吧，其在戏剧中的功能每为插科打诨，制造气氛。《清稗类钞》云京师名丑刘赶三，"片语能欢座人，如扮《闯山》中之周鼎，《查关》中之娑罗院，皆尽扫陈言，独标新谛。扮贴者舌战少弱，为所窘者不知凡几矣"。赵仙舫，"光绪庚子以来，海内尚新学"，其"每登台，改良、进化诸名词，满口皆是，妙在运用切合，不知者或误以为东瀛负笈归也"。武丑草上飞、张黑，"皆捷如猿猱，迅如飞燕，任意翻倒，随情纵跃。唱《三上吊》时，贯索两楼之颠，由台飞跨而上，或往或来，或倒悬，或斜绊，或踞坐其上，或徐步其端，最后以发挂而口衔之，掣令其身上下"。

刘赶三有"天下第一丑"之谓，在沈蓉圃所绘《同光十三绝》中，与程长庚、谭鑫培、徐小香、梅巧玲等比肩而立。刘赶三弟子罗寿山同样十分了得，"京师人，专唱丑角，而唱工特胜，能效汪桂芬、谭鑫培各音，故于丑界为翘楚。说白清利圆稳，有真能力，做工、台步靡不精到。扮蒋干，扮贾贵，均为人所难能，而独唱《拾金》之声调之佳，合唱《活捉》之台步之敏，更不可复得，固非以专工俚语，便可作丑也"。这末一句，或许道出了丑角之所以受到尊重的重要原因或真正原因，洪迈说得好："俳优侏儒，固技之下且贱者，然亦能因戏语而箴讽时政，有合于古目'蒙诵''工谏'之义。"

《夷坚志》云,宋徽宗崇宁初,"斥远元祐忠贤,禁锢学术,凡遇涉其时所为所行,无论大小,一切不得志"。某天皇帝看戏,演的是伶"推一参军(即丑)作宰相,据坐,宣扬朝政之美"。先出场一僧,"乞给公凭游方",然宰相"视其戒牒,则元祐三年者,立涂毁之,而加以冠巾"。再出场一道士,"失亡度牒,问其披戴时,亦元祐也,剥其羽衣,使为民"。还有一士人,"以元祐五年获荐,当免举,礼部不为引用,来自言,即押送所属屏斥"。而主管宅库者对宰相耳语:"今日于左藏库请得相公料钱一千贯,尽是元祐钱,合取钧旨。"宰相低头想了半天,说:"从后门搬入去。"伶举起棍子杖其背曰:"你做到宰相,元来也只好钱。"演到这里把皇帝也给逗乐了。元祐的一概否定,唯有元祐钱是例外,等于说宰相是个不折不扣的贪官。

《程史》云,宋高宗绍兴十五年(1145)四月,诏就秦桧所新赐第举行宴会,"假以教坊优伶,宰执咸与"。演着演着出事了,"有参军者前,褒桧功德。一伶以荷叶交倚(椅)从之,恢语杂至,宾欢既洽,参军方拱揖谢,将就倚,忽堕其幞头,乃总发为髻,如行伍之巾,后有大巾镮,为双叠胜"。伶故意问,这是什么镮?丑答:"二胜镮。"伶遽以朴击其首曰:"尔但坐太师交倚,请取银绢例物,此镮掉脑后可也。"结果"一坐失色,桧怒,明日下伶于狱,有死者"。秦桧怒什么呢?丑这是以"二胜"谐"二圣"即徽钦二帝,以"镮"谐"还"。岳飞坚持北伐,就是为了迎回二帝。

有人统计,两宋时期至少有 13 位宰相被伶人讥讽过,尤其蔡京、秦桧、韩侂胄、史弥远等。这当中的伶人,基本上都是丑角。在高官达贵面前,甚至当着皇帝的面,他们不畏权势,于谐谑中直指时事之弊,以戏为谏,怎能不令人敬佩,不受人尊重?

2023 年 3 月 20 日

×毛

　　3月26日是作家三毛的生日。如果还在世的话,她该整整80岁了,可惜在47岁的盛年之时选择了自尽。

　　三毛的本名陈平,原名实为陈懋平,"懋"是族谱上她那一辈分的排行。她因为学不会"懋"字的写法,在写名字时就把这个字给省略掉。三毛之成为作家的标志性名字,据说源于三岁那年她读到的第一本书——张乐平《三毛流浪记》。三毛,是张先生笔下一个诚实、善良、机智的少年漫画形象,早在1935年便开始创作,给那少年只画了三根头发。许多年后,作家三毛去上海拜访张乐平,开口便喊张乐平夫妇"爸爸妈妈"。不过,三毛之"毛"与陈平本名略去之"懋",或也存在关联吧。

　　移诸典籍,三毛则是三绺髭须,即生在嘴边的短毛。《世说新语》云:"顾长康(恺之)画裴叔则(楷),颊上益三毛。"人而只有三绺髭须,自是相当怪异之事。顾恺之解释说:"裴楷隽朗有识具,正此是其识具。"大家再一看画,"定觉益三毛如有神明,殊胜未安时"。那么,这三绺髭须并非写实,也是漫画笔法,旨在传神。苏轼《赠李道士》诗感于李得柔"幼而善画……其写真,盖妙绝一时",因有"腰间大羽何足道,颊上三毛自有神"句。这该是顾恺之的余绪了。

有趣的是，三毛之外，典籍中关于二毛、一毛的说法也不乏见。

二毛，说的是黑白相间的头发，本指老年人，后来又指三十多岁的中青年。

《左传·僖公二十二年》记载了著名的宋楚泓之战。宋在泓水对岸已经摆好了阵势，"楚人未既济"，手下劝宋襄公："彼众我寡，及其未既济也请击之。"襄公未允。楚兵"既济而未成列，又以告"，襄公仍未允。等到楚军"既陈而后击之，宋师败绩"。今人曰襄公做法乃"蠢猪式的仁义道德"，该是针对他拘泥于"不鼓不成列""不以阻隘"等陈旧的兵法教条。时亦如此，"国人皆咎公"。襄公则曰："君子不重伤，不禽二毛。"杜预注曰："二毛，头白有二色。"而襄公秉承的实际上是君子战法。这种战法还包括：只要敌人已经负伤就不再去杀他，也不俘虏头发斑白的那些。

《礼记·檀弓下》云："吴侵陈，斩祀杀厉。"又是砍树，又是屠杀患病百姓。吴国撤兵之前，陈国派大宰嚭"使于师"。吴王夫差以"师必有名"而要行人仪问一下嚭，怎么评价吴军。嚭曰，"古之侵伐者，不斩祀，不杀厉，不获二毛"，你们的队伍可是什么都干，"今其不谓之杀厉之师与？"顺便提及，洪迈在这里看出了问题。他说嚭是夫差大宰，陈遣使者，止用行人，则仪乃陈人，那么，"记《礼》者简册错互，当云'陈行人仪使于师，夫差使大宰嚭问之'"。确是。《淮南子·氾论训》亦云："古之伐国，不杀黄口，不获二毛。于古为义，于今为笑。古之所以为荣者，今之所以为辱也；古之所以为治者，今之所以为乱也。"世易时移，战则但求取胜，可以不择手段。这样来看，宋襄公也许是君子战法的最后坚守者了。

从前，人的白发显见出现得早，所以二毛所指，渐渐转向昔日的中年人。

潘岳《秋兴赋序》开宗明义："晋十有四年，余春秋三十有二。始见二毛，以太尉掾兼虎贲中郎将，寓直于散骑之省。"在这里，32岁就已有二毛之谓。庾信《哀江南赋序》云，"信年始二毛，即逢丧乱，藐是流离，至于暮齿。"这里的丧乱，指侯景之乱和庾信被留西魏。侯景之乱发生于梁武帝太清二年（548），而据《庾子山集·滕王逌序》，北周大象元年（579）己亥，庾信"春秋六十有七"，31年过去。减减加加，则庾信二毛之时为36岁。

又，李宗谔《先公谈录》云："宗谔二毛之年，丁先公忧。"先公，宗谔父亲李昉，宋太宗时问世的《太平御览》《太平广记》《文苑英华》这三部巨著的主编。太宗至道二年（996），李昉"陪祀南郊，礼毕入贺，因拜舞仆地"，这个跟头摔坏了，"卧疾数日薨，年七十二"。而宗谔生于乾德二年（964），所以父亲去世时他33岁。

一毛呢？一根毛，喻细小、轻微的事物，已非实指。最有名的，莫过于形容极端吝啬的一毛不拔。

《孟子·尽心上》载，孟子曰："杨子取为我，拔一毛而利天下，不为也。墨子兼爱，摩顶放踵利天下，为之。"这是说，杨朱主张为我，让他做只拔一根汗毛便对天下有利的事情他也不做。墨子则主张兼爱，摩秃头顶，走破脚跟，只要对天下有利，他什么都干。《韩非子·显学》之"不以天下大利易其胫一毛"，显见也是杨朱的观点，不因天下的利益轻易损害自身的分毫。苏轼《与陈季常十六首》是东坡贬谪黄州时与陈慥的通信，其中第十二封说道："乡谚有云'缺口镊子'者，公识之乎？想当拊掌绝倒。"因为是乡谚，东坡加了自注："缺口镊子者，取一毛不拔。恐未常闻，故及。"该也是从杨朱那里化来的了。

司马迁在《报任安书》中语含激愤地说道："假令仆伏法受诛，若九牛亡一毛，与蝼蚁何以异？"在他看来，"人固有一死，死有重于泰山,或轻于鸿毛",自己死不足惜,含垢忍辱是为了完成《史记》。一毛到了这里,才呈现出积极的意义。

古有一毛、二毛、三毛,今天的网络用语,又开发了"五毛""六毛"。如此,则将来出现毛之四七八九,不足为奇。

2023 年 3 月 26 日

健忘

前两天的一则消息说,恒瑞医药自主研发的一种用于治疗早期阿尔茨海默病的注射液,在中国科学技术大学附属第一医院完成了首例临床试验。通过其他信息我们知道,阿尔茨海默病相关药物的研发是一道难关,失败率高达98%,这与疾病成因尚未完全阐明,一些重要的未知因素尚待发现等有关。但愿此番能够取得突破。

阿尔茨海默病发生于老年和老年前期,临床上以记忆障碍、失语、失用、失认、视空间技能损害、执行功能障碍,以及人格和行为改变等全面性痴呆表现为特征。在各国众多电影中,我们可以直观地感受到这一点,如韩国《我脑海中的橡皮擦》(2004)、日本《明天的记忆》(2006)、美国《依然爱丽丝》(2014)、英国《长路将尽》(2001)以及加拿大《远离她》(2006)等,有的更取材于真人真事。不难看到,患者的共同表征是:不记得自己说过的话、做过的事,甚至爱过的人。不过,专业人士指出,阿尔茨海默病会出现健忘的症状,但并不是所有的健忘都与之相关。

我们的典籍中可以读到不少健忘的例子,便未必是该病。

《列子·周穆王篇》中的华子,"朝取而夕忘,夕与而朝忘;在途则忘行,在室则忘坐;今不识先,后不识今"。家人苦不堪言,卦算过了,巫师来过了,医生也请过了,都解决不了问题。鲁国有个儒生"自媒能治之"——自媒,当然不是自媒体,而是自我介绍,有毛遂自荐的意思。华子之妻及子女"以居产之半请其方",儒生说,这种病"非卦兆之所占,非祈请之所祷,非药石之所攻",试试"化其心,变其虑",估计还能奏效。前期工作他是这么做的,"试露之,而求衣;饥之,而求食;幽之,而求明"。知道还有救,乃欣然告其子曰:"疾可已也。然吾之方密,传世不以告人。试屏左右,独与居室七日。"果然,华子"积年之疾一朝都除"。

《启颜录·昏忘》中也有数则。

先看两则说隋朝官员的。其一,王德"任尚书省员外,为人健忘",先是走错了门,坐在尚书的座位上,便"令取线鞋来脱靴"。人家说:"此尚书厅也,尚书在此。"王德"遂狼狈下阶而走本厅";还没坐下,上厕所,"付笏与从后番官,(番官)把笏立于厕门之侧";从厕所出来,"见番官把笏而立",惊问"公是何官人?"其二,洛阳令柳真"恍忽多忘"。有个犯人当处以杖刑,"柳真见其罪状,大嗔,索杖欲打,即脱犯罪人衣裳,于庭中坐讫"。正要动手,"有一客来觅柳真,柳真引客向房中语话"。时值冬天,"其犯罪人缘忍寒不得,即趑起向厅屋头向日,取袄子散披蹲地"。过一会儿柳真送客出门,"还,遥见此人,大叫嗔曰:'是何勿人,敢向我厅边觅虱?'"这人一听,"出门径走",柳真也"更不寻问",完全不记得了。

还有一则讲的是鄠县一百姓。其"将斧向田斫柴,并妇亦相随",不料刚到田里来了大便,"因放斧地上"。拉完,看见地上有把斧子,高兴得蹦起来了,以为捡的;又不料"即自踏着大便处",他非但没恼,反而恍然大悟:"只应是有人因大便遗却此斧。"老婆提醒他:"向者君自将斧斫柴,为欲大便,放斧地上,何因遂即忘却?"这人端详了一下老婆，问："娘子何姓，不知何处记识此娘子？"

这些健忘者可能真的属于病征，俗语之"贵人多忘事"，则显然带有调侃乃至讥诮的口吻，那是调侃或讥诮发迹的人不念旧友。

《唐摭言》云，王泠然中进士后迟迟未授官职，想起了故交高昌宇，人家已是御史了。老王写了封长信，叙旧之余，直截了当："望御史今年为仆索一妇，明年为留心一官。"《唐才子传》云老王"气质豪爽，当言无所回忌"，但信写到后面不免要挟，"傥也贵人多忘，国士难期，使仆一朝出其不意，与君并肩台阁，侧眼相视"，如果你不肯帮忙，万一我的官也当上去了，咱俩平起平坐，你可不要后悔。《红楼梦》第六回"刘姥姥一进荣国府"，周瑞家的在内听说，忙迎了出来，问她是哪位。刘姥姥忙迎上来问道："好呀，周嫂子！"周瑞家的认了半日，方笑道："刘姥姥，你好呀！你说说，能几年，我就忘了。"刘姥姥笑说道："你老是'贵人多忘事'了，那里还记得我们呢。"周瑞家的只是贾府的众多仆人之一，谙于世故的刘姥姥乐得奉上"贵人"的高帽子。

有意思的是，《列子》中的那个华子，当记忆恢复之后不喜反怒，"黜妻罚子，操戈逐儒生"。人家问他怎么回事，他说："曩吾忘也，荡荡然不觉天地之有无。今顿识既往，数十年来存亡、得失、哀乐、好恶，扰扰万绪起矣。吾恐将来之存亡、得失、哀乐、好恶之乱吾心如此也，须臾之忘，可复得乎？"华子觉得，什么都不记得未必是坏事。孔子听子贡转述后深有感触，"顾谓颜回纪之"，让他把华子的话记下来。

白居易诗有"老来多健忘，唯不忘相思"，是为结句，而起首"历想为官日，无如刺史时。欢娱接宾客，饱暖及妻儿。自到东都后,安闲更得宜。分司胜刺史,致仕胜分司"云云,表明他对当官时的舒畅日子其实记得清清楚楚,现在"雀罗谁问讯,鹤氅罢追随"了而已,则结句不是能品到一丝矫情的意味吗?

2023 年 3 月 29 日

《左传》

友人转发来一篇谈论断章取义的文字，举的是王充《论衡·案书》中的一段为例："刘子政玩弄左氏，童仆妻子皆呻吟之。"作者云，"没有扎实的古文基础的人"，将其翻译为：刘子政玩弄一个姓左的妇女，连他家里的妻妾、孩子、仆人都痛苦地呻吟。而王充实际上说的是：刘向研读《左传》，家人也受到熏陶，跟着诵读。

话说得不差。不过，作为论据的这段文字本身，却也是断章取义的产物。因为《案书》中的这一段，前几句交待得很清楚："《春秋左氏传》者，盖出孔子壁中。孝武皇帝时，鲁共王坏孔子教授堂以为宫，得佚《春秋》三十篇，《左氏传》也。"倘若那篇文字把这段引全，则没有扎实古人基础的人，也断然不会认为"左氏"乃人而不是书。《左传》的原名即《左氏春秋》，汉代又有《春秋左氏传》《春秋内传》《左氏》等名，汉以后才多为现称。

当然，那作者为了论证，也有故意混淆语词义项的动机。玩弄、呻吟的若干义项今天也没有失效，虽并存之，然与习惯的用法已南辕北辙。如玩弄，戏弄、耍弄之外，还有玩味、研习的意思。《朱子语类》中，朱子与门人谈论《论语》之"子路曾皙冉有公西华侍坐"，曾点言志有"浴乎沂，风乎舞雩，咏而归"句，孔子表示赞同。林恭甫因问浴沂事，朱子答得很有趣："想当时也真是去浴。

但古人上巳祓禊，只是盥濯手足，不是解衣浴也。"又问"咏而归"的意思，朱子答："曾点见处极高……与庄周相似，只不至如此跌荡。庄子见处亦高，只不合将来玩弄了。"朱子对庄子经常流露出溢美之情，但是该批评时也批评。在这里，他眼中曾、庄的相似之处，"逍遥游"该居其一。又如呻吟，因痛苦而发出的声音之外，还有诵读、吟咏意。如《庄子·列御寇》云，郑国有个叫缓的人，"呻吟裘氏之地，祇三年而缓为儒"，这是说缓在裘地花了三年功夫钻研儒家理论，学有成就。此中呻吟，就是吟咏学问之声。

因此，即便有扎实古文基础的人，也需要根据上下文来判断语词的确切含义。刻意抽出某一句话，即便是当代文字、外国文字，照样能被曲解。爱迪生名言有"天才就是1％的灵感加上99％的汗水"，后来我们知道还有后半句，道是："但那1％的灵感甚至比那99％的汗水都要重要。"之前片面地摘出前半句，强调的是付出就行，但爱迪生的意思显然不在于此。

《左传》是我国最早的编年体史书。王充认为："公羊高、榖梁、胡母氏皆传《春秋》，各门异户，独《左氏传》为近得实。"意谓只有《左传》的阐释比较接近《春秋》的本意。当代杨伯峻先生指出，"《春秋》是鲁国的一部自隐公元年至哀公十四年（后人又续至十六年）共二百四十四年间的不完备而可信的编年史"，而《左传》通过叙述春秋时的具体史事，来说明《春秋》所记录的纲目，借助《左传》才能真正理解《春秋》标题目录的全部意义。桓谭《新论》也早有见解："《左氏传》于《经》，如衣之表里相待而成。《经》而无《传》，使圣人闭户思之十年，不能知也。"反过来同样成立，就是若只有《左传》而无《春秋》，则《左传》也有许多费解之处。《左传》的价值，首先在史学中的地位，被公认为继《尚书》《春秋》之后，开《史记》《汉书》之先河；其次它也是一部非常优秀的文学著作,长于记述战争、刻画人物。

刘向对《左传》的确是深有研究并且影响了家人的。《新论》另云:"刘子政、子骏,子骏兄弟子伯玉,俱是通人,尤重《左氏》,教授子孙,下至妇女,无不读诵。"子政是刘向的字,子骏是刘歆的字,刘歆是刘向三个儿子中最小的那个,这就表明刘氏父子和全家都熟读《左传》。有研究指出,刘向《列女传》主体或部分采自《左传》的便有15则。如《晋伯宗妻》中的"伯宗妻戒其勿直言"情节,即采自《左传·成公十五年》:"初,伯宗每朝,其妻必戒之曰:'盗憎主人,民恶其上'。子好直言,必及于难。"《汉书·楚元王传》则对刘歆研读《左传》有相关记载:"时丞相史尹咸以能治《左氏》,与歆共校经传。歆略从咸及丞相翟方进受,质问大义。初《左氏传》多古字古言,学者传训故而已,及歆治《左氏》,引传文以解经,转相发明,由是章句义理备焉。"

刘氏父子之外,研究《左传》者代不乏人,晋武帝问杜预有什么癖好,杜预说自己"有《左传》癖"。《晋书·杜预传》载,杜预"既立功之后,从容无事,乃耽思经籍,为《春秋左氏经传集解》。又参考众家谱第,谓之《释例》。又作《盟会图》《春秋长历》,备成一家之学,比老乃成"。现存最早的《左传》注解,即杜预的《春秋左氏经传集解》。不过杜预的研究当时未被看好,唯秘书监挚虞赏之:"左丘明本为《春秋》作传,而《左传》遂自孤行。《释例》本为《传》设,而所发明何但《左传》,故亦孤行。"

回到题头那篇由《左传》引发的文字,其结论是:"断章取义解释,大学问家刘向距离西门大官人就只有一步之遥。"而殊不知,其自身断章取义,再刻意以词语的"误导"义项去歪解,当作幽默段子可也,论证什么的话,与哗众取宠也只有一步之遥。

2023 年 4 月 4 日

镇海楼

上周五再次参观了广州博物馆，馆长是同系低两级的师弟。博物馆依托的是赫赫有名的镇海楼，师弟介绍说，以全国重点文物保护单位为馆址的市级博物馆，全国只有两家，镇海楼为其一。十年前，2013 年 3 月，"镇海楼与广州明城墙"跻身第七批全国重点文物保护单位。

镇海楼，始建于明代洪武十三年（1380），正看似楼，侧观如塔，楼高 28 米，分五层，俗称"五层楼"。张岳《镇海楼记》碑刻于嘉靖二十六年（1547），为镇海楼现存最早的碑记，"守将永嘉朱侯亮祖始作楼五层以冠（越秀）山巅，曰'镇海'，楼成而会城之形势亦壮"云云。叶权《贤博编》附《游岭南记》亦云："广城佳致当以五层楼为最，在粤秀山上观音山后，国初，朱亮祖创始。"镇海楼景致，用屈大均《广东新语》的说法，"实可以壮三城之观瞻，而奠五岭之堂奥"；他同时指出，建楼还有风水的考虑，所谓"以压紫云黄气之异者也"，盖"广州背山面海，形势雄大，有偏霸之象"。檀萃《楚庭稗珠录》亦有"朱亮祖以越上气王，建楼镇之"。张渠《粤东闻见录》云，广州"嗣是人文日盛，有清晏之安，无僭窃之患。或以为斯楼之助居多"。

朱亮祖，《明史》有传，虽未言及建楼，然可见其人其行，所谓

"勇悍善战而不知学,所为多不法"。参《道同传》,可窥其劣迹实例。洪武十二年(1379),朱亮祖"出镇广东",与番禺知县道同交恶,因道同"执法严,非理者一切抗弗从,民赖以少安"。值"土豪数十辈抑买市中珍货,稍不快意,辄巧诋以罪,(道)同械其魁通衢",那些人家便"争贿亮祖求免",朱亮祖"置酒召同,从容言之",以为小事一桩。不料道同厉声曰:"公大臣,奈何受小人役使!"朱亮祖恼了,来浑的,不仅将犯人"破械脱之",而且"借他事笞同"。又,"富民罗氏者,纳女于亮祖,其兄弟因怙势为奸。同复按治,亮祖又夺之去"。道同乃"条其事奏之",然朱亮祖"先劾同讪傲无礼状"。朱元璋始而"不知其由,遂使使诛同",待到明白一切之后,"召亮祖至,与其子府军卫指挥使暹俱鞭死"。

《镇海楼记》碑记载的是该楼第一次重修,是为明嘉靖二十四年(1545)。由提督尚书蔡经、巡按御史陈储秀动议,"出帑金二千三百有奇,以为木石、瓦甓、丹漆、僦佣之费,选用能吏稽董工程"。一切准备就绪,"蔡公去,余(张岳)来代之,陈君去,御史杨君以诚代之……工告成,规制如旧,而闳伟壮丽视旧有加。楼前为亭,曰'仰高',左右两端跨衢为华表,左曰'驾鳌',右曰'飞蜃',旧所无也"。张岳重修的意义非比寻常,"方楼之未作也,环海百万家抙首赍嗟,若失所负;及其既作,重檐飞阁,迥出云霄,以临北户,群山内向,大海浩渺,如秃者之冠,痿者之起,凡海邦之形胜精神,有不迅张翕沓以赴兹楼者乎?"《贤博编》中,镇海楼"后火毁,嘉靖中复建",说的正该是这一次。叶贤格外强调了用材,"梁栋榱拱,窗户磴道,五层间寸寸悉铁力木为之,木大者两抱……中州欲构此楼,安得此美材为之哉!"

《广州文物志》云,600多年来镇海楼共有五次重修。《粤东闻见录》云"本朝康熙甲子,巡抚李公士桢撤而新之",该是第二次,康熙甲子即 1684 年。广州博物馆另一藏碑——著名学者黄节撰文之《重修镇海楼记》,记录的是第三次,即民国十七年（1928）年重修。这一回,"因其四壁,复其高甍重屋,编木易之,合土衰楹,以铁乇其外"。登楼眺望,"形胜在目,浩渺无际。夫楼（非）昔日之楼也,不改者山海也"。

当年,屈大均眼中的镇海楼,"自海上望之,恍如蛟蜃之气,白云含吐,若有若无。晴则为玉山（即粤秀）之冠,雨则为昆仑（即西洋大型商船）之舵,横波涛而不流,出青冥以独立",以为"其玮丽雄特,虽黄鹤、岳阳莫能过之"。清朝"蜀中三才子"之一的李调元,《登镇海楼》诗亦有"昔年曾记登黄鹤,冠绝平生此两游"句。奇怪的是,这个有"岭南第一胜概"之誉的所在,清朝"羊城八景"之一,却至少被两个名人忽视了,未知原因何在。一个是嘉庆年间写下《浮生六记》的沈复,一个是道光年间以钦差大臣身份来广东查禁鸦片的林则徐。《浮生六记》之"浪游记快",有一大段沈复在广州的旅游活动:"先至沙面",到"花艇"即妓船上寻"快",还"择一雏年者,身材状貌有类余妇芸娘"。没混几天就全都熟了,"合帮之妓无一不识,每上其艇,呼余声不绝,余亦左顾右盼,应接不暇,此虽挥霍万金所不能致者",洋洋自得之情溢于言表。寻欢作乐之外,他只去了海珠石（今已不存）上的海珠寺。林则徐抵任后,每往返于广州与虎门之间,其在广州时就住越华书院,去越秀山不远,其日记也无到过镇海楼的记载。但他也不是哪都没去,道光二十一年（1841）正月初二,"出门答人贺年,顺赴光孝寺访碑"。

黄节先生落笔之时,希望"以斯楼为博物院,将骈罗古今庋藏不可方之瑰异,俾邦人士登眺之暇,兼资研索"。竣工当年,镇海楼即被辟为广州市市立博物院,开岭南近代博物馆之先河,亦为中国早期博物馆之一。今天，镇海楼又为广州博物馆，我等来此，"研索"什么的谈不上，大开眼界却是事实。

2023 年 4 月 9 日

《千字文》

3月26日，北京印社研究会新址揭牌暨北京青少年千人篆刻《千字文》公益活动启动仪式举行。按照计划，这1000名学生将在两个月的集训时间里，每人掌握《千字文》中的一个篆刻文字。这个活动很有意义。

"天地玄黄，宇宙洪荒，日月盈昃，辰宿列张"，《千字文》问世于南朝萧梁时期，与《三字经》《百家姓》并称为传统蒙学三大读物之一。其最了不起的地方，在于用整整1000个不重复汉字（实行简化字、归并异体字后出现若干重字）凝练出250句韵文，从宇宙诞生之初讲起，涉及天文、博物、社会、历史、伦理、教育等方方面面的知识，且对仗工整，条理清晰，文采斐然。如做人，有"罔谈彼短，靡恃己长；信使可覆，器欲难量"，以及"尺璧非宝，寸阴是竞"等。《千字文》老少咸宜，雅俗共赏，吟咏之，朗朗上口，既能识字、习文，又能增广见闻，且能启蒙儒家伦理思想。

千百年来，无论在庙堂还是江湖，《千字文》都产生了巨大影响。宋徽宗赵佶以三丈余整纸草书的《千字文》今天还能见到，藏于辽宁省博物馆。识者指出，此卷乃徽宗40岁时挥就，笔势奔放流畅，变幻莫测，是继张旭、怀素之后的杰作。开篇之"天地玄黄"，徽宗写作"天地元黄"，无疑在避其远祖赵玄朗的名讳。不过，这远祖并非赵家族谱记载，而是出自真宗一梦。《续资治通鉴》载，大中祥符五年（1012），真宗"自言梦见景德中所睹神人传玉皇之命云：'先令汝祖赵某授汝天书，将再见汝，如唐朝恭奉玄元皇帝。'"未几下诏，明确"圣祖名上曰玄、下曰朗，不得斥犯"。

在民间，别用《千字文》的成例颇多，折射出人们对之稔熟的一面。

《启颜录》云，唐栎阳尉封抱一接待过客，客人"既短，又患眼及鼻塞"，他便作了首诗，说人家"面作'天地玄'，鼻有'雁门紫'。既无'左达丞'，何劳'罔谈彼'"。封抱一用的是缩脚法（参拙文《露八分·缩脚》），《千字文》有"天地玄黄""雁门紫塞""左达承明""罔谈彼短"，则封抱一所缩脚之字，正是其取笑人家的内容：面黄、鼻塞、眼有病、个子矮。巧则巧矣，不够厚道就是。另一则"敬白社官、三老等"，借"某乙"之口，以《千字文》句连缀成文，对基层官员进行辛辣调侃，就有可取的一面了。"切闻政本于农，当须'务兹稼穑'，若不'云腾致雨'，何以'税熟贡新'？"可是瞧瞧许多官员，"饱饫烹宰"，但知大鱼大肉，而某乙"饥厌糟糠"，平日里只能吃糠咽菜。"脱蒙'仁慈隐恻'，庶有'济弱扶倾'"，倘若他们还有恻隐之心，但愿能接济扶助贫弱困顿的人，则"某乙即'稽颡再拜'，终冀'勒碑刻铭'"。可惜，自己虽然有这种美好期冀，"但知'悚惧恐惶'，实若'临深履薄'"，却是不大可能实现。

又，《大唐新语》云："高宗朝，姜恪以边将立功为左相，阎立本为右相。"时人语曰："左相宣威沙漠，右相驰誉丹青。"《千字文》之"宣威沙漠，驰誉丹青"，原意是赞美四位战国名将：秦之白起、王翦，赵之廉颇和李牧。所谓"起翦颇牧，用军最精"，是说四将声威远传到了北方的沙漠地区，美名彪炳史册。在《大唐新语》这里则是实指，而从"以末技进身者，可为炯戒"的结论看，阎立本尽管以"丹青神化""天下取则"的声名享誉后世，但时人并没有瞧得起,视之为"末技",因而"时人语"纯为嘲讽。

又,《唐语林》云,西蜀一次宴会上,黎州刺史作《千字文令》,要求"带禽鱼鸟兽"字样,他自己先来了句"有虞陶唐"。把中华文明始祖之一虞舜的"虞"弄成了"鱼",表明这是个半桶水先生,然"坐客忍笑不罚"。轮到薛涛,对以"佐时阿衡",刺史马上说没有鱼鸟,要罚。薛涛笑了:"衡"字当中还夹着条小鱼,"使君'有虞陶唐',都无一鱼"。于是"宾客大笑,刺史初不知觉",被薛涛揶揄了还莫名其妙。

又,《牡丹亭》第十七出《道觋》,紫阳宫石道姑有感半生坎坷,连续运用了《千字文》中的 116 句:"俺因何住在这'楼观飞惊',打并的'劳谦谨敕'?看修行似'福缘善庆',论因果是'祸因恶积'。有什么'荣业所基'?几辈儿'林皋幸即'。生下俺'形端表正',那些'性静情逸'……是人家有个'上和下睦',偏你石二姐没个'夫唱妇随'?"出嫁了,因为自身是石女,"要留俺怕误了他'嫡后嗣续'……俺情愿'推位让国'……不怨他,只'省躬讥诚'。出了家罢,俺则'垂拱平章'"。综合石道姑的身世,则这464 个字不啻其血泪控诉。赵翼指出,汤显祖"用《千字文》语打诨"这一段,即本自《启颜录》之"敬白社官、三老等",盖唐时文字游戏,"临川特仿为之耳"。

明朝学者吕坤有个观点:"君子贵体认。"体认,体察认识,将书本知识内化于心,变成行动指南。其《呻吟语》云:"要体认,不须读尽古今书,只一部《千字文》,终身受用不尽。要不体认,即三坟以来卷卷精熟,也只是个博学之士,资谈口、侈文笔、长盛气、助骄心耳。"三坟,传说中的古书。而"读书人最怕诵底是古人语,做底是自家人。这等读书虽闭户十年,破卷五车,成甚么用!"振聋发聩。

2023 年 4 月 15 日

杂技

4月15日,在安徽宿州市埇桥区蒿沟镇的一次杂技演出中,一名36岁的女演员在表演高空绸吊时脱手坠落,不幸身亡。究竟何种原因导致悲剧的发生,当事演出团体提供的消息反转不已,引发社会舆论的强烈关注。对高空表演是否该系安全绳、地面铺设保护网,专业人士与普通观众也各执一词。

在古代,杂技已是娱乐形式的一种,但涵盖范围要广得多,杂乐、歌舞戏、傀儡戏等俱在其内,甚至包括摔跤,所谓百戏。《汉书·武帝纪》载,元封三年(前108)春,"作角抵戏,三百里内皆观"。颜师古注:"文颖曰:'名此乐为角抵者,两两相当角力,角技艺射御,故名角抵,盖杂技乐也。"所以,从前的杂技演员被称为百戏人。《朝野类要》"金鸡"条云,宋时,"大礼毕,车驾登楼,有司于丽正门下肆赦,即立金鸡竿盘,令兵士抢之。在京系左右军百戏人,今乃瓦市百戏人为之"。为什么选择金鸡呢?"盖天文有天鸡星,明则主人间有赦恩"。

《魏书·乐浪王忠传》载,北魏末代皇帝元修"泛舟天渊池,命宗室诸王陪宴"。元忠"愚而无智,性好衣服,遂著红罗襦,绣作领;碧绅袴,锦为缘"。这身打扮令元修很看不惯,他说:"朝廷衣冠,应有常式,何为著百戏衣?"这表明当时的杂技演员已有专业服装。然元忠也果真迟钝得可以，回了句"臣少来所爱，情存绮罗，歌衣舞服，是臣所愿"，自己乐意这样。气得元修恨恨地说："人之无良，乃至此乎!"

百戏中与今天杂技一脉相承的项目，大抵有走索、踢弄、弄盏等，弄盏或在踢弄之内。盖《梦粱录》云，宋时踢弄人可以"踢瓶、弄碗、踢磬、踢缸、踢钟"等。

走索，显然形同今天杂技中的走钢丝。山东沂南出土有汉墓石刻"绳技图"，形象地呈现了走索。《文选·张衡〈西京赋〉》有"跳丸剑之挥霍，走索上而相逢"句，薛综注："索上长绳系两头于梁，举其中央，两人各从一头上，交相度。所谓僻绋者也。"

《隋书·音乐志下》载，大业二年（606），"突厥染干来朝，炀帝欲夸之，总追四方散乐，大集东都"。其中就表演了走索，"以绳系两柱，相去十丈，遣二倡女，对舞绳上，相逢切肩而过，歌舞不辍"。

《封氏闻见记》云："玄宗开元二十四年（736）八月五日，御楼设绳妓。妓者先引长绳，两端属地，埋鹿卢（相当于滑车或绞盘）以系之。鹿卢内数丈立柱以起绳，绳之直如弦。然后妓女自绳端蹑足而上，往来倏忽之间，望之如仙。有中路相遇，侧身而过者；有着屐而行，从容俯仰者。或以画竿接胫，高五六尺；或蹋肩蹈顶至三四重，既而翻身掷倒，至绳还柱曾无蹉跌。皆应严鼓之节，真奇观也。"这一段，读来很有些惊心动魄。卫士胡嘉陵当场作《绳妓赋》，"玄宗览之大悦"，小胡还因此得了官，"擢拜金吾卫仓曹参军"。

《清嘉录》云，时苏州过年"有杂耍诸戏，来自四方，各献所长，以娱游客之目"。走索亦为其一，此外还有高竿、穿跟斗、吞剑、弄刀等。

踢弄之踢，大抵类似于今天杂技中的蹬技，弄盏凭借的则是手法。

但"踢"还不止于蹬，前面说的抢金鸡，《梦粱录》云每用"百戏踢弄家"，这又属于攀援技巧了，攀援现在也是保留节目。《梦粱录》还列举了一系列踢弄人的名字，谢恩、张旺、宋宝哥、沈家强、自来强、小娘儿等，有的显见是艺名。

弄盏，相当于今天杂技的抛接，两手拿着物件，左右互掷互接。

《列子·说符》云，战国时宋国有个弄盏高手，"弄七剑迭而跃之，五剑常在空中"，能将宝剑进行左右手抛接，"元君大惊，立赐金帛"。《友会谈丛》云，宋朝有个弄盏高手也十分了得，"其盏百只，置于左右手，更互掷之。常一半在空，递相拽击，声皆中节"，一手抛一手接，接住之前又抛，如此循环反复，越抛越高，在空中飞舞的盏也越来越多，竟然可以多到百余只。上官融感慨："虽睹者如堵，但心目眩转，莫测其所学焉。"至于"夫技艺骇众，世自有之不经见者，以为妄谈"。

走索一类的高空杂技，到宋代已经演变得十分惊险。司马光《走索》诗道得分明："伎儿欲夸众，喜占衢路交。系组不厌长，缚竿不厌高"，难度系数不断加大，但见艺人"空中纷往来，巧捷如飞猱"。然而，"却行欠肤寸，倒絓连秋毫。参差有万一，齑粉安可逃"。但是，艺人们为了生活，只能"钱刀不盈掬，身世轻鸿毛"。而看客们呢，"徒资旁观好，曹偶相称褒。岂知从事者，处之危且劳"。宋元之际艾性夫《赠绳伎》表达的是同样意思："绝艺当场万目倾，两竿杇索半空横。反提双女摩肩过，仰射孤鸿信脚行。胆似子龙身里满，体如飞燕掌中轻。弄潮已叹吴儿险，更有人从死处生。"

杂技表演的空中项目,倘若因为保护措施妨碍演员完成各种动作和技巧,惊险势必将转化为危险。不言而喻,满足观众的感官刺激又势必增加演员的危险系数,如宿州这里稍有不慎便令演员付出了生命代价。业内人士就此指出,靠动作惊险博得观众眼球的杂技演出理念不可取,而通过精巧的动作设计展现肢体美才应是杂技艺术追求的方向。宿州发生的悲剧必须引起杂技界内外的深思。

2023 年 4 月 20 日

坐姿

4月19日,河南驻马店市市委书记鲍常勇会见中科院院士、西湖大学校长施一公的照片,引发了舆论热议。照片上,书记的身体深陷在沙发中,近乎"葛优躺",而院士则近乎"正襟危坐"。于是不少网友将书记的坐姿解读为"不尊重学者",有的更上升到了"权力对知识的傲慢"。

古人很讲究坐姿,尤其是在高坐具出现之前,《礼记·曲礼》有一套完整的规定,"并坐不横肱,授立不跪,授坐不立"云云。坐姿是否合乎礼仪,可通过实例来辨识。

韩婴《韩诗外传》云:"孟子妻独居,踞。"孟子回家后看到了,马上跟母亲说媳妇无礼,得休掉。母亲问怎么个无礼法,孟子以"踞"来回答。母亲问你怎么知道,孟子说自己亲眼所见。母亲于是说,无礼的恰恰是你啊,"《礼》不云乎:'将入门,问孰存。将上堂,声必扬。将入户,视必下。'不掩人不备也"。你看你,"往燕私之处,入户不有声,令人踞而视之,是汝之无礼也,非妇无礼也"。于是"孟子自责,不敢去妇"。孟子欲因之休妻,表明"踞"是一种十分不合礼仪的坐姿。

踞,《说文解字》释为"蹲也",即两足及臀部着地或物之上,两膝上耸。这种不合礼仪的坐姿,典籍中比比皆是。《汉书·郦食其传》载,儒生郦食其前来为刘邦献策,"沛公方踞床令两女子洗(足)"。见此情景,郦食其"即长揖不拜",正告他:"必欲聚徒合义兵诛无道秦,不宜踞见长者。"刘邦这才"辍洗,起衣,延食其上坐,谢之"。刘邦摆出那副坐姿,是因为他此前是很看不起儒生的,不仅"与人言,常大骂",甚至"诸客冠儒冠来者,沛公辄解其冠,溺其中",往人家帽子里撒尿。《后汉书·鲁恭传》中,鲁恭上疏有"夫戎狄者,四方之异气也。蹲夷踞肆,与鸟兽无别"句,更把"踞"这种坐姿贬损到家。

箕踞,更不得了,那是轻慢、傲视对方的坐姿。《曲礼》有"立毋跛,坐毋箕",叮嘱人们一定不能那样坐着。《庄子·至乐》云:"庄子妻死,惠子吊之,庄子则方箕踞鼓盆而歌。"惠子看不惯,当场说了他几句,当然庄子有更多的话等在后面。成玄英在此疏"箕踞",乃"垂两脚如簸箕形也",坐时两脚伸直岔开,形似簸箕。庄子这样属于放浪形骸,三国时蜀之简雍也是这样。《三国志·简雍传》载,简雍"性简傲跌宕,在先主坐席,犹箕踞倾倚,威仪不肃,自纵适",不过,他有相应的资本,"少与先主有旧,随从周旋",跟刘备是同乡,又很早就追随了刘备嘛。

史上很有些著名的"箕踞",有的是没有修养,有的则是故意为之。《史记·刺客列传》载,荆轲刺秦王失手,"自知事不就,倚柱而笑,箕踞以骂",索性来个大义凛然。又,《张耳陈馀列传》载:"汉七年,高祖从平城过赵,赵王(张耳子敖)朝夕祖韝蔽,自上食,礼甚卑,有子婿礼(敖娶刘邦长女)。高祖箕踞詈,甚慢易之。"人家都到这个份儿上了,刘邦仍然一副高高在上的牛×模样。《汉书·陆贾传》载:"高祖使贾赐佗印为南越王。贾至,尉佗魋结箕踞见贾。"听了陆贾夹枪带棒的一番话,"佗乃蹶然起坐",向陆贾谢罪:"居蛮夷中久,殊失礼义。"而刘邦那一回箕踞,还差点儿要了他的命。《史记·田叔列传》载,当时赵相赵午等在场的数十人都极其愤怒,对张敖说:"王事上礼备矣,今遇王如是,臣等请为乱。"张敖恨得"啮指出血"之余,还是选择了隐忍,但是贯高他们"卒私相与谋弑上",不料事泄,"汉下诏捕赵王及群臣反者,于是赵午等皆自杀",诏书亦云:"赵有敢随王者罪三族。"这是由包含坐姿因素在内引发的一次血案了。

表示尊敬的坐姿,从前——高坐具出现之前,跪坐是一种。《曲礼》云:"若非饮食之客,则布席,席间函丈。主人跪正席,客跪抚席而辞。客彻重席,主人固辞。客践席,乃坐。"主客相互谦让时,均为跪姿,礼节结束后,才转换为坐姿。坐与跪,皆双膝屈而接地,区别在于臀股双足足跟接触与否,贴上为坐,若保有一定距离则为跪。所以孔颖达说:"坐亦跪也。坐通名跪,跪名不通坐也。"就是说,坐姿可含跪姿,但不能相反。今天的日本仍然可窥貌似跪姿的坐姿。

正襟危坐也是一种示敬的坐姿。《史记·日者列传》载,宋忠、贾谊"同舆而之市,游于卜肆中",听到司马季主与弟子"方辩天地之道,日月之运,阴阳吉凶之本……语数千言,莫不顺理",二人"瞿然而悟,猎缨正襟危坐",马上整理自己的冠带,正正衣襟,端正地坐好,以表示对司马季主的尊敬。

高坐具出现之后,尤其到宋朝,彻底进入"垂足而坐",开启了"跂坐"时代。《礼记》没有预料到高坐具这一问题,自然也没有相关规定,但是有约定俗成的社交礼仪,这是大家共同认可的行为规范。用这些来衡量鲍书记的坐姿,的确令人不大舒服。不过,另一张照片显示,施一公院士也是跷着二郎腿,且施院士在事后回应中也明确:"当时的谈话很愉快,很融洽,书记没有傲慢行为,比较洒脱自信……"不难想见,对鲍书记的坐姿肯定有被过度解读之嫌,但之所以如此,在于社交礼仪这种貌似无形实则有形的存在,警醒公众人物须臾不可掉以轻心。

2023 年 4 月 23 日

大 排 档

20世纪80年代甫来岭南之际,最先见识的广州街头一景是"大排档",亦即路边聚集排列的食肆。

广府白话里保留了不少古汉语用语,市民日常生活对白中每能流露出文绉绉的一面。如"也是"说成"亦系","因为"说成"皆因","于是"说成"于是乎","终于"说成"卒之",诸如此类。有鉴于此,疑心"大排档"或来自从前的"排当"。苟如此,则其"出身"还不可小觑,盖"排当"乃帝王宫中设宴之称,具有显赫的一面。

"大抵内宴赏,初坐、再坐,插食盘架者,谓之'排当',否则但谓之'进酒'。"这是《武林旧事》的说法。"故事,宫中饮宴,名曰排当。"这是《续资治通鉴·宋度宗咸淳六年》的说法。《西湖游览志馀》云,1176年,南宋太上皇高宗赵构生日,"先十日",已有各种仪式;当天就更隆重,要"上侍太上过寝殿,进早膳",然后"上侍太上同往射厅,看百戏";俟午时三刻,"驾赴德寿殿排当,皇帝已下,并簪花侍宴"。上,即宋孝宗。

从南宋的一些排当中,同时可以窥见朝政的另一面。

《西湖游览志馀》云,光宗在东宫时"意欲内禅",很有些迫不及待,然"终难发言,数击鲜于慈福太后",老是给太后安排宴会。太后不明所以,询问近侍:"大哥屡排当,何故?"旁人说那是"意望

娘娘为趣上耳",让您老人家给催催。太后还真办事,"顷之,寿皇
(孝宗)至东内,从容间,语上曰:'官家也好早取乐,放下与儿
曹。'"孝宗来了个顺坡溜,说自己早就想这样了,"但孩儿尚小,未
经历,故不能即与之"。不过,如我们所见,孝宗终究是"禅"位给
光宗的。昨日加冕的英国国王查尔斯,已经 74 岁,如果他熟知我
们的历史,仿效光宗逼宫,说不定也早就接班了吧。

《齐东野语》云:"穆陵初年,尝于上元日清燕殿排当,恭请恭
圣太后。"穆陵,宋理宗赵昀;恭圣太后,宁宗杨皇后。赵昀刚上
台,应该是借排当来密切与太后的关系,毕竟皇位原本轮不到他。
可惜,排当进行中出了事故,"既而烧烟火于庭,有所谓地老鼠者,
径至大母圣座下,大母为之惊惶,拂衣径起,意颇疑怒,为之罢
宴"。理宗吓坏了,马上"将排办巨珰陈询尽监系听命",第二天一
早又到太后面前谢罪,"且言内臣排办不谨,取自行遣",听太后处
理。太后倒是大度,笑曰:"终不成他特地来惊我,想是误耳,可以
赦罪。"于是"子母如初焉"。

理宗吓成这样,实因其与太后并非具有血缘关系的母子,而
且对其继位,太后一开始持坚决反对的态度。这个杨太后很不简
单,"少以姿容选入宫",但也"颇涉书史,知古今",因此在与曹美
人的皇后竞争中胜出。《宋史》载,宁宗嘉定十四年(1221),"帝
以国嗣未定,养宗室子贵和,立为皇子,赐名竑"。但宰相史弥远
"既信任于后,遂专国政",为了掌握太子的动向,他"买美人善琴
者纳之",安插在太子身边。有一天,太子指着地图对美人说,这
是此琼崖州,"他日必置史弥远于此地";又在桌上写了"弥远当决
配八千里"几个字。美人与心腹将这些消息传出,"弥远大惧,阴
蓄异志",结果就是安排了赵昀接班。宁宗甫一驾崩,史弥远即
"夜召昀入宫",对杨后来了个先斩后奏。杨后明确表态:"皇子先

帝所立,岂敢擅变?"这天夜里,史弥远"凡七往反,后终不听",直到杨家人拜泣曰:"内外军民皆已归心,苟不立之,祸变必生,则杨氏无唯类矣。"杨后"默然良久",终于开口问赵昀在哪里,"弥远等召昀入,后拊其背曰:'汝今为吾子矣!'"实在是出于无奈,杨后"遂矫诏废竑为济王,立昀为皇子,即帝位"。在这样的背景之下,对排当中的事故,理宗安有不"恐甚"的道理?

《钱塘遗事》云,理宗开始尚能"厉精为治",而"在位既久,嬖宠浸盛",表现之一为"禁中排当频数,娼妓傀儡得入供应,宫嫔廪给泛赐无节"。所以理宗时武衍《宫中词》云:"圣主忧勤排当少,犀椎鱼拨总成闲。"斯时朝政之不堪,艺人都看不过眼。一日,内宴杂剧,一人专打锣,一人扑之曰:"今日排当,不奏他乐,丁丁董董不已,何也?"曰:"方今事皆丁董,吾安得不丁董?"此之"董",喻"极善逢迎"的董宋臣;"丁",喻"与宋臣表里,复以庙堂之力助之"的宰相丁大全。《续资治通鉴》载,理宗嘉熙元年(1237)十二月,王伯大借日食毫不客气地指出:"今天下大势,如江河之决,日趋日下而不可挽……陛下试反身而自省曰:吾之制行,保无有屋漏在上、知之在下者乎? 徒见嬖昵之多,选择未已,排当之声,时有流闻,则所谓精神之内守,血气之顺轨,未可也。"

鉴于"理宗朝排当之礼,多内侍自为之,一有排当,则必有私事密启",度宗朝之给事陈宗礼更一针见血:"内侍用心,非借排当以规羡余,则假秩筵以奉殷勤。不知聚几州汗血之劳,而供一夕笙歌之费。"不是捞油水,就是编织关系网,挥霍民脂民膏。

倘若"大排档"果真是由"排当"演绎而来,则探究其演绎过程,尽管夹杂着不堪,仍不失为一种趣味。时尚地说,"大排档"也是一种街头文化。

2023 年 5 月 7 日

烧烤

"中国烧烤看山东,山东烧烤看淄博。"一段时间以来,淄博凭借"烤炉＋小饼＋蘸料"等烧烤"三件套"火爆出圈,接连登上微博热搜,成为当地的一张亮眼名片。全国各地众多食客"进淄赶烤",乐此不疲。

烧烤的历史颇为悠久,《诗》中多有道及。《小雅·瓠叶》写的是下层贵族宴会宾客,后三章即官员烧烤兔肉下酒,"有兔斯首,炮之燔之……燔之炙之……燔之炮之……"云云。《楚茨》为祭祀祖先的乐歌,不仅写助祭的厨司"或剥或亨,或肆或将",而且写到"或燔或炙"的烹饪方式。在《大雅》方面,《凫鹥》有"旨酒欣欣,燔炙芬芬",《行苇》有"醓醢以荐,或燔或炙"。炮、燔、炙等字眼,皆与烧烤相关。《说文解字》释"炮"为"毛炙肉也",连毛在一起烧烤;释"燔"为"爇也",放在火上烧;释"炙"为"炮肉也,从肉在火上";不是都与今天的烧烤一般无二?

从前祭祀祖先的供品中便有烧烤。《左传·僖公二十四年》载,宋成公与楚讲和后回国过郑,"郑伯将享之,问礼于皇武子"。皇武子说宋乃殷商之后,"于周为客,天子有事,膰焉",周天子祭祀,他们会送上烤肉。膰亦作燔,宗庙祭肉,生者曰脤,熟者曰膰。于是"郑伯从之,享宋公有加"。山东嘉祥出土的汉画像石中,有侍者拿着烤好的肉串举给西王母和东王公的画面，那两个还都是神仙呢。

前人也很喜欢吃烧烤，《乐府诗集》有句云："饮醇酒，炙肥牛，请呼心所欢，可用解愁忧。人生不满百，常怀千岁忧。昼短而夜长，何不秉烛游。"一边喝酒，一边烧烤牛肉，极其心满意足。不妨再挑几个具体的人物来看。

《战国策·魏策二》云，齐桓公夜半饿了，"易牙乃煎敖燔炙，和调五味而进之"，弄点烧烤。桓公吃得很满意，睡得也好，"至旦不觉"。《孟子·尽心下》载，曾晳爱吃黑枣，公孙丑问孟子："脍炙与羊枣孰美？"孟子说烧烤啊，原话是"脍炙哉"。《西京杂记》云，刘邦"为泗水亭长，送徒骊山，将与故人诀去"，老友送他"酒二壶、鹿肚、牛肝各一。高祖与乐从者饮酒食肉而去"；登基之后，刘邦"朝晡尚食，常具此二炙"。这就表明，当年吃的鹿肚、牛肝，都是烧烤而成；"常具"，那是非常好这口了。《三国志·关羽传》载，关羽刮骨疗毒之时，"适请诸将饮食相对，臂血流离，盈于盘器"，而关羽呢，"割炙引酒，言笑自若"，烧烤照吃，酒照喝，仿佛什么事也没有发生一样。

逻辑上推断，鸿门宴上项羽他们吃的可能也是烧烤。项庄拔剑起舞，樊哙闯入，项羽赐酒之余，又"与一生彘肩"。樊哙并不含糊，"覆其盾于地，加彘肩上，拔剑切而啗之"。倘非吃烧烤，则这个生猪肘子便无来历。又，广州西汉南越王墓出土了三件铜烤炉及配套的铁钩、铁叉，墓主文帝以之为陪葬品，可见生前或也是个烧烤迷。

吃烧烤，还能吃出许多人生况味。

《韩非子》云，晋文公时，"宰臣上炙而发绕之"，烧烤的肉上有毛发缠绕，乃责备厨师："女欲寡人之哽邪？奚为以发绕炙？"厨师则顿首再拜，认为自己有三条死罪，第一条是"援砺砥刀，利犹干将也，切肉肉断而发不断"，磨得那么锋利的刀，肉都切断了头发却没有切断；第二条是"援锥贯脔而不见发"，穿肉的时候居然没看见头发；第三条是"奉炽炉炭，肉尽赤红，炙熟而发不焦"，肉都烧烤熟了头发却没烤焦。厨师自道的三条死罪实则提出了三个疑点，归根到底在于"堂下得微有疾臣者"，侍从里面有人忌恨他。文公"召其堂下而谯之，果然，乃诛之"。

《世说新语》也有一则，说顾荣在洛阳一个饭局上吃烧烤，"觉行炙人有欲炙之色，因辍己施焉"，结果局上的人都笑话他。顾荣说，哪有整天搞烧烤的，"而不知其味者乎？"五胡乱华，晋室渡江，顾荣"每经危急，常有一人左右己，问其所以，乃受炙人也"。这件事，《晋书》中加了句顾荣"见执炙者貌状不凡，有欲炙之色"，且受炙人报恩，乃因赵王司马伦谋篡帝位而未果，"荣被执，将诛，而执炙者为督率，遂救之，得免"。余嘉锡先生结合《文士传》指出，顾荣"赏其人物俊伟，故加以异待，不徒因其有欲炙之色而已"；而"《晋书》《建康实录》均言荣为赵王伦子虔长史，伦败，荣被执，而执炙者为督率，救之得免"，《世说新语》"独谓为遭乱渡江时遇救，便自不同"。何以不同？余先生"疑《世说》采自顾氏家传，故为荣讳耳"，倘因赵王伦事，那是参与谋反，与遭乱渡江的性质大不一样。《南史·阴铿传》中有类似之事，只是顾荣换成了阴铿，侯景之乱，阴铿"当为贼禽，或救之，获免。铿问之"，是他在饭局上给了应有尊重的那位。余先生再指出："此与顾荣事终末全同，疑为后人因荣事而傅会。"十有八九吧。

淄博烧烤与普通烧烤并无本质不同，但是他们"宰牛宰羊不宰客"，赢得了消费者的追捧，甚至带动了一个工业城市的经济文化逆袭。其之所以能"破圈"，实质上是服务型政府理念的完美落地。"五一"假期期间,不少著名的老牌景区"门前冷落鞍马稀",淄博的做法不值得他们细细咀嚼?

2023 年 5 月 11 日

斯文在兹

前几天，将自己已出版的 28 册作品共四套捐给了母校图书馆。母校如今在大学城、珠海、深圳均有校区分布，每个校区一套吧。在校本部即康乐园，何文平馆长为余颁发了捐赠证书，然后是参观。和三十多年前我等读书时相比，无论硬件还是软件，图书馆都"鸟枪换炮"了。书库正门上方挂有一框，端端正正地书写着"斯文在兹"四个大字。

斯文在兹，源自《论语·子罕》。"子畏于匡，曰：'文王既没，文不在兹乎？天之将丧斯文也，后死者不得与于斯文也；天之未丧斯文也，匡人其如予何？'"公元前 496 年，孔子从卫国到陈国路经匡地，匡人曾受到鲁国阳虎的掠夺和残杀，因为孔子的相貌与阳虎相像，匡人误以就是阳虎，将他困住。在孔子的语境里，斯文指古代的礼乐教化、典章制度。杨伯峻先生将孔子的话译成："周文王死了以后，一切文化遗产不都在我这里吗？天若是要消灭这种文化，那我也不会掌握这些文化了；天若是不要消灭这种文化，那匡人将把我怎么样呢？"

后来言及斯文，每每是指举止文雅的人，儒士、文人或者读书人。《儒林外史》第十回，门房告三公子有先生求见，三公子道："那先生是怎样一个人？"看门的道："他有五六十岁，头上也戴的是方巾,穿的件茧绸直裰,像个斯文人。"《警世通言》第六卷,俞良去临安应考,"金榜无名",于是"有些银两,只买酒吃,消愁解闷"。旅店老板娘孙婆因房费问题埋怨了几句,他一触即跳。孙婆笑道:"白住了许多时店房,到还要诈钱撒泼,也不像斯文体面。"另一边厢,太上皇宋高宗为了圆梦,"更换衣装,扮作文人秀才,带几个近侍官,都扮作斯文模样,一同信步出城"。结果,"不像斯文体面"的与"扮作斯文模样"、身份地位悬殊的两人,产生了交集,俞良一家伙便"被授成都府太守"。那年头,提拔谁不提拔谁,提拔到什么程度,官大的说了算。

有趣的是,《西游记》里的猪八戒也觉得自己是个斯文人。第五十六回,师徒四人投宿一人家,鉴于那家老者刚才被悟空等的样貌吓得"魄散魂飞,面容失色",唐僧乃吩咐徒弟:"今进去相见,切勿抗礼,各要尊重些。"八戒马上表白:"我俊秀,我斯文,不比师兄撒泼。"悟空也旋即揶揄他:"不是嘴长、耳大、脸丑,便也是一个好男子。"电视剧《西游记》第十二集,八戒发表的是另一番妙论。他吃相太难看,沙僧要他斯文些。他说:"斯文,斯文,没完没了了还,老是斯文。我肚子饿得慌,那斯文呐,当不了饭吃。"并且,"这天下斯文的人哪,都得吃五谷杂粮,那才能活的痛快"。

与斯文在兹相对应的,无疑是斯文扫地,那是因为社会风气等种种原因,使文化或文化人得不到应有的尊重。

《宋史纪事本末·史嵩之起复》载,"时范钟、刘伯正暂领相事,恶京学生言事,谓皆游士鼓倡之",要求京兆尹"逐游士"。而"诸生闻之,作《卷堂文》,辞先圣以出,曰'天之将丧斯文,实系兴衰之运,士亦何负于国,遽罹斥逐之辜。静言思之,良可丑也'云云。《卷堂文》大抵相当于罢课宣言。《坚瓠集》收有蒙求子的《卷堂文》,"慨自世降而风微,遂致道衰而日甚",劝先生另谋生路,实则代之宣泄。看看现实,"毛锥将安用,直须曲意徇人;文章难疗饥,只得垂头丧气"。再看学生,"谁人效立雪杨游,何处寻浴沂童冠"?所以,"农工商贾莫非人,奚必教书为业;城市乡村皆有利,何须处馆营生。从今奋翼,定令飞过愁山;及早回头,还好脱离苦海",表明斯时斯文扫地到了极点。

当然,还有一种斯文扫地,是"斯文"自身的原因:自甘堕落。

《啸亭杂录》云,王树勋"幼入京应试,不售,乃于广慧寺为僧"。这个人非常聪明,"剽窃佛氏絮语,以为直通圆觉。又假扶乩、卜筮诸异术,京师士大夫多崇信之"。与此同时,他又"以重贿赂诸人之阍者,故多探刺其阴私事而扬言于外,故人愈尊奉之。蒋予蒲、庞士冠等以词垣名流,甘列弟子之位,其余达官显宦为其门人者无算。朱文正公(珪)正人也,亦与之谈晤,其他可知矣"。被勒令还俗后,王树勋"游荡江湖间",因为交游的权贵多,居然混到了襄阳知府的位置。其"尝入都引见,刑部尚书金光悌,贪吏也,因其子病剧,延树勋医治。树勋怵以祸福,光悌至长跪请命,人哄传为笑谈"。到了御史石承藻出现,王树勋才走到了头,"上下其章讯之,得实"。嘉庆皇帝称赞石承藻"真御史也"。王树勋被褫职,"遣戍黑龙江",那些与之有密切往来的达官呢,"光悌以先物故,得免置议,蒋予蒲、宋镕等黜降有差"。令昭梿感慨的是:"夫树勋以一浮荡僧人,乃敢以口舌干请诸大僚为之荐引,致身二千石之贵……诸名士以翰墨名流,而甘为缁衣弟子,以至遭其笞挞之辱,亦可谓斯文扫地矣"。这就不免让人记起树勋的本家——前些年江西那个"大师"王林了。

孔子嘴里的斯文在兹,表现出一种强烈的文化自信。母校图书馆的匾额,庶几近之。

2023 年 5 月 14 日

间谍

　　改革开放之初我国引进的法国电影《蛇》，记得令时人眼界大开。故事讲的是苏联驻法国大使馆二等参赞弗拉索夫假装叛逃美国，实则借此对北约高层实施破坏，开眼界的是那些间谍器材与手段，还有巴黎、华盛顿、伦敦、慕尼黑等城市的旖旎风貌。电影开篇引用了《孙子兵法》中的语句："故明君贤将所以动而胜人，成功出于众者，先知也。"旁白阐释说："这种所谓先知，在当今世界上被称为特务活动；小说家则称之为谍报。"

　　引用的这句话，见于《孙子兵法·用间篇》，用间，即使用间谍。《尔雅》释"间"为"倪"，郭璞注："《左传》谓之谍，今之细作也。"彼时"间"与"谍"意义互训，连言无别。用《说文解字》的说法，间谍即诈为敌国之人，入其军中，伺候间隙，以反报其主。《蛇》所引用《孙子兵法》这段话的前面，原书是有铺垫的：如果十万大军千里迢迢出征，"百姓之费，公家之奉，日费千金，内外骚动，怠于道路，不得操事者，七十万家"，这般兴师动众，动手之前，一定得摸清"敌之情者"，然后接上《蛇》之所引，要"先知"，而做到先知，"不可取于鬼神，不可象于事，不可验于度，必取于人，知敌之情者也"，不能依赖祷告、相术、占卜什么的，而只能从人、从掌握情报的人即间谍那里得到。

《孙子兵法》把间谍分为五种:因间、内间、反间、死间和生间。各有分工,配合使用,五管齐下,"莫知其道,是谓神纪,人君之宝也"。具体来看,"因间者,因其乡人而用之",是利用敌方的平民百姓搜集下层情报;"内间者,因其官人而用之",是利用敌方的官吏搜集上层情报;"反间者,因其敌间而用之",是收买敌方的人为己方所用;"死间者,为诳事于外,令吾间知之,而传于敌间也",是己方派出,专门传假情报给敌方的间谍;"生间者,反报也",是己方派出,传回真情报的间谍。在孙武看来,间谍的使用无处不在,"凡军之所欲击,城之所欲攻,人之所欲杀,必先知其守将、左右、谒者、门者、舍人之姓名,令吾间必索知之",一定都得刺探清楚。其《谋攻篇》有名句云"知己知彼,百战不殆",间谍无疑是知彼的最重要途径。比照来看,《蛇》中的弗拉索夫属于"死间",美、法、西德几方始而也的确大上其当,只是败露后他被以美国 U－2 侦察机飞行员交换回国,没有丢掉性命。倘依我们唐朝的法律,"若非征讨而作间谍,若化外人来为间谍……绞"。

　　《孙子兵法》是一种理论总结,见诸于实操层面的间谍亦早已有之。《左传·桓公十二年》有罗国"使伯嘉谍之,三巡数之"的记载,是说楚攻罗,罗派大夫伯嘉去侦察敌情,几趟下来,摸清了楚军的数量。又,《宣公八年》载:"春,白狄及晋平。夏,会晋伐秦。晋人获秦谍,杀诸绛市,六日而苏。"这是说,公元前 601 年,白狄与晋国讲和后一起攻打秦国,晋人抓获了秦的间谍,在绛之街市上问斩,不料六天后他又活过来了。《宋史·高宗纪》也有若干谍报金兵即将入侵的记载。如建炎元年九月,"以谍报金人欲犯江、浙,诏暂驻淮甸捍御,稍定即还京阙"等。

　　至于细作,在文学作品中出现的频率高一些。如《水浒传》梁山一打祝家庄,李逵听到宋江和花荣商议"先使两个人去探听路途曲折",便自告奋勇"先去走一遭"。宋江说:"若是破阵冲敌,用着你先去。这是做细作的勾当,用你不着。"结果派了杨林、石秀,杨林扮成"解魔的法师",石秀扮成生意失败的外乡人在此落魄卖柴,两人分头行动。石秀深入庄内向钟离老人打探时,"只听得外面闹吵……拿了一个细作",原来杨林被捉。《三国演义》中孙坚欲跨江击刘表,"差黄盖先来江边,安排战船,多装军器粮草,大船装载战马,克日兴师。江中细作探知,来报刘表。表大惊,急聚文武将士商议"。

《东轩笔录》收录了北宋名将种世衡实施反间计的详细经过。仁宗庆历中,种世衡守青涧城,对垒的西夏刚浪崚、野利遇乞两将智勇双全。时"有悟空寺僧光信者,落魄耽酒,边人谓之'土和尚',多往来蕃部中,世衡尝厚给酒肉,善遇之"。一天,种世衡请光信带封信给野利遇乞,行前"复召饮之酒",且曰:"界外苦寒,吾为若纳一袄,可衣之以行,回日当复以归我。"光信刚到边界就被西夏兵抓住,"及得赍书以见元昊",元昊见信中所言"即寻常寒暄之问",十分生疑,"遂缚信拷掠千余,至胁以兵刃",光信的确什么也不知道,所以"终言无他",然而"元昊益疑"。终于在光信"所衣之袄甚新洁"看出了破绽,"立命拆拆",找到了给遇乞的另一封信:"前承书有归投之约,寻闻朝廷云,只候(光)信回得报,当如期举兵入界,惟尽以一厢人马为内应,俟获元昊,朝廷当以静难军节度使、西平王奉赏。"元昊上当了,"夺遇乞之兵,既又杀之",而"遇乞死,山界无良将统领,不复有侵掠之患,而边陲亦少安矣"。只是可怜光信,糊里糊涂地当了一回间谍。

《蛇》作为一部法国电影,对《孙子兵法》的引用而如此稔熟,看电影那会儿不觉得有什么,如今不免啧啧称奇。

2023 年 5 月 20 日

蒲牢

2023 德班世乒赛正在南非激烈进行。在昨天的男子单打比赛中,日本选手张本智和不敌中国选手梁靖崑,无缘四强。赛后,张本智和泪洒赛场,但仍然主动走过来与梁靖崑握手致意,并用中文送出祝福:"恭喜,加油!"此举赢得了不少中国球迷的赞赏。此前,张本智和因为得分时喜欢吼叫,令许多中国球迷非常反感。

吼叫,在人而言是情绪激动的流露,张本智和正属于这一种。而人,不仅在情绪激动时大声叫喊,伤心时也是同样。《后汉书·邓训传》载,邓训先后担任过乌桓校尉、护羌校尉,在西北边疆深得民心。"戎俗父母死,耻悲泣,皆骑马歌呼",而听到邓训去世则不然,"莫不吼号,或以刀自割,又刺杀其犬马牛羊",甚至"家家为训立祠,每有疾病,辄此请祷求福"。

所谓"在鸟而鸟鸣,在兽而兽吼",猛兽大声鸣叫即为吼叫。武松在景阳冈打虎时,老虎先来了一扑,然后"把前爪搭在地下,把腰胯一掀,掀将起来",而"武松只一躲,躲在一边",老虎"见掀他不着,吼一声,却似半天里起个霹雳,振得那山冈也动"。狮子吼,更为人们所熟知了。《传灯录》云:"释迦佛生时,一手指天,一手指地,作狮子吼云:'天上天下,唯我独尊。'"这是形容佛家说法音声震动世界,如狮子吼叫,群兽慑服。人们同样熟知的是,后来到了苏东坡那里,"河东狮吼"被用去比喻妻子悍妒,从而异化为嘲笑惧内的人。这该是佛门弟子万万不会料到的吧。但也不能不承认,东坡的戏用浑然天成:陈慥妻子柳氏的郡望不是河东吗?陈慥本人不是好谈佛吗?佛家不是以狮吼来喻威严吗?

由张本智和之吼,想到神兽蒲牢,无他,蒲牢以"大鸣"闻名嘛。蒲牢者何?东汉班固有《两都赋》传世,分《西都赋》《东都赋》两篇。东汉已经定都洛阳,而"西土耆老,咸怀怨思,冀上之眷顾,而盛称长安旧制,有陋雒邑之议",班固不能认同,乃作赋假托西都宾和东都主人相互驳难,借以影响汉明帝。结果,"(东都)主人之辞未终,西都宾矍然失容,逡巡降阶,揲然意下,捧手欲辞",认输了,西都的确比不上东都。《东都赋》有"于是发鲸鱼,铿华钟"句,三国薛淙作注时提到蒲牢:"海中有大鱼名鲸,又有兽名蒲牢。蒲牢素畏鲸鱼,鲸鱼击蒲牢,蒲牢辄大鸣乎。凡钟欲令其声大者,故作蒲牢于其上,撞钟者名为鲸鱼。钟有篆刻之文,故曰华。"后来,"蒲牢"也就成了钟的别名。"发鲸鱼"云云,是皇帝出行时仪仗的一部分。此中鲸鱼,谓刻杵作鲸鱼形,铿谓击之。以杵击钟,如《尚书大传》所云:"天子将出则撞黄钟,右五钟皆应。"《东都赋》全篇都是给汉明帝戴高帽子,对其各种政治措施进行美化和歌颂,目的是规劝其不要西迁。

不知从何时开始,蒲牢又成了龙的九个儿子之一。当然这只是传说,没有任何实质性的如考古遗迹等的资料。龙生九子虽不成龙,但各有所好,因而各司其职。在明人笔记中有不少相关内容,或许表明这一传说在明朝最为流行并定格成后世版本。

《菽园杂记》尚以"古诸器物异名"来论及,"蒲牢"也写为"徒牢","屃贔其形似龟,性好负重,故用载石碑。螭吻,其形似兽,性好望,故立屋角上。徒牢,其形似龙而小,性吼叫,有神力,故悬于钟上"云云。《万历野获编》云,某天弘治皇帝"忽下御札问龙生九子之详",李东阳回答:"其子蒲牢好鸣,今为钟上钮鼻;囚牛好音,今为胡琴头刻兽;睚眦好杀,今为刀剑上吞口;嘲风好险,今为殿阁走兽;狻猊好坐,今为佛座骑象;霸下好负重,今为碑碣石趺;狴犴好讼,今为狱户首镇压;屃赑好文,今为碑两旁蜿蜒;蚩吻好吞,今为殿脊兽头,凡九物皆龙种。"有研究认为,较早介绍"龙生九子"的正是李东阳。其《怀麓堂集》自道了事情经过:皇帝问后,"因忆少时往往于杂书中见之,仓卒不能悉具,又莫知所出",就去问编修罗玘,"玘仅疏其五六,云得于其师左参政赞者";又去问吏部员外刘绩,"绩以故册来,册面备录此语,亦不知所从出"。这就是说,李东阳之"据以复命",很是下了番功夫。

龙生九子,后多用来比喻同胞兄弟的良莠不齐。然其后代怎地性情如此迥异呢?按《五杂组》收录的说法:"盖龙性淫,无所不交。"且云《博物志》在九种之外,还罗列了不少,如"宪章好囚,饕餮好水,蟋蜴好腥……螭虎好文采,金猊好烟,椒图好闭口"等,还有"好风雨""好立险""好火""不睡"的。清人汪中云:"凡一二之所不能尽者,则约之以三,以见其多;三之所不能尽者,则约之以九,以见其极多。"则龙生九子之"九",原本或为虚指,到李东阳才成为确指吧。

需要看到的是,赛场上张本智和的吼叫,是在激烈对抗后自己得分之时,但是对擦边、擦网等含有运气成分的得分,他不仅不叫,而且举手向对手致歉似的示意,表明他是很懂礼貌的。这个中国乒乓球强劲竞争对手的出现,于推动这项运动本身具有积极意义,球迷委实不必苛求之。

2023 年 5 月 27 日

儿时游戏

刚刚过去的这个"六一"儿童节，引发了不少大朋友的怀旧。"永保纯真，童心永伴"一类的微信祝福，也收到了不少。各路大朋友虽未及《史记》所言"年六七十翁……游敖嬉戏如小儿状"的程度，比较兴奋是无疑的，尤其对儿时游戏念兹在兹。像我这一代生于20世纪60年代的人，男孩的儿时游戏无外是弹球、打弹弓、滚铁圈等。

从前的儿时游戏，跟现在差不了多少。《论衡·自纪篇》有王充自道："建武三年(27)，充生。为小儿，与侪伦遨戏，不好狎侮。"小伙伴们玩的是"掩雀、捕蝉、戏钱、林熙"，然"充独不肯"。捕蝉无须多说；掩雀，捉麻雀；戏钱，以铜钱做游戏；林熙，爬树一类。《宋史·太祖本纪》载，赵匡胤儿时，"尝与韩令坤博土室中，雀斗户外，因竞起掩雀，而室随坏"。在一间土坯房子里两人正赌着呢，为屋外啄斗的麻雀所吸引，又争着起身出来捉，可巧这时土屋就塌了。因掩雀而幸免于难，这是游戏的意外功能了。

贵戚儿时游戏都有些什么呢？《后汉书·梁冀传》载，梁冀玩的是"挽满、弹棋、格五、六博、蹴鞠、意钱之戏"。挽满，拉弓射箭。弹棋，《蓺经》云"两人对局，白黑棋各六枚，先列棋相当，更先弹也。其局以石为之"，大抵就是后世的弹球，质地不同就是，我们以前弹的是玻璃球。格五,下棋类。六博,掷采行棋的博戏,以使用六根博箸而得名。蹴鞠,足球的前身。意钱,亦为博戏的一种。当然了,在当时边陲民族那里,"儿能骑羊,引弓射鸟鼠",挽满也属儿童寻常游戏。

"小儿五岁曰鸠车之戏,七岁曰竹马之戏。"从晋代开始,儿童最为常见的玩具为鸠车、竹马。鸠车,王黼等《宣和博古图》云:"状鸱鸠形,置两轮间,轮行则鸠从之。"参看所附图样,看得会更清楚。竹马,儿童当马骑的竹竿,就更为普遍了。"郎骑竹马来,绕床弄青梅",李白《长干行》描绘的正是这样一幅生动画卷。《晋书·殷浩传》载,殷浩小时与桓温齐名,但两个暗自角力,"温既以雄豪自许,每轻浩,浩不之惮也"。殷浩被废为庶人后,桓温说话了:"少时吾与浩共骑竹马,我弃去,浩辄取之,故当出我下也。"但他同时承认殷浩的优点:"浩有德有言,向使作令仆,足以仪刑百揆,朝廷用违其才耳。"是人才,但是没用对地方。"竹马之友",因而引申为儿童时期的朋友。《后汉书·郭伋传》载,郭伋甚有政声,其任并州牧,首次出巡,"有童儿数百,各骑竹马,道次迎拜"。竹马,又引申为称颂地方官的典故。

反对战争的墨子,更从竹马之戏中悟出了"大国之攻小国,譬犹童子之为马"的道理,以此向摇摆不定的鲁君进谏。在墨子看来,"童子之为马,足用而劳。今大国之攻小国也,(被)攻者农夫不得耕,妇人不得织,以守为事;攻人者亦农夫不得耕,妇人不得织,以攻为事。"童子夹竹竿曳地而行,名为"骑马",然用葛洪的说法叫"不免于脚剥",用毕沅更形象的说法叫"自劳其足"。墨子认为,"大国之攻小国"就是这样,名为获利,实则得不偿失。

史上有一些著名人物,在儿时游戏中已经"显示"了与凡人不同的一面。王充"独不肯"即其一。《史记·周本纪》载,后稷小时"游戏,好种树麻、菽,麻、菽美",长大"遂好耕农,相地之宜,宜谷者稼穑焉,民皆法则之"。尧了解后,举后稷为农师,"天下得其利"。又,《孔子世家》载,孔子小时玩游戏,"常陈俎豆,设礼容",把祭祀时用的俎豆等礼器摆出来,练习在不同场合下的神情仪态、言辞应对,以复杂繁琐的礼乐仪式为乐。众所周知,孔子思想的核心即"礼"与"仁"。后稷、孔子的儿时游戏,还被王充用来驳斥荀况的"性恶论",以为照那种说法,"人幼小无有善也",可是,"稷为儿,以种树为戏;孔子能行,以俎豆为弄。石生而坚,兰生而香。禀善气,长大就成,故种树之戏,为唐(即尧)司马,俎豆之弄,为周圣师",则"性恶论"不是非常片面的吗?

《三国志·先主传》载,刘备家房子"东南角篱上有桑树生高五丈馀,遥望见童童如小车盖,往来者皆怪此树非凡,或谓当出贵人"。刘备有次跟小朋友玩游戏时说:"吾必当乘此羽葆盖车。"羽葆盖车,那是皇帝的专车,所以吓得他叔叔刘子敬赶快让他打住:"汝勿妄语,灭吾门也!"这当然不排除后人牵强附会。没有刘备那么著名但日后也颇有成就的人物,于儿时游戏中确实能显示天赋异禀。西汉路温舒小时候放羊,"取泽中蒲,截以为牒,编用写书",能采水中蒲草,用绳子编缀起来写字。张禹"喜观于卜相者前,久之,颇晓其别蓍布卦意,时从旁言"。三国时的管辂,"与邻比儿共戏土壤中,辄画地作天文及日月星辰"。

掩雀、捕蝉之类,我在京郊潮白河畔度过的儿时岁月亦常常为之。我们那里捕蝉别有一法:用马尾巴做成活扣,系在竿头,找到伏在树干上的蝉,将竿头悄悄伸到它的上方,然后向下一拉,就能把它套得结结实实。四五十年过去,情景依然难忘。借着热门话题,不免也想起了那个无忧无虑的年纪。

2023 年 6 月 2 日

妲己

华南理工大学苏姓女博士生的毕业答辩骤起风波。涉及了导师和女博士生之间的不正当关系,以及因此构成的对学术道德与学术公平的挑战。但不知是从谁开始,将该博士生呼为"学术妲己",然后附和者众。细究起来,这个类比并不恰当,可能是觉得女博士生"狐媚",才读博一就挤掉师母而上位,且又姓苏之故吧。

而历史上的妲己,首先并不姓苏,至于所谓狐媚,也是后人不断污名化的结果。

妲己,商纣王之妃,周武王灭商,"斩纣头,县之白旗",同时也杀了妲己。这是《史记·殷本纪》的记载。妲己的身世如何?《国语·晋语》中,大夫史苏对晋献公云:"殷辛(纣王)伐有苏,有苏氏以妲己女焉。"就是说,妲己为有苏氏即苏国被纣王征服后所进献的礼物之一,受害者。其为有苏氏之女,却既不姓苏也不姓妲,而是姓己名妲。袁枚《子不语》甚至认为妲己根本不是人名,其借巨人之口指出:"妲者商宫女官之称,己、戊者,女官之行次",因为"女官非止一人也"。

数千年来,妲己从一个战败国的献祭品沦为反面典型,乃是笃信"红颜祸水论"的历代人士逐步添油加醋的结果。史苏提到妲己,要说的是"夏桀伐有施,有施人以妹喜女焉,妹喜有宠,于是乎与伊尹比而亡夏";又，"周幽王伐有褒，褒人以褒姒女焉，褒姒有宠，生伯服，于是乎与虢石甫比，逐太子宜臼而立伯服。太子出奔申，申人、鄫人召西戎以伐周，周于是乎亡"。妲己则"与胶鬲比而亡殷"，胶鬲，商之贤臣，后弃商事周，助武王灭纣。这样一来，妲己便与妹喜、褒姒一样，一旦"有宠"，意味着国家就危险了。也就是说，夏商周三代之所以亡国，皆为红颜祸水，"从政者不可以不戒"，否则"亡无日矣"。史苏之所以说这些，是因为晋献公正有复蹈前辙之象，其"伐骊戎……获骊姬以归，有宠，立以为夫人"。然而献公并没有听进史苏的话，骊姬"竟以乱晋"。于是，其与妹喜、妲己、褒姒一道，被合称为中国古代四大妖姬。

妲己形象的"蜕变"，可以套用顾颉刚先生的"层累说"：时代越往后，对妲己邪恶的想象力就越丰富，泼出的污水也就越多。《尚书·牧誓》云，武王伐纣，战前在商都郊外的牧野誓师，指责纣王"惟妇言是用"，所以才这样那样，以至于"俾暴虐于百姓，以奸宄于商邑"，因此，"今予发惟恭行天之罚"。这里说的只是"妇言"，到《史记·殷本纪》里就成了"妲己之言"，云纣王"好酒淫乐，嬖于妇人。爱妲己，妲己之言是从。于是使师涓作新淫声，北里之舞，靡靡之乐。厚赋税以实鹿台之钱，益收狗马奇物，充仞宫室"，仿佛纣王所做的一切都是因为妲己。稍后的刘向《列女传》，更把《史记》中"纣乃重刑辟，有炮格之法"作了进一步发挥，说"纣乃为炮烙之法，膏铜柱，加之炭，令有罪者行其上，辄堕炭中，妲己乃笑"。不难想象，欣赏这种残忍刑罚的人该有多么可恶！又，商纣"闻圣人心有七窍"而"剖比干，观其心"，也变成是妲己先"闻"，纣王才干的。

唐朝白居易有《古冢狐》诗，"古冢狐，妖且老，化为妇人颜色好。头变云鬟面变妆，大尾曳作长红裳"云云，直接将妲己及褒姒与狐狸之媚关联在了一起。说狐狸在日暮时的村路上晃荡，"忽然一笑千万态，见者十人八九迷；假色迷人犹若是，真色迷人应过此"，而"狐假女妖害犹浅，一朝一夕迷人眼。女为狐媚害即深，日长月增溺人心"，褒姒、妲己就是活生生的例子，凭借容貌之美"善蛊惑"，竟至于"能丧人家覆人国"。

到了明朝的《封神演义》，妲己被正式定型成今天的模样。既然认定"从来女色多亡国"，以及历代文人提供了诸多素材，再加上没有史家落笔的顾虑，许仲琳演义起来更加信马由缰。他给妲己的父亲定名苏护，安排为冀州侯。纣王选妃，费仲诌媚苏护的女儿不错；纣王便把意思跟苏护讲了，苏护气得"题诗午门"，举兵反叛。但几番交手之后，苏护还是听从了宜生"若进女王廷，实有三利"的建议，尤其是"百姓无涂炭之苦，三军无杀戮之惨"。但苏护送妲己晋京路上，住宿恩州驿时出了意外，妲己被"千年狐狸精"附体；之所以如此，出自女娲的计策。因为纣王到女娲宫进香时见到圣像，顿时"神魂飘荡，陡起淫心"，在行宫粉壁上留下了一首淫诗。女娲看到大怒，当即吩咐三妖"可隐其妖形，托身宫院，惑乱君心；俟武王伐纣，以助成功"。其中一妖，即"千年狐狸精"，借妲己体形，"迷惑纣王，断送他锦绣江山"。

这样来看，苏姓女博士生与妲己，不是风马牛不相及吗？而对陈腐不堪的红颜祸水论，鲁迅先生早有精辟见解："我一向不相信昭君出塞会安汉，木兰从军就可以保隋，也不相信妲己亡殷，西施亡吴，杨贵妃乱唐那些古老的话。我以为，在男权社会里，女性是绝不会有这么大的力量，兴亡的责任都应该由男的负。"在先生看来，不仅女性的危害纯粹是欲加之罪，而且具有正面意义的那些也并没有那么伟大。醍醐灌顶。

2023 年 6 月 8 日

莫须有

6月7日，广州地铁8号线上，一名女大学生看见一位大叔蹲着玩手机，怀疑是在偷拍自己，便上前要求检查其相册，大叔顺从地将手机递给她。然而，在证实大叔并没有偷拍的前提下，这名女生还是上网曝光了大叔，蛮横地称之为"猥琐男"。此举旋即激起民愤，因为女生的做法纯粹是"莫须有"。

莫须有，众所周知语出秦桧。《宋史·岳飞传》载，秦桧指使张俊、万俟卨审理岳飞一案，"大理寺丞李若朴何彦猷、大理卿薛仁辅并言飞无罪，卨俱劾去"，相反，"凡傅成其狱者，皆迁转有差"。罗织什么罪名呢？秦桧回答韩世忠之问时说了这句："其事体莫须有。"韩世忠再问："'莫须有'三字，何以服天下？"此话一出，对"莫须有"三字究竟何解，甚至是不是这三个字，从古到今都在争论不休。清徐乾学《资治通鉴后编》遵从《中兴纪事本末》的说法，认为"莫须有"是"必须有"的误写，毕沅、朱彝尊等皆从此说。《中兴纪事本末》为南宋熊克所著高宗朝的编年史。俞正燮《癸巳存稿》认为，"莫须有"三字应该如此断句："莫，一言也；须有，一言也。桧迟疑之，又言有之，世忠截其语而合之，以诋桧、卨、俊之妄"。即是说，莫，表示秦桧的迟疑；须有，表示必须有。检索今天的辞书，普遍采用的说法为恐怕有、也许有。

应当看到，以"莫须有"入罪，到秦桧这里只是一个"提炼"，行其实者在此前已代不乏见。

如西汉周亚夫之死。《汉书·周亚夫传》载，周亚夫以谏废栗太子刘荣诸事触犯景帝，"上由此疏之"，加上与之有隙的梁孝王，"每朝，常与太后言亚夫之短"，更令景帝猜忌，恰巧"亚夫子为父买工官尚方甲楯五百被可以葬者"。那是因为亚夫老了，儿子在偷偷为他准备发丧用品。然而盔甲和盾牌是禁止个人买卖的。偏偏"取庸苦之"，亚夫儿子又"不与钱"，而"庸知其盗买县官器，怨而上变告子，事连污亚夫"。景帝追查此事，"召诣廷尉"。审理的人责问周亚夫："君侯欲反何？"周亚夫赶忙辩解："臣所买器，乃葬器也，何谓反乎？"对方坚持自己的定论："君纵不欲反地上，即欲反地下耳。"气得周亚夫"因不食五日，呕血而死"。

如西汉颜异之死。《史记·平准书》载，武帝与张汤打算发行"白鹿皮币"，大司农颜异提出异议："今王侯朝贺以苍璧，直数千，而其皮荐反四十万，本末不相称。"这话令武帝不大高兴。苍璧，祭祀上帝所用玉。而张汤本来就和颜异有过节，"及有人告异以它议，事下张汤治异"。因为一次谈话中，客人谈到诏令初下时有不便的地方，颜异虽"不应"，但"微反唇"，微微撇了一下嘴唇，就给张汤抓到了把柄，"奏当异九卿见令不便，不入言而腹诽，论死"。就是说，颜异身为九卿，见到诏令有不当之处，不提醒皇上，却在心里加以诽谤，应处死刑。腹诽，嘴上不说，心里不满。于是，自颜异之后，"有腹诽之法比，而公卿大夫多谄谀取容矣"。

再如前秦鱼遵之死。《晋书·苻生载记》载，前秦皇帝苻生做了个梦，梦见"大鱼食蒲"，结合流传的民谣："东海大鱼化为龙，男便为王女为公。问在何所洛门东。"他就把侍中、太师、录尚书事鱼遵给杀了，还株连其七子、十孙。鱼遵，是受苻生父亲苻健遗诏辅政的大臣之一，苻生下此死手，一是因为他姓鱼，再是因为"苻氏，本蒲家也"。鱼吃了蒲，不是恶兆吗？苻生没有料到的是，取代他的是苻坚。再看民谣，也能对上号：东海王，苻坚袭父的封号；且其时为龙骧将军，第在洛门之东。当然，这民谣一定是苻坚派政变夺权之前制造的舆论。

当"莫须有"横空出世之后，对以不实之词诬陷他人之举，有时径以这三字呼之。如《桃花扇》第十二出《辞院》，阮大铖说侯方域"与左良玉相交最密，常有私书往来；若不早除此人，将来必为内应"。马士英附和说："有理，何惜一人，致陷满城之命乎？"史可法说："这也是莫须有之事，况阮老先生罢闲之人，国家大事也不可乱讲。"而如雍正皇帝杀年羹尧，仍然嘴上不说，实际如此。《清史稿》载，雍正二年（1724），"日月合璧，五星联珠，羹尧疏贺"。不料贺词中的"夕惕朝乾"一语，把雍正惹怒了，"责羹尧有意倒置"。该语出自《易·乾》："君子终日乾乾，夕惕若，厉无咎。"本作"朝乾夕惕"，形容终日勤勉谨慎，不敢懈怠。乾乾，自强不息貌；惕若，戒慎貌。其实即便倒置，意思也一般无二。后赵皇帝石虎，就说过"朕以眇薄，君临万邦，夕惕朝乾，思遵古烈"的话。但在雍正看来，"羹尧不以朝乾夕惕许朕"，是在嘲讽他不仅称不上"朝乾夕惕"，甚至恰恰相反。

在凡事讲究证据的法治社会，"莫须有"仍然被这名女生运用得如此娴熟，十分令人惊诧。6月11日，在对方报警之后，女生就此事公开道歉。不过，同样是承认自己的过失，其情况大约还是可以分为两种，一种是积极主动的壮士断腕，另一种是众目睽睽之下的被迫低头。具体属于哪种，当事人、旁观者怕是都"盲公吃馄饨——心里有数"。

2023 年 6 月 12 日

武夷山

　　端午假期期间慕名游览了福建武夷山。1999 年 12 月,武夷山被联合国教科文组织认定为世界文化与自然双重遗产。以这种身份跻身《世界遗产名录》的,我国只有四处,武夷山之外,还有泰山、黄山和峨眉山 – 乐山大佛。

　　武夷山很早就已见诸典籍。《唐六典》"江南道"诸名山中,"武夷"便居其一,"在建州建安县"。《方舆胜览》载:"武夷山在建安南三十里,山多猕猴。"《太平寰宇记》引萧子开《建安记》云"武夷山,其高五百仞,岩石悉红紫二色,望之若朝霞",表明其为典型的丹霞地貌。当然,"建安"是唐宋时的行政区划。今天像思茅易名普洱、大庸易名张家界一样,亦有了武夷山市,前身是崇安县。本地的名胜或特产,摇身一变为新地名,在我们国土上一度成为风气,还可以举出灌县成都江堰、通什成五指山、南坪成九寨沟、徽州成黄山等,倒是一览无余。武夷山之得名,按葛洪《神仙传》的说法:"昔有神仙降此山,曰:'予为武夷君,统录地仙,受馆于此。'由是得名。"朱熹《武夷图序》云:"武夷君之名,著自汉世,祀以干鱼,不知果何神也。今崇安有山名武夷,相传即神所宅。"

　　朱熹说出这些,可能是他读过《汉书》,《郊祀志》有"武帝初即位,尤敬鬼神之祀"云云。方士告诉武帝:"古天子常以春解祠,祠黄帝用一枭、破镜;冥羊用羊祠;马行用一青牡马;泰一、皋山山君用牛;武夷君用干鱼;阴阳使者以一牛。"武帝乃"令祠官领之如其方"。颜师古注:"解祠者,谓祠祭以解罪求福。"为什么对黄帝用那些东西？三国张晏释曰:"黄帝,五帝之首也(;春),岁之始也。枭,恶逆之鸟。方士虚诞,云以岁始被除凶灾,令神仙之帝食恶逆之物,使天下为逆者破灭讫竟,无有遗育也。"如淳的说法是:"汉使东郡送枭,五月五日作枭羹以赐百官。以其恶鸟,故食之也。"但对"祀以干鱼"没人加以说明,想来彼时并不是个问题。

余等此番到得武夷山前,首先映入眼帘的是大王峰,晚间所看张艺谋等策划演出的《印象大红袍》,正以之峰作为实景舞台的背景。演出的一个情节,也是"大王"与"玉女"的爱情故事。玉女峰,另一名胜。武夷山这两处标志性景观,前人已津津乐道。

朱熹云:"今(武夷)山之群峰最高且正者,尤以'大王'为号。半顶有小丘焉,岂即(武夷)君之居耶?"明代徐霞客于万历四十四年(1616)二月,在武夷山游览了三天。其日记写道:"二十一日,出崇安南门,觅舟……顺流三十里,见溪边一峰横欹,一峰独耸。余咤而瞩目,则欹者幔亭峰,耸者大王峰也。"次日,他还试图爬上去,先"从乱箐中寻登仙石,石旁峰突起,作仰企状",而"旁路穷,有梯悬绝壁间,蹑而上,摇摇欲堕。梯穷得一岩……岩在峰半。觅徐仙岩,皆石壁不可通,下梯寻别道,又不可得;蹑石则峭壁无阶,投莽则深密莫辨。佣夫在前,得断磴,大呼得路,余裂衣不顾,趋就之。复不能前。日已西薄,遂以手悬棘乱坠而下",当真惊险万分。此行余等不要说登大王峰,游览"朱熹园"毕来到天游峰脚下,奈何雨越下越大,也不得不放弃了向上的念头。

玉女峰,位于清溪九曲之二曲处,亦名三娘石,"并肩而立,红腻玉色"。《方舆胜览》引《古记》云:"秦时三少女游其上。"那是她们身化为石了。朱熹《九曲棹歌》将之入诗："二曲亭亭玉女峰，插花临水为谁容？道人不复荒台梦，兴入前山翠几重？"辛弃疾之"玉女峰前一櫂歌，烟鬟雾鬓动情波。游人去后枫林夜，月满空山可奈何"，或与朱熹同时所作也说不定。《宋史·辛弃疾传》载："弃疾豪爽尚气节，识拔英俊，所交多海内知名士。"他曾经与朱熹同游武夷山，亦赋《九曲棹歌》，玉女峰这首乃其三。朱熹还手书"克己复礼""夙兴夜寐"两幅与辛弃疾，"题其二斋室"。在给友人的信中，朱熹对辛弃疾评价颇高："辛丈相见，想极款曲。今日如此人物，岂易可得？向使早向里来有用心处，则其事业俊伟光明，岂但如今所就而已耶？"辛弃疾惺惺相惜，"熹殁，伪学禁方严，门生故旧至无送葬者。弃疾为文往哭之曰：'所不朽者，垂万世名。孰谓公死，凛凛犹生！'"

余等此行山虽未攀，但走了牛栏坑、九龙窠等著名景点。牛栏坑为武夷岩茶的重要产区之一，在地貌上且记录了"河流袭夺"的现象。九龙窠则为武夷岩茶著名品牌大红袍之母树所在，但见峭壁之上，灌木型的几株母树仍然勃发着旺盛的生命力。向右路标指向"水帘洞"，然因连日下雨，道路封闭。徐霞客当年则去了，在他笔下，水帘洞"危崖千仞，上突下嵌，泉从岩顶堕下；岩既雄扩，泉亦高散，千条万缕，悬空倾泻，亦大观也！其岩高矗上突，故岩下构室数重，而飞泉犹落槛外"。

武夷山自古就是诱人之所在。《宋史·刘爚传》载，仁宗时刘爚迁工部侍郎、知福州，居然不想干了，"请解官入武夷山为道士"，只是没有得到批准。昔之武夷山，"欲识个中奇绝处，棹歌闲听两三声"。今之，大抵是因为自然遗产与文化遗产相互依存所散发出的无穷魅力吧。

2023 年 6 月 25 日

朱子

　　武夷山既为世界文化与自然双重遗产,在文化遗产方面势必也相当可观。确是。岩茶文化、架壑船棺、摩崖石刻、古汉城遗址……而最著名的,非朱子理学文化莫属。此行去了位于隐屏峰下的"朱熹园",正为昔日朱子所筑"武夷精舍"的旧址。

　　"孔孟以来千百载,泰山今复仰文公",祝穆语;"周东迁而夫子出,宋南渡而文公生",熊禾语。作为理学的集大成者,自宋人开始,已将朱子与孔子比肩而论,被尊为"万世宗师"。熊禾说:"微夫子《六经》,则五帝三王之道不传;微文公《四书》,则夫子之道不著,人心无所于主。"朱熹园中挂有蔡尚思先生书写条幅,"东周出孔丘,南宋有朱熹。中国古文化,泰山与武夷",意思一般无二。朱子之赢得如此美誉,如《宋元学案》云:"其为学也,主敬以立其本,穷理以致其知,反躬以践其实。而博极群书,自经史著述外,凡夫诸子、佛老、天文、地理之学,无不涉猎而讲究也。"

　　朱子19岁中进士,当过五任地方官,不过,《宋史·朱熹传》载:"熹登第五十年,仕于外者仅九考,立朝才四十日。"他的大半生都在从事学术研究和教授学生。武夷精舍,乃孝宗淳熙十年(1183),朱子"既辞使节于江东,遂赋祠官之禄"后著书立说、倡道讲学之所,友人韩元吉还应邀作记,云精舍"面势幽清,奇石佳木,拱揖映带,若阴相而遗我者。使弟子辈具畚锸,集瓦竹,相率成之。元晦躬画其处,中以为堂,旁以为斋,高以为亭,密以为室,讲书肆业,琴歌酒赋,莫不在是"。《方舆胜览》"大隐屏"条收录了朱子《行视武夷精舍作》,"上有苍石屏,百仞耸雄观。嶙岩露垠堮,突兀倚霄汉"云云。他还有个自注:"此峰夷上锐下,拔地峭立,如方屋帽,遂筑武夷精舍于此。"朱子"暇则游焉,与其门生弟子挟书而诵,取古《诗》三百篇及楚人之词哦而歌之,得酒啸咏,留必数日,盖山中之乐悉为元晦之私也"。这种惬意的生活为韩元吉所羡煞,以为同样是从官场退下闲居,"予每愧焉"。

因为朱子"所至兴学校,明教化,四方学者毕至",所以在武夷精舍之外,他还有许多类似的举动。其50岁时任知南康军,复建了白鹿洞书院;65岁时知潭州,复建了岳麓书院;晚年回到建阳,虽似陶渊明般"箪瓢屡空",然"晏如也",又建了竹林精舍即沧州精舍或曰考亭书院。

朱子的弟子多达数千,《宋史·道学四》即"朱氏门人"卷,汇集了黄幹、李燔、张洽、陈淳、李方子、黄灏诸人传记。散见的还有不少,如《彭龟年传》载,龟年"及长,得程氏《易》读之,至忘寝食,从朱熹、张栻质疑,而学益明"。《詹体仁传》载,体仁"少从朱熹学,以存诚慎独为主"。真德秀尝问居官莅民之法,体仁曰:"尽心、平心而已,尽心则无愧,平心则无偏。"《王阮传》载,阮"少好学,尚气节。常自称将种,辞辩奋发,四坐莫能屈"。张栻指点他:"当今道在武夷,子盍往求之。"王阮至考亭见朱熹,"熹与语,大说之"。朱子与弟子的问答,理宗时由黎靖德分类编排,刊印成《朱子语类》。是书首论理气、性理、鬼神等世界本原问题,次释心性情意、仁义礼智等伦理道德及人物性命之原,再论知行、力行、读书为学之方等认识方法,内容丰富,析理精密,基本代表了朱子的思想。

在我的书架上,《朱子语类》之外,还有他的《四书章句集注》和《诗集传》。这两部书同样地位颇高。元仁宗皇庆二年(1313)复科举,诏定以《四书章句集注》试士子,朱学定为科场程式。明太祖洪武二年(1369)诏令天下立学,明确"国家明经取士,说经者以宋儒传注为宗"。《明史·选举志》更明确:"《四书》主朱子《集注》,《易》主程《传》、朱子《本义》,《书》主蔡氏传及古注疏,《诗》主朱子《集传》。"朱子的著作,就此成为元、明、清三代科举考试的标准教科书。

《诗集传》从《诗》之文本入手,探求诗篇本意,乃《诗》学方法论上的一大进步。朱子发现:"凡《诗》之所谓《风》者,多出于里巷歌谣之作,所谓男女相与咏歌,各言其情者也。"这是朱子最具创造性的见解。《雅》和《颂》呢,"皆成周之世,朝廷郊庙乐歌之词,其语和而庄,其义宽而密,其作者往往圣人之徒,固所以为万世法程,而不可易者也"。但他认为"郑、卫之乐,皆为淫声",非常反感,二者相较,"《卫》犹为男悦女之词,而《郑》皆为女惑男之语。《卫》人犹多刺讥惩创之意,而郑人几于荡然无复羞愧悔悟之萌。是则郑声之淫,有甚于卫矣"。于是乎,《山有扶苏》乃"淫女戏其所私者",《狡童》乃"淫女见绝,而戏其人之辞",《子衿》"亦淫奔之诗"。朱子倒是看得起《子曰鸡鸣》与《出其东门》,以为前者乃"诗人述贤夫妇相警戒之词",后者乃"是时淫风大行,而其间乃有如此之人,亦可谓能自好,而不为习俗所移矣"。

"问渠那得清如许? 为有源头活水来。"朱子的《观书有感》怕是无人不晓。别的学不来,就铭记朱子的教诲,努力学习、探索,使自己永远才思不绝、情操高雅吧。

2023 年 6 月 27 日

饭菜有异物

6月1日,江西工业职业技术学院学生在食堂吃出了疑似"鼠头"的异物,从学生当场拍下的清晰视频来看,鼠头的可能性极大。但是,学校以及市场监督局"经过反复对比"后言之凿凿地确认:鸭脖。引发舆情后,由江西省教育厅、公安厅、国资委、市场监督管理局组成了联合调查组,6月17日正式公布结论:鼠头!

饭菜吃出异物,虽不能说是正常现象,但是说不可避免也差不到哪里去,"百密必有一疏"嘛。宋仁宗吃饭时就硌过牙。《二程外传》引《和靖先生语录》云,"禁中进膳,饭中有砂石",仁宗吃出来了,但"含以秘示嫔御",悄悄告诉她们:"切勿语人,朕曾食之,此死罪也。"他知道,自己一旦捅破,有人会掉脑袋。《宋史》借《大学·传》之"为人君,止于仁"为仁宗定论,以为其"诚无愧焉"。于"饭中有砂石"一事,正可窥见一斑。比较而言,明马龙生《凤凰台记事》云"太祖进膳有发,召问光禄官",就露出要兴师问罪的前兆了。好在光禄官发现"非发也,龙须耳",朱元璋"因即捋须,得一二茎",这才"遂叱去,不复问"。

从前,于饭菜之中吃到恶心的东西也不乏见,比如金太子完颜允恭吃到过蜘蛛,清朝武将王辅臣吃到过苍蝇。

完颜允恭事见于《续资治通鉴》。时太子"侍宴于常武殿,典食进粥。将食，有蜘蛛在粥碗中"，典食吓坏了，太子却为之开脱："蜘蛛吐丝，乘空忽堕此中耳，岂汝罪哉！"太子也是"天性仁厚"，其"在东宫十五年，恩德浃人者深"，所以他去世时，金之"侍卫军士争入临于承华殿下，声应如雷，百姓皆于市门巷端为位恸哭"。

王辅臣事见于《广阳杂记》。其"尝奉平西命征乌撒，与诸将会食于马一棍营中，吴应期亦在坐"，吴应期是平西王吴三桂的侄子。时"饮酒薄醉，将饭矣"，而"辅臣饭盂有死蝇焉"。旁边的王总兵见了，告诉他"饭有蝇，饭有蝇"。王辅臣知道马一棍这个人"御下酷厉，每以微过责人"，他会真的一棍子把人打死，才有"一棍"这么个绰号。王辅臣虽"勇冠三军，所向不可当"，但粗中有细，当下便不免担心马一棍"以死蝇故而杀庖人"，马上打个圆场："我等身亲矢石人也，得食足矣，安暇择哉！倥偬之际，死蝇我亦尝食之矣。"不料那个王总兵蠢得很，没理解王辅臣的用意，反而来了个火上浇油："公能食此蝇，吾与公赌，输吾坐下马。"王辅臣"念言既出诸口，遂勉强吞之"。一旁的吴应期说了风凉话："奈何王兄马直如是好骑耶！人与兄赌食死蝇，兄便食之；若与兄赌食粪，兄亦将食粪耶？"王辅臣也一下子找到了爆发的突破口，怒骂曰："吴应期，女恃王之犹子，当众辱我。人惧女王子王孙，吾不惧也。吾将食王子王孙之脑髓，而嚼其心肝挖其眼睛矣。"言罢"挥拳击食案，案之四足皆折，案上十二磁簋暨菜碟饭盂酒杯等一一应手碎"。倘若不是碰到两个蠢货，应当说王辅臣对饭中蝇的化解方法是非常可取的。

当然，如清朝当过两江总督的沈葆桢，因为"勤俭养德"而走到另一个极端是个例外。《梵天庐丛录》云，沈葆桢"一日宴属，有蟹粉一品，已腐，且蛆虫杂出，座客恶其不洁，举不肯动匕箸"，但沈葆桢"视若无睹,首自大啖,谈笑自若",结果令"座客为之大窘"。

孔子与弟子周游列国时,也遇到了饭菜中有异物的问题,险些坏了颜回的名声。

《孔子家语·在厄》云,孔子一行被围困在陈国、蔡国,"从者七日不食"。子贡随身带些货物,偷偷冲出包围,"告籴于野人,得米一石焉",颜回、子路"炊之于壤屋之下",负责做饭。时"有埃墨堕饭中,颜回取而食之",子贡看见了,"不悦,以为窃食也"。他问孔子:"仁人廉士,穷改节乎?"孔子曰:"改节即何称于仁、廉哉?"子贡就把以为颜回偷吃的事情讲了出来。孔子说自己"信回之为仁久矣,虽汝有云,弗以疑也",颜回这样做肯定有他的道理,你不用再说了,我问问他。孔子于是谎称梦见了先人,该是来帮我们的吧,颜回你做好饭送进来,我要进献。颜回说:"向有埃墨堕饭中,欲置之则不洁,欲弃之则可惜,回即食之,不可祭也。"颜回出去了,孔子顾谓子贡他们:"吾之信回也,非待今日也。"子贡等"由此乃服之"。

《吕氏春秋·任数》同样收录了这件事,略有不同:"藜羹不斟,七日不尝粒"不错,然米是颜回讨来的,"偷吃"是孔子看见的。得知真相后,孔子有番感慨:"所信者目也,而目犹不可信;所恃者心也,而心犹不足恃。弟子记之,知人固不易矣。"这是对"眼见为实"的早期颠覆。在今天,对落马官员大抵都有"两面人"的概括,说他们台上讲的是一套,台下做的是另一套。若要"知人",我们对孔子的话更要"记之"才是了。

细思之,今天饭菜中的"鼠头"事件,与历史上的那些具有本质的区别。像诸多突发事件一样,学校或官方不是积极地面对问题进而解决问题,而是试图通过简单的一纸通告来遮掩、来搪塞;

事件恶化升级,才不得不采取本该采取的措施来平息舆论的义愤,而"买单"的却是政府的公信力。"鼠头"还是"鸭脖",用得着成立那么高规格的联合调查组才能鉴定吗?

2023 年 6 月 30 日

大红袍

张艺谋等策划的大型山水实景演出"印象××",据说有不少系列,此前我只在阳朔看过"印象刘三姐"。来到武夷山下,又看了"印象大红袍"。在阳朔,演出实景选取的是漓江;在这里,选取的是大王峰。演出亦开宗明义,展示茶文化。

产于武夷山的大红袍,是中国茶叶的一个著名品种,在武夷岩茶中有"茶中之王"的美誉。"印象大红袍"既讲了"大王"与"玉女"的爱情故事,也讲了劳作的茶农、制茶工艺、"大红袍"得名等故事。根据剧情,明初一书生进京赶考,路过武夷山时忽然生病,腹痛难忍,巧遇天心寺一个和尚,和尚以茶入药,书生得救后考中状元。为了报恩,书生回到武夷山,将身上红袍脱下披给茶丛,"大红袍"茶于是得名。永乐十七年(1419),明成祖敕封天心寺为天心永乐禅寺、天心寺茶为"大红袍"。这是传说。有人考证,"大红袍"作为茶名见诸文字,最早为 1839 年(清朝道光年间)郑光祖的《一班录·杂述》:"若闽地产'红袍''建旗',五十年来盛行于世。"

随后在游览天心永乐禅寺时看到一块说明牌,书生原来是丁显,也许演出中已经提到了他的名字,我没留意。《明史》中没有丁显传,但有迹可循。如《太祖本纪》载,洪武十八年(1385)三月壬戌，"赐丁显等进士及第、出身有差"。又，《选举志》载，廷试之后，"擢一甲进士丁显等为翰林院修撰，二甲马京等为编修，吴文为检讨。进士之入翰林，自此始也"。梁章钜《归田琐记》"福建鼎甲"条亦云："有明一代，吾闽登状元者十一人。"其中，洪武年间出了两位，来自建阳的丁显是第一位，也是有明一代福建的第一位。天心永乐禅寺今天的规模不小，寺旁还立了块"大红袍祖庭"刻石。

丁显得中状元的过程，正史无载，但野史有说法。《玉堂丛语》云，当年会试，"黄子澄第一，练子宁第二，花纶第三。及殿试，读卷官奏花纶第一，子宁次之，子澄又次之"。时有"黄练花，花练黄"童谣，人们听了都莫名其妙，至此方知先验的是考试结果。三个人的名次飘忽不定，但都没有丁显的份，而"殿试先一夕，上梦殿一巨钉缀白丝数缕，悠扬日下，及拆首卷，乃花纶。上以其年少抑之，已而得丁显卷，姓名与梦符，遂擢居第一"。说明丁显的运气实在是太好了。顺便提及，燕王朱棣发动靖难之役的借口是"清君侧"，要清的就有黄子澄。《明史·黄子澄传》载，建文帝为皇太孙时问过黄子澄："诸王尊属拥重兵，多不法，奈何？"黄子澄建议削藩，在朱棣眼中这属于"陷害诸王"。

对以大红袍为首的武夷茶，清朝美食家袁枚始而并不喜欢，"嫌其浓苦如饮药"，游览武夷山时"僧道争以茶献"，品尝了，态度也变了："杯小如胡桃，壶小如香橼，每斟无一两。上口不忍遽咽，先嗅其香，再试其味，徐徐咀嚼而体贴之。果然清芬扑鼻，舌有余甘，一杯之后，再试一二杯，令人释躁平矜，怡情悦性。"于是乎，他用比较法给出了评价："始觉龙井虽清而味薄矣，阳羡虽佳而韵逊矣。颇有玉与水晶，品格不同之故。"因此，"武夷享天下盛名，真乃不忝。且可以瀹至三次，而其味犹未尽"。

乡人梁章钜对武夷茶更青睐有加，其再游武夷山时，"信宿天游观中，每与静参羽士夜谈茶事。静参谓茶名有四等，茶品亦有四等，今城中州府官廨及豪富人家竞尚武夷茶"。在茶名四等中，"最著者曰花香，其由花香等而上者曰小种而已。山中则以小种为常品，其等而上者曰名种，此山以下所不可多得，即泉州、厦门人所讲工夫茶，号称名种者，实仅得小种也。又等而上之曰奇种"。在茶品四等中，"一曰香……今之品茶者，以此为无上妙谛矣，不知等而上之，则曰清，香而不清，犹凡品也。再等而上之，则曰甘，清而不甘，则苦茗也。再等而上之，则曰活，甘而不活，亦不过好茶而已。活之一字，须从舌本辨之"。香、清、甘、活，依次递进。

《归田琐记》另云，"武夷九曲之末为星村，鬻茶者骈集交易于此"，然"多有贩他处所产，学其焙法，以赝充者"，这种以假乱真，"即武夷山下人亦不能辨也"。这就与今天将他处大闸蟹丢进阳澄湖中再捞起来，便打着"阳澄湖大闸蟹"旗号如出一辙。余等此番由谢有顺兄安排，在星村"友茗堂"拜访了武夷山市永生茶业有限公司总经理游玉琼。游女士在 2006 年被评为国家级非物质文化遗产武夷岩茶（大红袍）制作技艺传承人。她一边亲自泡茶，教余等品味公司各种产品，"老丛水仙""金佛""正岩大红袍""源头肉"以及以其名字命名的"玉琼"等，一边对改革开放之初如何白手起家、"肉桂"如何得名等故事娓娓道来。对品茶，梁章钜感叹"吾乡林越亭先生武夷杂诗"之"他时诧朋辈，真饮玉浆回"句，以为"非身到山中，鲜不以为欺人语也"。惜余乃"茶盲"，但觉好喝，无法参透更深层次的奥妙。

此番武夷山之行，游览了九龙窠景区，以期一睹"大红袍母树"的风采。在景区最深处，果见"大红袍"三字摩崖石刻右手边崖壁上,顽强生存着三棵六株大红袍母树,它们已作为古树名木列入世界自然与文化遗产。武夷山市也决定,自 2006 年起停止采摘大红袍母树茶叶,以确保其良好生长。此真大红袍之幸也。

2023 年 7 月 3 日

齐齐哈尔

上周参加了中国报业协会组织的活动:全国百媒齐齐哈尔"鹤城行"采风。得此之便,重回故乡。我的祖籍是河北三河,父母当年响应号召开发北大荒,从部队转业奔赴东北,我正出生于齐齐哈尔,去除童年、少年在京郊潮白河畔度过的八年,在齐齐哈尔所辖之富拉尔基区读了两年初中、两年技工学校,还在第一重型机器厂工作了整整五年。上一次回来是千禧年,倏忽间悄然溜走了差不多四分之一世纪。

齐齐哈尔,音译无疑,然地域之外的人大抵会以为满语或俄语,实乃达斡尔语,"天然牧场"之意。齐齐哈尔与富拉尔基之间的梅里斯,如今仍然是较大的达斡尔族聚居区。齐齐哈尔已于2014年被国务院认定为国家级历史文化名城,虽然在《明史》中,齐齐哈尔属"朵颜卫地",还算"外国",但建城时间也超过了300年。

《清史稿·萨布素传》载,康熙三十一年(1692),萨布素"奏建齐齐哈尔及白都讷城,以科尔沁部献进锡伯、卦尔察、达呼尔壮丁万四千有奇,分驻二城,编佐领,隶上三旗,并设防守尉、防御等官"。有人在黑龙江将军衙门满文档案中又发现,此前一年,康熙三十年正月二十三日(1691年2月20日),萨布素朝觐时就筑建齐齐哈尔城一事已向皇帝面奏,康熙口谕:"著不误农时,乘闲筑城。"档案材料还涉及兵部、理藩院、黑龙江将军衙门之间就齐齐哈尔城驻防民族构成、兵力配置、官员设置等问题的往来文件。当下采用了康熙三十年建城说,并废止了 2005 年的一份文件,根据那份文件,齐齐哈尔始建于金太宗完颜晟天会三年即 1125 年,那是个别辽金史"专家"提出来的。比照毫无承继关系但一定要显示自己历史悠久而不惜攀龙附凤的一些地方或高校,齐齐哈尔"自降身价"的做法难能可贵。

奏建齐齐哈尔城的萨布素为首任黑龙江将军,亦即黑龙江地区最高官员。是职设于康熙二十二年(1683),正一品,乾隆三十二年(1767)改为从一品。康熙三十八年(1699),齐齐哈尔建城后,黑龙江将军衙门也移住于此。萨布素是抗俄名将,两度将占据雅克萨的"罗刹"打得乞降,进而有 1689 年中俄《尼布楚条约》的签订。这是清政府和俄罗斯帝国之间签定的第一份边界条约,也是中国与西方国家缔结的第一份国际条约。条约划分了中俄两国东部边界,从法律上确立黑龙江和乌苏里江流域包括库页岛在内的广大地区仍属于中国领土。

踱步此番采风所住宾馆的背后,见到有条新建的商业小吃街名曰"卜奎巷子"。卜奎,我还没离开的时候就知道是齐齐哈尔的别称,亦作卜魁,也是达斡尔语音译,"勇士"的意思。当年城市选址邻近卜奎驿,亦有卜奎乃人名说。无论哪种吧,《清史稿·地理志》"龙江府"条注云:"齐齐哈尔,旧曰卜魁。"又云,光绪"三十四年(1908)改置府,为黑龙江省治",直到 1954 年,黑龙江省治(即省会)迁往哈尔滨。

毋庸讳言,清初的黑龙江地区像唐宋时的岭南一样,乃官员贬谪、流放之所。最知名的是牡丹江宁古塔,《清史稿》中颇多此类记载。如顺治十四年（1657），"流郑芝龙（郑成功父）于宁古塔"；诗人吴兆骞"以科场蜚语逮系，遣戍宁古塔"等。其他如金圣叹家属、吕留良家属、方孝标族人等，也均遭到此种噩运。宁古塔在东，齐齐哈尔在西，都因"地初辟"而属于所谓蛮荒之地，承接着相同的功能。

《清稗类钞》"纳（讷）尔朴工诗"条云："一等男讷尔朴，字拙庵，工诗，满洲人。康熙时，以事戍黑龙江，适鄂勒特犯哈密，时朝廷徵索伦兵进剿，讷请行，不果。"有人研究，讷尔朴所戍之地，即齐齐哈尔。请行不果，讷尔朴并不气馁，赋诗云："沙碛双丸驶，丹心一剑横。空存击越志，谁为请长缨。"这个满洲贵族在齐齐哈尔待了13年，"吟诵弗辍"，且非常达观，"时策塞卫曳短车，荷锄出郭，移野卉数种莳阶下"。

《清史稿》中还有若干谪戍于齐齐哈尔的人的踪影。如《孝义传》载："李敬跻，字翼兹，云南马龙州人。父盛唐，雍正八年进士，官四川松茂道，以所部有罪坐监临官，戍卜魁。"两地间路途遥远，敬跻为尽孝，跑过三个来回，"尝遇暴水，丧其仆马，徒步行，路人哀之，与之食，导使诣盛唐，盛唐辄令还侍祖母，迫使归"。《李光地传》中还有个陈梦雷，乃《古今图书集成》编纂者，"与光地同岁举进士，同官编修"。耿精忠乱作，二人本"约并具疏密陈破贼状"，然梦雷为光地所卖，至于"及精忠败，梦雷以附逆逮京师，下狱论斩"，后得减死戍奉天。这波劫难之后，梦雷73岁时，又受康熙朝"九子夺嫡"牵连，因为他是"三爷党"，被登基后的"四爷"再次流放，地点虽无明确记载，但为戴名世案牵连的方登峄流放之地明确为卜魁，登峄《如是斋集》道出与梦雷时常吟诗唱和，可知为齐齐哈尔无疑。所谓形同唐宋时的岭南，还在于谪戍人对当地的教化之功，著名学者章太炎说过："齐齐哈尔人知书，由用晦（吕留良)后裔谪戍者开之。"吕留良后人先流宁古塔,后又因子孙捐监违例,被发往齐齐哈尔。

光阴荏苒。新中国成立后,齐齐哈尔迎来了发展的辉煌期,国家"一五"计划156个项目,有3个落户在这里,包括我曾工作过的第一重型机器厂,一度成为热土。然此番重游,却分明感受到了时光的凝滞,唏嘘不已。

2023 年 7 月 6 日

丹顶鹤

在齐齐哈尔采风期间,游览了近在咫尺的扎龙自然保护区,保护区以保护丹顶鹤等水禽而闻名中外。第一次游览扎龙,尚在20世纪80年代中,彼时刚刚开发,交通不便,游人极少,不用进芦苇荡,玉米地周边也随处可遇两两悠闲漫步的它们,并不怕人,我距它们最近的时候恐怕不足5米。套用李白的话说:相看两不厌,唯有丹顶鹤。

因为丹顶鹤,齐齐哈尔有了"鹤城"的别称,有趣的是,从前真的有个鹤城,约在今天河南睢县西南。《史记·卫康叔世家》载:"懿公即位,好鹤,淫乐奢侈。"张守节《正义》引《括地志》云:"故鹤城在滑州匡城县西南十五里。俗传懿公养鹤于此城,因名也。"卫懿公好鹤,至于"鹤有乘轩者"即享受大夫的待遇,引发国人愤慨。《左传·闵公二年》载,"冬十二月,狄人伐卫",卫懿公作战前动员,百姓气愤地说,让鹤去打仗吧,它们不是有禄位嘛,"余焉能战"!鹤位,就此被用指官位。

丹顶鹤很早就进入了国人的视野。《诗·小雅》有"鹤鸣于九皋,声闻于野",朱熹释曰:"鹤,鸟名,长颈,竦身,高脚,顶赤,身白,颈尾黑,其鸣高亮,闻八九里。"这就是典型的丹顶鹤了,只是"尾黑"不对。丹顶鹤尾巴是白色的,振翅飞翔时看得很清楚,以为是黑色的,那是它站立后收拢了黑色翅膀而遮蔽尾部给人的错觉。前人所说的仙鹤也正是丹顶鹤,所谓"仙人之骥";又因其寿命可达五六十年,每被视为"延年益寿"的瑞鸟。唐周昉《簪花仕女图》中,一只举足欲行的丹顶鹤占据的几乎是 C 位。宋徽宗《瑞鹤图》中,一群丹顶鹤飞鸣于宫殿上空,有两只还落脚在宫殿屋脊的鸱吻上。至于寓意吉祥如意的"松鹤图",或画作或其他呈现形式,今日也随处可见。

无论从形态上还是色泽上看,丹顶鹤都非常优美,"仙鹤"之名名副其实。"低头乍恐丹砂落,晒翅常疑白雪销",白居易《池鹤》诗更赋具象。诗人还用群鸡、鸬鹚、鹦鹉等禽鸟,映衬被关在笼中的丹顶鹤的孤高品格、超凡风姿,加上"临风一唳思何事,怅望青田云水遥",显见是在咏物抒怀。丹顶鹤或飞翔或站立,展示出的都是性情高雅的一面,颇具仙风道骨。佛、道两家均将鹤或丹顶鹤作为自己的文化符号,便不足为奇了。

如佛家,以鹤林指代佛入灭之处,盖时林色变白,似白鹤之群栖。鹤林因之也指佛寺,则鹤林友顺理成章就是和尚或居士的代名词了。《唐摭言》云:"赵嘏尝家于浙西,有美姬,嘏甚溺惑。"某年中元节,二人"为鹤林之游"时,坏了,"浙帅窥之,遂为其人奄有"。江苏镇江干脆还有座鹤林寺。《方舆胜览》载,鹤林寺旧名竹林寺,"宋高祖(刘裕)尝游,独卧讲堂前,上有五色龙章。即位,改名鹤林,今名报恩"。此种兆头,当然要姑妄听之了。李涉名句"因过竹院逢僧话,又得浮生半日闲",即是在鹤林寺所作。

又如道家,以"鹤冲天"谓道士羽化登仙。前举白诗中有"池中此鹤鹤中稀,恐是辽东老令威"句,《搜神记》云:"辽东城门有华表柱,忽有一白鹤集柱头。时有少年举弓欲射之,鹤乃飞,徘徊空中而言曰:'有鸟有鸟丁令威,去家千岁今来归。城郭如故人民非,何不学仙冢垒垒?'遂高上冲天而去。"阅读唐宋诗词,会发现丁令威化鹤成仙之事每为大家所习用。此外如鹤骨,多指修道者的形貌;鹤信,修道者的消息;鹤洞,修道者所居之处……

丹顶鹤也是官场上的宠儿。《封氏闻见记》云:"则天朝,薛稷亦善画。今尚书省考功员外郎厅有稷画鹤,宋之问为赞。"鹤厅,因指吏部考功司即负责官员绩效考核的所在。在明清文官服饰上,丹顶鹤则有"一品鸟"之谓,其在鸟类中的地位仅次于凤凰,所谓"一鸟之下,万鸟之上",凤凰既然给皇后垄断了,以丹顶鹤图案来标志文官一品的官服便自然而然。《明史·舆服志》载,洪武二十四年(1391)规定,"文官一品仙鹤,二品锦鸡,三品孔雀"。《清史稿·舆服志》载,文一品"补服前后绣鹤,惟都御史绣獬豸"。因为鹤服的地位高,坏规矩的时候也不乏,如明朝嘉靖时"以玄坛供事"的朱希忠、陆炳,"撰青词"起家的严讷、李春芳、董份,品级很低,"亦赐仙鹤"。

鹤的"负面",大抵只是沈约言及的"鹤膝"了。《封氏闻见记》另云,沈约撰《四声谱》指出文章八病,"平头、并尾、蜂腰、鹤膝"等。此乃沈约声律理论的核心之一,"永明体"就此问世。何谓鹤膝?日本和尚空海《文镜秘府论》有专门解释:"鹤膝诗者,五言诗第五字不得与第十五字同声",如果这样,"两头细,中间粗,似鹤膝也,以其诗中央有病"。比如"拨棹金陵渚,遵流背城阙。浪蹙飞船影,山挂垂轮月"这首,第五字"渚"与第十五字"影"同为上声,这就是病句,亦即"犯鹤膝"。空海于唐德宗贞元二十年(804)七月来中国学习佛法,回国后的成果之一是写出此书,保存了中国南北朝至中唐时诸多诗歌作法、诗歌理论著作。

在扎龙游览时,接到了广东省委组织部某处长打来的电话,云余退休通知即将下发,发之前,询问一下有无需要组织解决的事情。对此,余早有心理准备,当即回答并无。1985 年从齐齐哈尔负笈南下,如今在这里,还是风景如画的扎龙"了结"职业生涯,算是一个完美的句号吧。

2023 年 7 月 9 日

台风

7月17日夜,今年第4号台风"泰利"在广东湛江市南三岛登陆,登陆时中心附近最大风力为13级。次日清晨,"泰利"在广西北海市再次登陆,但强度逐渐减弱,入夜更停止编号,亦即其能量不足并已衰减为热带低压,中心最大平均风力小于8级。

台风是发生在太平洋西部海岸和南海海上的热带空气漩涡,风力常达十级以上,同时伴有暴雨。其威力,用东坡(一说苏过)的说法,叫作"排户破牖,殒瓦摒屋。礧击巨石,揉拔乔木"。古人早就认识到了,《尚书·金縢》被认为最早记录了台风。说的是周武王死后,"管叔及其群弟乃流言于国",广泛散布武王弟弟周公摄政将不利于年幼成王的言论。周公短暂奔楚,进而东征,平定管(叔)蔡(叔)之叛,并作《鸱鸮》(见《诗·豳风》)诗赠成王,表明心迹,但成王还是将信将疑。这年秋天,"大熟,未获,天大雷电以风。禾尽偃,大木斯拔,邦人大恐"。成王于是与手下庄重开启周公当年郑重封存的"金縢之书",终于明白其对王室一直忠心耿耿。后人多以此事入诗来借题发挥。如曹植有"周公佐成王,金縢功不刊。推心辅王室,二叔反流言",表达"为君既不易,为臣良独难。忠信事不显,乃有见疑患"。李白则有"贤圣遇谗嫉,不免人君疑",感叹"金縢若不启,忠信谁明之"。

台风是当代的叫法，典籍中每称之为飓风，大抵始见于南朝宋沈怀远《南越志》，《太平御览》收录了此篇："熙安间多飓风。飓者，具四方之风也，一曰惧风，言怖惧也。常以六七月兴。未至时，三日鸡犬为之不鸣。大者或至七日，小者一二日，外国以为黑风。"这个"飓"字，道出了此风特性：具与惧。后人因袭了这一概念。如唐李肇《唐国史补》云："南海人言：海风四面而至，名曰'飓风'。"刘恂《岭表录异》云："南中夏秋多恶风，彼人谓之飓。"如今也有飓风，那是指发生在大西洋、墨西哥湾、加勒比海和北太平洋东部的热带气旋，字同义不同。

明清以后根据风的状况，始有台风、飓风之分。明末清初王士禛既两用之，又有约略区分，其《香祖笔记》卷一云，明朝天启年间，颜思齐"引倭酋归一王屯台湾，闽人郑芝龙附之，始建平安镇城……既而荷兰国人舟遭飓风至此，爱其地，借居之，遂与倭约，尽有台湾之地"。卷二又说道："台湾风信与他海殊异，风大而烈者为飓，又甚者为飚。飓倏发倏止，飚常连日夜不止。正、二、三、四月发者为飓，五、六、七、八月发者为飚……飚、飓俱多挟雨。"就是说，飚风比飓风更猛烈，持续时间更长，但发生的季节不同。飚风，后来又成台风。

与王士禛同时期的屈大均，恪守的还是"飓风"叫法，他对家乡的这种风熟悉不过。其《广东新语》云："南海岁有旧风，亦曰风旧，盖飓风也。"他发现，台风"其暴者不久，或数时，或一日夜；其柔者久，或二三夜"。在频率上，"有一岁再三作者，有三四岁不作者"。在威力上，"风旧以铁飓为大，无坚不摧，故曰铁"。对飓风的得名，他沿袭了沈怀之的具、惧说，且强化了惧："惧于始，复惧于终，惧其再作。"对风之威力，想必他有亲身经历。"其发也，先期数日，有声微作，作而旋止，急而旋缓"，当其时也，"海翻声吼怒，波浪沸腾，矶石搏触，有浊气凝结成破布，或若烂苔，遍流而北，水鸟惊飞……益之以暴雨以惊潮，则其势弥暴，屋飞于山，舟徙于陆，颠仆马牛，摧拔树木。海水涌高数丈，洋田浸没，卤咸所留，稼穑不育"。

《清史稿·灾异五》中颇多"飓风、大风"，大风或是飓风的换种说法。略举关于广东的：顺治五年八月，"海丰飓风，毁庐舍无算"；六年八月，"惠来飓风大作，四昼夜不息，毁官署民舍"；十年八月，"澄海飓风大作，舟吹陆地，屋飞空中，官署民房尽毁，压毙男妇不计其数，从来飓风未有如此甚者"。康熙十年正月，"平远大风拔木"。十一年九月，"吴川飓风，坏城垣庐舍"；四十一年八月，"开平飓风，拔木倒墙"。此外，香山（今中山）、揭阳、遂溪、阳春、潮阳、惠来等地均有道及。跳出广东，则有琼州、阜阳、嘉兴、镇海、昆山、盐城、襄阳、解州等，台风不仅横扫东南沿海，甚至去到了湖北、山西。

对台风的预报，今天可以依靠卫星云图一类的科学手段，前人并非束手无策，通过观察自然现象，同样能够判断台风是否到来。比如对虹的观察，刘恂云："南海秋夏间，或云物惨然，则其晕如虹，长六、七丈，比候，则飓风必发。"王士禛云："凡台将至，则天边有断虹。"康熙朝张渠云："飓未发时，有半虹如风篷，初圆而长，渐乃广阔。"所以前人将这种预兆飓风将至的云晕，称为飓母。余靖诗有"客听潮鸡迷早夜，人瞻飓母识阴晴"句，其自注"飓风欲至，西黑云起，谓之飓母"，表明至少宋朝已经如此命名了。

前人对台风之惧，表现之一为"多立庙祀之"。世易时移，今天对台风已无恐惧可言。以"泰利"而言，当其形成之时，路径便被精确预计，人们已经做好了充分的抗击准备。

2023 年 7 月 19 日

罗刹

这几天,刀郎新歌《罗刹海市》在爆红网络的同时,也被"索隐派"赋予了其与歌坛若干名人的"爱恨情仇"。诸如"那马户不知道他是一头驴,那又鸟不知道他是一只鸡,勾栏从来扮高雅,自古公公好威名"云云,均被认为是隐喻,进而对号入座。

歌词之所本,乃蒲松龄《聊斋志异》的同名篇章,这是摆在明面的。两相对照,一目了然。如歌词首句"罗刹国向东两万六千里",蒲氏故事中为"西去二万六千里,有中国",但那是大罗刹国人对马骥说的,"中国的"刀郎讲罗刹国,方向自然是"向东"。简言蒲氏《罗刹海市》故事,乃"美风姿"的马骥跟人出海经商,被台风刮去"其人皆奇丑"的大罗刹国。吊诡的是,他们见到靓仔马骥却像见到了妖怪,"群哗而走",吓得不轻。罗刹人丑到什么程度呢?参照该国"其美之极者,为上卿"的标准,相国的模样是"双耳皆背生,鼻三孔,睫毛覆目如帘"。马骥要见他,俊美的五官无法改变,只得"以煤涂面作张飞",抹黑自己,果然赢得了拍手叫好。蒲松龄当然是从自身文化立场出发来界定美丑的,出发点显见是在针砭以丑为美的世界,这正是他身边的社会现实也说不定。建立在蒲氏故事基础上的刀郎歌曲,被理解成同样用意也便顺理成章了。

罗刹国,可能是蒲松龄的杜撰,但也可能是他从史书中的借用,因为历史上确曾有过罗刹国。

《隋唐嘉话》云:"贞观初,林邑献火珠,状如水精。云得于罗刹国。其人硃发黑身,兽牙鹰爪也。"这就能看到"奇丑"之所由来。《新唐书·南蛮传下》对该国予以了证实。先讲婆利国,"自交州泛海,历赤土、丹丹诸国乃至",其人"俗黑身,朱发而拳,鹰爪兽牙,穿耳傅珰,以古贝横一幅缭于腰。古贝,草也,缉其花为布……其东即罗刹也,与婆利同俗"。且隋炀帝时,"遣常骏使赤土,遂通中国"。这又能看到"地理方位"之所在。

有意思的是,到了清朝,罗刹国漂移到了北方,成了俄罗斯的别名。

《郎潜纪闻初笔》云:"俄罗斯人来边境者,国初呼为罗刹。康熙二十四年,踞雅克萨城,上命副都统公彭(朋)春往讨。"为什么叫俄罗斯为罗刹?《清史稿》卷二百八十"论曰":"俄罗斯之为罗刹,译言缓急异耳,非必东部别有是名也。"金庸《鹿鼎记》进一步说道:"缓读为俄罗斯,急读为罗刹。以俄语本音读之,罗刹更为相近。"在金庸笔下,韦小宝因为"懂得罗刹鬼话",所以康熙皇帝派他"统带水陆三军,出征(盘踞在雅克萨的)罗刹",且"武的由都统朋春、黑龙江将军萨布素、宁古塔将军巴海助你,文的由索额图助你"。当然我们都知道,那是纯粹的小说家言。

《清史稿》卷二百八十正为郎坦、朋春、萨布素等合传,他们才是与罗刹作战的领军者。《郎坦传》载,康熙二十一年(1682)秋,"遣郎坦及副都统朋春等率兵往索伦",先摸清情况。所以行前康熙谕曰:"罗刹犯我境,恃雅克萨城为巢穴,历年已久,杀掠不已。尔等至达呼尔、索伦,遣人往谕以来捕鹿。因详视陆路远近,沿黑龙江行围,迳薄雅克萨城,勘其形势。度罗刹不敢出战,如出战,姑勿交锋,但率刹引退。朕别有区画。"及冬,郎坦他们回来后报告:"罗刹久踞雅克萨,恃有木城。若发兵三千,与红衣炮二十,即可攻取。陆行自兴安岭以往,林木丛杂,冬雪坚冰,夏雨泥淖,惟轻装可行。"《朋春传》载,康熙二十四年(1685),"诏选八旗及安置山东、河南、山西三省福建投诚藤牌兵,付左都督何祐率赴盛京,命朋春统之,进剿罗刹"。结果,"罗刹头目额里克舍诣军前乞降,乃宥其罪,释还俘虏,额里克舍引六百余人徙去,毁木城"。《萨布素传》载,康熙二十五年(1686),萨布素"疏言罗刹复踞雅克萨,请督修战舰,俟冰泮进剿"。康熙"遣郎中满丕往诇得实,乃命萨布素暂停墨尔根兵丁迁移家口,速修战舰,率宁古塔兵二千人往攻。又命郎坦、班达尔沙会师,抵雅克萨城"。康熙二十八年(1689),双方签订《尼布楚条约》,"开市库伦,是为我国与他国定约互市之始"。

不过,从"罗刹"的内涵来看,以之呼俄罗斯,即便是音译也可能只是凑巧。

检索辞书,罗刹,相传原为古代南亚次大陆土著的名称,自雅利安人征服印度后,凡遇恶人恶事,皆称罗刹,遂成恶鬼名。连带着,与"罗刹"构成的词语也都相当负面。如罗刹女,即传说中的吃人女妖。《大唐西域记》云:"昔此宝州大铁城中,五百罗刹女之所居也……恒伺商人至宝洲者,便变为美女,持香花,奏音乐,出迎慰问,诱入铁城,乐燕欢会已,而置铁牢中,渐取食之"。罗刹石,即江中险石,像钱塘江里那块,《方舆胜览》载,宋时"商船海舶经此,多为风浪所倾"。罗刹政,即苛政。《隋书》载,厍狄士文为官,人"有细过,必深文陷害",因而其与韦焜一道,时有"刺史罗刹政,司马蝮蛇瞋"之讥。

用流行音乐来演绎古代文学经典,倘若不幸而为"索隐派"所言中,果真指桑骂槐,利用公共平台泄私愤,则此风殊不可取;而倘若是大家多虑了,过度解读了,则不失为一种有益尝试,如果带动大众关注《聊斋志异》的热潮,对传统文化的普及之功更不可小觑。

2023 年 7 月 26 日

宠物

走到街上,发现宠物店越来越多了,主要是服务猫狗,寄养的、看病的、卖相关物品的……一项数据表明,2020年我国宠物产业规模已经达到4900多亿元,成为继欧美之后的第三大服务市场。耳闻目睹,不少年轻人也都寄情于宠物,甚至有句显然是套用的话,叫作"年纪轻轻,猫狗双全",不过度其语意,似乎讥讽的意味居多。

大别于宠物店的是,家庭饲养宠物不是为了经济利益,而大抵是观赏、陪伴,属于精神层面的需求。宠物不局限于猫狗这些哺乳类,还有爬行类、鸟类、鱼类、昆虫类等,不一而足。饲养什么样的宠物,往往能彰显饲养人的个性。《续资治通鉴长编》载,宋真宗天禧四年(1020)宋绶等出使大辽,回来后讲了许多契丹风俗。如罩鱼,"设毡庐于河冰之上,密掩其门,凿冰为窍,举火照之,鱼尽来凑,即垂钓竿,罕有失者"。其中还说道,其国王的宠物居然是三头豹子!这三个家伙"甚驯,马上附人而坐,猎则以捕兽"。

归结起来,宠物还是以猫狗居多。古人也是这样。《晋书》载,陆机有条宠物狗叫作黄耳。因"羁寓京师(洛阳),久无家问",他便笑着对黄耳说:"我家绝无书信,汝能赍书取消息不?"黄耳好像听懂了，"摇尾作声"，于是陆机"乃为书以竹筒盛之而系其颈，犬寻路南走，遂至其家，得报还洛。其后因以为常"。

苏东坡也喜欢养狗，在密州的时候就"左牵黄，右擎苍"；贬谪海南，有《余来儋耳，得吠狗，曰乌觜，甚猛而驯，随予迁合浦，过澄迈，泅而济，路人皆惊，戏为作此诗》。说他的宠物狗乌觜，"昼驯识宾客，夜悍为门户"，妙的是，"知我当北还，掉尾喜欲舞。跳踉趁僮仆，吐舌喘汗雨。长桥不肯蹑，径渡清深浦。拍浮似鹅鸭，登岸剧虓虎"。东坡还由此想到陆机："何当寄家书，黄耳定乃祖。"

养猫的就更多了，《南部新书》中的连山大夫张搏，"好养猫儿，众色备有，皆自制佳名。每视事退，至中门，数十头拽尾延胫盘跂"。张搏则"入以绛纱为帷，聚其内以为戏"。所以有人觉得张搏是"猫精"。

当然，凡事皆有度，一旦过度，性质就变了，尤其对权势人物而言。

《史记·滑稽列传》载，楚庄王对宠物马"衣以文绣，置之华屋之下，席以露床，啖以枣脯"。这马死了，他"使群臣丧之，欲以棺椁大夫礼葬之。左右争之，以为不可"。庄王很生气："有敢以马谏者，罪至死。"乐人优孟得知，"入殿门，仰天大哭。王惊而问其故"，优孟反话正说："马者王之所爱也，以楚国堂堂之大，何求不得，而以大夫礼葬之，薄，请以人君礼葬之。"庄王信以为真，那怎么办呢？"臣请以彫玉为棺，文梓为椁，楩枫豫章为题凑，发甲卒为穿圹，老弱负土，齐、赵陪位于前，韩、魏翼卫其后，庙食太牢，奉以万户之邑。诸侯闻之，皆知大王贱人而贵马也"。庄王这下听出话外音了："寡人之过一至此乎！为之奈何？""请为大王六畜葬之。"就把马当马好了。

《左传·闵公二年》载："卫懿公好鹤，鹤有乘轩者。"轩，曲辕而有屏蔽的车，大夫以上的出行工具。鹤乘轩车，用清朝学者汪中的话说："谓以卿之秩宠之，以卿之禄食之也。"然国人的不满，是埋藏在心底的。果然，"冬十二月，狄人伐卫"，要打仗了，发到武器的人说："使鹤！鹤实有禄位，余焉能战？"让鹤去打啊，有身份又有地位，我们哪打得了。

历史教训太深之故吧，这件事为许多典籍所收录并议论，以告诫后人，如《史记·卫康叔世家》《新序·义勇篇》《论衡·儒增篇》《吕氏春秋·忠廉篇》等。《韩诗外传》还做了补充：好鹤之外，卫懿公"所爱者，宫人也"，所以国人说，"使鹤与宫人战"吧，"遂溃而皆去"。结果，"狄人至，攻懿公于荥泽，杀之，尽食其肉"。《东周列国志》归结为"卫懿公好鹤亡国"，说"懿公所畜之鹤，皆有品位俸禄：上者食大夫俸，次者食士俸。懿公若出游，其鹤亦分班从幸，命以大轩，载于车前，号曰'鹤将军'。养鹤之人，亦有常俸。厚敛于民，以充鹤粮，民有饥冻，全不抚恤"。《括地志》载，滑州匡城县西南十五里曾经有个鹤城，"俗传懿公养鹤于此城"。

嘉靖皇帝好猫，明确喂猫要鲜肉，为此，"内府喂猫肉（每年）七百二十斤"，这是《宛署杂记》中的记载。他有只猫，"美毛而虬，微青色，惟双眉莹然洁白，因号曰霜眉"。此猫"性不喜噬物，而善解人意，目逐之即逃匿，呼其名则疾至，为舞蹈之状。旦夕随驾所之，若侍从然。上或时假寐，霜眉辄相依不暂离，即饥渴或便液必俟醒乃去"，霜眉因此被嘉靖封为虬龙。它死后，"上命内侍葬之万岁山阴"，还立了碑，就叫虬龙墓。

杨瑀《山居新语》云，秦桧孙女封崇国夫人，其"爱一狮猫，忽亡之"。这下可不得了，"立限令临安府访求"。然而"及期，猫不获，府为捕系邻居民家，且欲劾兵官。兵官皇恐，步行求猫，凡狮猫悉捕致,而皆非也。乃赂入宅老卒,询其状,图百本于茶肆张之。府尹因嬖人祈恳,乃已"。无独有偶,"至正十五年,浙宪贴书,卢姓者忽失一猫,令东北隅官搜捕之。"杨瑀感叹:"权势所在,一至于此,可不叹乎!"

2023 年 7 月 30 日

纸老虎

"一切反动派都是纸老虎",是毛泽东提出的一个著名论断。1946年8月6日,在延安杨家岭与美国记者安娜·路易斯·斯特朗的谈话中,面对斯特朗"如果美国使用原子炸弹"的提问,毛泽东自信地回答:"原子弹是美国反动派用来吓人的一只纸老虎,看样子可怕,实际上并不可怕。"接着,毛泽东指出俄国沙皇、希特勒、墨索里尼、日本帝国主义,以及"蒋介石和他的支持者美国反动派",都是纸老虎。

老虎在前人眼中是非常可怕的动物,属于凶残的"害兽"。周朝将勇猛的战士称为虎士,《诗·鲁颂·泮水》将勇武之臣称为虎臣。《老残游记》第八回,申子平等山中遇虎,打算献上一头毛驴了事,不料老虎"并不朝着驴子看,却对着这几个人……这时候山里本来无风,却听得树梢上呼呼地响,树上残叶漱漱地落,人面上冷气棱棱地割。这几个人早已吓得魂飞魄散了",到了清朝还是这样。在社会学层面,孔子说过"苛政猛于虎"的话,汉朝之"虎而冠",则用于比喻残虐的人,虽穿戴衣冠但凶暴如虎。如《史记·齐悼惠王世家》载,诸吕尽诛后,大臣议欲立刘邦嫡长孙齐王刘襄为帝,琅邪王刘泽不同意,理由是"齐王母家驷钧,恶戾,虎而冠者也"。裴骃集解引张晏曰:"言钧恶戾,如虎而箸冠。"

所以在历朝历代,像老虎之类的猛兽都是扑杀对象,官府甚至会开列奖励条件。《尔雅·释兽》郭璞注引《汉律》云："捕虎一，购钱三千，其狗半之。"《南部新书》载唐朝《开元令》云："诸有猛兽之处，听作栏阱、射窝等，得即送官，每一头赏绢四匹。捕杀豹及狼，每一头赏绢一匹。"这里"猛兽"与"豹狼"并列，指的就是老虎，盖唐之开国皇帝李渊祖父名"虎"，举朝因而讳之。《水浒传》中武松打虎后，阳谷知县"将出上户凑的赏赐钱一千贯，赏赐与武松"，这该是地方上的奖励土政策吧。

《坚瓠集》"事物自然对"云："世号棋为木野狐，以其媚溺人心，可对纸老虎。亦以纸牌能耗人财也。唐茶禁太严，人畏之，号草大虫。"这里"纸老虎"的"纸"，乃纸牌之实指，还不是后世的概念。但至少在明朝，今天意义的"纸老虎"已被人们挂在嘴边，此"纸"变为借指，喻外强中干。《水浒传》第二五回，武大回家捉奸，王婆发出警报后，潘金莲"正在房里，做手脚不迭，先奔来顶住了门。这西门庆便钻入床底下躲去"。眼看快要顶不住了，潘金莲乃揶揄西门庆："闲常时只如鸟嘴，卖弄杀好拳棒，急上场时便没些用。见个纸虎，也吓一跤！"施耐庵写道："那妇人这几句话，分明教西门庆来打武大，夺路了走。"床底下的西门庆听懂了，钻出来后还有些不好意思："娘子，不是我没本事，一时间没这智量。"潘金莲这句话，酿成了严重后果。众所周知，奸夫拨开门，"武大却待要揪他，被西门庆早飞起右脚。武大矮短，正踢中心窝里，扑地望后便倒了"，就此重伤，随后殒命，而潘、西门也搭上了自己性命。开玩笑说，照后世的"纸老虎"意味，躲在床下的西门庆才该名之以"纸老虎"，武大跟外表强大凶狠哪里挨得上边？

《庚子西狩丛谈》记载了慈禧太后对怀来知县吴永回忆八国联军攻入北京时，她与光绪皇帝仓皇逃亡西安之事。慈禧将义和团比作纸老虎，云当时"人人都说拳匪是义民，怎样的忠勇，怎样的有纪律、有法术,描影画态,千真万确,教人不能不信……我若不是多方委曲,一面稍稍的迁就他们,稳住了众心,一方又大段的制住他们,使他们对着我还有几分瞻顾,那时纸老虎穿破了,更不知道闹出什么大乱子"。

钱锺书先生在《管锥编》罗列了前人提到的一些纸老虎。潘问奇《拜鹃堂诗集》卷一《五人墓》云:"竖刁任挟冰山势,缇骑俄成纸虎威。"又,清沈起凤《伏虎韬》第四折门斗白:"闲人闪开!纸糊老虎来了!"到了毛泽东这里,"纸老虎"说才惊世骇俗,振聋发聩。他很有这种化俗为雅的本领。如名句"世上无难事,只要肯登攀",前半句本亦民间俗语。关汉卿杂剧《绯衣梦》有"常言道:世上无难事,厨中有热人"。《西游记》中孙悟空学艺畏难,祖师告诫他:"世上无难事,只怕有心人。"

在与斯特朗谈话之后,毛泽东还多次提到了"纸老虎"。1956年7月14日同危地马拉前总统阿本斯的谈话,被收录进《美帝国主义是纸老虎》一文,其中谈到美帝国主义"外表很强,实际上不可怕,纸老虎。外表是个老虎,但是,是纸的,经不起风吹雨打"。1958年12月1日中国共产党八届六中全会期间,他写下《关于帝国主义和一切反动派是不是真老虎的问题》的文章,指出帝国主义和一切反动派"既是真的,又是纸的,这是一个由真变纸的过程的问题。变即转化,真老虎转化为纸老虎,走向反面……化为反动派,化为落后的人们",在"化为纸老虎"之外,还化为"死老虎,豆腐老虎"。他认为"这是历史的事实",且"一切事物都是如此,不独社会现象而已"。那么,毛泽东的"纸老虎"论,表现出的实则是对待敌人和困难应当具有的大无畏气概:既要在战略上藐视之,敢于斗争,又要在战术上重视之,善于斗争。

2023 年 8 月 6 日

地质灾害

8月7日到12日，随中山大学科考队到青海走了一趟，考察红层地貌及其滑坡导致的地质灾害。红层地貌的壮美令人惊叹，然而红层滑坡造成的灾害也触目惊心。此次到了三处滑坡灾害点，破坏性之大，当时都引发了全国关注，分别是：2022年9月1日，互助土族自治县红崖村的山体滑坡；2022年9月15日，西宁市城北区九家湾的山体滑坡；2019年9月21日，玛沁县拉加镇近年来多次发生的军功路段滑坡。痕迹都依然清晰。

根据国务院公布的《地质灾害防治条例》，地质灾害包括自然因素或者人为活动引发的危害人民生命和财产安全的山体崩塌、滑坡、泥石流、地面塌陷、地裂缝、地面沉降等。应当看到，地质灾害既受制于自然环境，又与人类活动相关，有时是人类与自然界相互作用的结果。众所周知，6500万年前，正是小行星撞击地球导致突如其来的地质灾害，使当时地球上的顶级掠食者恐龙遭到了灭绝。《淮南鸿烈·天文训》收录的共工神话，也许也是一次地质灾害在前人思维中的投射："昔者共工与颛顼争为帝，怒而触不周之山。天柱折，地维绝。天倾西北，故日月星辰移焉；地不满东南，故水潦尘埃归焉。"倘若真的是共工生气后干出这件惊天动地的事情，那么"天倾西北"与"地不满东南"，就是人（神）类活动的因素了。

二十四史中不乏地质灾害的记载,地震、山崩等之外,与山体滑坡相近的也有不少,见于各自的《五行志》。略举之。

《汉书》载,成帝鸿嘉三年(前18)五月,天水冀县南山"大石鸣,声隆隆如雷,有顷止……石长丈三尺,广厚略等,旁著岸胁,去地二百余丈"。《旧唐书》载,武则天时"华州敷水店西南坡,白昼飞四五里,直抵赤水,其坡上树木禾黍,宛然无损"。整个位移了那么远,显见是山体滑坡的一种。《宋史》载,神宗熙宁五年(1072)九月,"华州少华山前阜头峰越八盘领及谷,摧陷于石子坡。东西五里,南北十里,溃散坟裂,涌起堆阜,各高数丈,长若堤岸。至陷居民六社,凡数百户,林木、庐舍亦无存者"。这就是山体滑坡造成的危害了。《明史》载,正统八年(1443)十一月,"浙江绍兴山移于平田"。(《明会要》补充"陕西二处山崩;一处山移,有声,叫三日,移数里"。)又,嘉靖二十六年(1547)七月,"澄城麻陂山界头岭,昼夜吼数日。山忽中断,移走,东西三里,南北五里"。山移如同坡飞,也该是典型的山体滑坡。

宋朝那次灾害发生后,山民说:"数年以来,峰上常有云,每遇风雨,即隐隐有声。是夜初昏,略无风雨,山上忽雾起,有声渐大,地遂震动,不及食顷而山摧。"这意味着,风雨是山体滑坡的促成因素。这次科考我等抵达现场的三处山体滑坡,皆有滑坡前数日暴雨不止的记录。汉朝那回石鸣,无疑也是地质灾害的前兆,但前人无法解释地质灾害的成因,而与朝政相关联。春秋时晋国师旷对晋平公就说过:"石不能言,或冯焉,不然,民听滥也。抑臣又闻之曰:'作事不时,怨讟动于民,则有非言之物而言。'今宫室崇侈,民力凋尽,怨讟并作,莫保其性。石言,不亦宜乎?"此一番,班固关联到了"是时起昌陵,作者数万人,徙郡国吏民五千余户以奉陵邑。作治五年不成,乃罢昌陵,还徙家",认为这就是师旷说的"民力凋尽",《左传》说的"轻百姓"啊。

上天利用灾害对人间进行谴责的说法,春秋时期的墨子已经提出。《墨子·尚同》云:"若天降寒热不节,雪霜雨露不时,五谷不孰,六畜不遂,疾灾戾疫,飘风苦雨,荐臻而至者,此天之降罚也,将以罚下人之不尚同乎天者也。"在墨子眼里,天,既是自然的天,又是有神性的天。他将人间的一切灾难归之于人逆了天,而解决问题唯一途径是"尚同乎天"。

董仲舒发挥了这一思想,《春秋繁露·必仁且智》云:"天地之物有不常之变者,谓之异,小者谓之灾。灾常先至而异乃随之。灾者,天之谴也;异者,天之威也。谴之而不知,乃畏之以威。"因此,"凡灾异之本,尽生于国家之失。国家之失乃始萌芽,而天出灾害以谴告之,谴告之而不知变,乃见怪异以惊骇之,惊骇之尚不知畏恐,其殃咎乃至"。必须承认,这些貌似荒诞的关联,某种程度上其积极作用不言而喻。在帝王权力高于一切的古代,他可以"无法",但还不敢"无天",能够迫使帝王对自己的德行和政治进行检查和反省。实践层面,魏徵进谏每每利用这一点。《贞观政要》载,贞观十一年(637)其上疏就说道:"夫事无可观则人怨,人怨则神怒,神怒则灾害必生,灾害既生,则祸乱必作,祸乱既作,而能以身名全者鲜矣。"

这次参加西北科考,目睹了滑坡灾害之骇人。在互助那里,滑坡摧毁了互助三中的两座教学楼,万幸是在新学期开学前一天,没有造成伤亡但迫使学校搬迁;在玛沁那里,不仅对拉加镇安全仍然构成潜在威胁,而且通往果洛的盘山公路将不能不改道至滑坡山体的背面;在九家湾那里,导致兰新高铁三座水泥桥墩位移两米,不得不拆除重建这一段。如今,灾害"天谴论"对于解决问题自然于事无补,科学认识地质灾害对发生机制和规律,才是有效预防和治理的根本途径。

2023 年 8 月 14 日

火锅

8月18日上午到成都，从机场直接奔向广汉三星堆博物馆，神往久之。近距离欣赏了出土的各种青铜人头像、纵目面具、大立人像以及神树等，虽然早从相关书籍上熟悉了这些，但与目睹实物终究是两回事。在这里还第一次享受到了"老人"待遇，60岁（含）以上即可免票。傍晚回到成都，自然是去吃火锅。成都火锅与麻将，大抵是其当今的两个标志性符号。

火锅的历史悠久，三星堆出土的陶质"三足形炊器"，即被认为是四川最早火锅及泡菜坛子的前身。这种器物造型是上面有一个大口，口下有一圈很宽的沿，沿下是器物的深腹，腹下是三个大的空袋足，袋足和深腹内可容纳大量的水和食物。当然了，火锅器具的出土不惟此一家，比比皆是。江西南昌西汉海昏侯墓出土了青铜火锅；江苏盱眙西汉刘非墓出土了分格鼎，就是将鼎分成不同的烧煮空间，避免不同味道的料汤串味，相当于现代的"鸳鸯火锅"；内蒙古自治区康营子辽墓甬道壁画上还发现了吃火锅的画面：三名契丹人围着三足火锅席地而坐，中间那人是涮的动作，旁边一人拿着筷子，作欲吃状。

文字对火锅的记载就更是海量了，以宋朝为例。《东京梦华录》云："十月一日，宰臣已下受衣着锦袄。三日（今五日），士庶皆出城縗坟。禁中车马出道者院及西京朝陵。宗室车马，亦如寒食节。有司进煖炉炭。民间皆置酒作煖炉会也。"邓之诚先生注引金盈之《醉翁谈录》云："旧俗十月朔开炉向火，乃沃酒及炙脔肉于炉中，围坐饮啖，谓之煖炉。至今民家送亲党薪炭、酒肉、缣绵，新嫁女并送火炉。"则此"煖炉"即火锅，怕无疑问。

又，林洪《山家清供》云，其曾游览武夷山，正值雪天，"得一兔，无庖人可制"。止止师云："山间只用薄枇、酒、酱、椒料沃之，以风炉安座上，用水少半铫，候汤响，一杯后，各分以箸，令自夹入汤摆熟，啖之。乃随意，各以汁供。"薄枇，把兔肉切成薄片；酒、酱、椒料沃之，即腌一下。兔肉之外，"猪、羊皆可"。这样吃，"不独易行，且有团栾热暖之乐"，容易做，且气氛热闹温馨。林洪给这种吃法起了个诗意名字——拨霞供，实则就是典型的火锅。五六年后，林洪在京师杨泳斋处又见到了这种吃法，在"恍然去武夷"之余，吟出诗句："浪涌晴江雪，风翻晚照霞……醉忆山中味，都忘贵客来。"将涮肉喻为"拨霞"，表达了他对火锅十分青睐。有人考证，这也是现存最早的有关火锅的文字记载。

对火锅，不同地方有不同的叫法，如江浙叫暖锅，广东叫边炉。《清嘉录》云："年夜祀先分岁，筵中皆用冰盆，或八、或十二、或十六，中央则置以铜锡之锅，杂投食物于中，炉而烹之，谓之暖锅。"有趣的是，顾禄引《墅谈》云："暖饮食之具，谓之'仆憎'。"仆人们为什么会厌恶呢？因为大家"团坐共食，不复置几案，甚便于冬日小集，而甚不便于仆者之窃食，宜仆者之憎也"。仆憎的叫法，至少明朝已经有了，不过陆容《菽园杂记》提出了不同见解："今称煖熟食具为仆憎，言仆者不得侵渔，故憎之。王宗铨御史尝见内府揭帖，令工部制步甄，云即此器，乃知仆憎之名传伪耳。"就是说，苏州方音的缘故，"步甄"被讹为"仆憎"。

广州将火锅称为"打边炉",我在 1985 年甫来之时就听当地人这么说,不明所以。后见《清稗类钞》有"小酌之边炉",云"广州冬日,酒楼有边炉之设,以创自边某,故曰边炉,宜于小酌。其食法,略如京师之生火锅,惟鸡鱼羊豕之外,有鸡卵"。在"小酌之生火锅"条中,描述的虽是"京师冬日"情景,"酒家沽饮,案辄有一小釜,沃汤其中,炽火于下,盘置鸡鱼羊豕之肉片,俾客自投之,俟熟而食。有杂以菊花瓣者,曰菊花火锅,宜于小酌。以各物皆生切而为丝为片,故曰生火锅",而"生锅"的说法,亦似乎为广州所传承,我在京郊生活过八年,却从未听到过。

假设一下,清朝美食家袁枚若到成都,恐怕会大皱眉头。因其《随园食单》之"戒单"里,专门有"戒火锅"条。在他看来,"冬日宴客,惯用火锅,对客喧腾,已属可厌。且各菜之味,有一定火候,宜文宜武,宜撤宜添,瞬息难差。今一例以火逼之,其味尚可问哉?近人用烧酒代炭,以为得计,而不知物经多滚总能变味"。他还设问了一句:"菜冷奈何?"自答是:"以起锅滚热之菜,不使客登时食尽,而尚能留之以至于冷,则其味之恶劣可知矣。"这次我在成都某回吃火锅,见面前放一易拉罐,比寻常的饮料罐矮一截、细一点,询之,油也。这要给袁枚知道,估计又会跳起来,盖"戒单"中还有"戒外加油"一条:"俗厨制菜,动熬猪油一锅,临上菜时,勺取而分浇之,以为肥腻。甚至燕窝至清之物,亦复受此玷污。而俗人不知,长吞大嚼,以为得油水入腹。"他讥讽吃的人,"前生是饿鬼投来"。这样来看,广州的"毋米粥"火锅会极对袁枚胃口。

平心而论,即使没有袁枚那样严苛,在成都连吃三顿火锅之后还是觉得无法能再接受,油太大正为原因之一。

2023 年 8 月 23 日

交子

　　在成都期间拜访"中铁二院",意外发现院子里立着一块刻石,凿着文怀沙先生所书"世界第一张纸币 交子制造地"的字样。旁有一碑,刻的是魏明伦先生所撰《交子赋》。这倒颇有些意外,交子制造地居然能发现原址。魏赋云,这是"大胆假设,小心求证;市民献策,学者钩沉"的结果。

　　交子,宋代出现的纸币,也是世界最早。初由民间发行,仁宗天圣元年(1023),改由官府发行,今年恰为其问世 1000 周年。浏览相关材料可知,先是"学者钩沉"出费著《楮币谱》,其中说道:"(楮币)所用之纸,初自置场,以交子务官兼领。后虑其有弊,以他官董其事。隆兴元年(1163)使特置官一员莅之,移寓城西净众寺。"交子用纸原料为楮树皮,亦因称楮币。在"市民献策"方面,早已不存的净众寺,在元明清已易名万佛寺,市民回忆万佛寺毁于 20 世纪 50 年代,寺址正在中铁二院。不过,且不论民间发行之私交子始于何时,即 1023 年发行官交子到 1163 年,也已经过去了140 年,刻石之"世界第一张纸币"还能成立否?

　　《宋史·食货志下三》载:"交子之法,盖有取于唐之飞钱。真宗时,张咏镇蜀,患蜀人铁钱重,不便贸易,设质剂之法,一交一缗,以三年为一界而换之。六十五年为二十二界,谓之交子,富民十六户主之。"《文献通考·钱币考二》亦载:"太祖时,取唐朝飞钱故事,许民入钱京师,于诸州便换。"又,"蜀人以铁钱重,私为券,谓之'交子',以便贸易,富人十六户主之"。飞钱,相当于汇票,唐朝的一种异地兑现方式。《新唐书·食货志》载,宪宗时,"商贾至京师,委钱诸道进奏院及诸军,诸使富家,以轻装趋四方,合券乃取之,号飞钱"。建立在飞钱基础上,交子初具货币流通职能。"收入人户见钱便给交子。无远近行用,动及百万。街市交易,如将交子要取现钱,每贯割落三十分为利",就是说,交子兑现时,每贯要扣下 30 文作为利钱。

从形制上看,交子"同用一色纸印造,印文用屋木人物,铺户押字,各自隐密题号,朱墨间错,以为私记。书填贯,不限多少",面值按收入现钱贯数,临时书填。至于交子名称,彭信威先生认为:"大概是四川的方言,特别说'子'字代表方言的成分。晚唐咸通年间,西川称刻印的书为印子,以别于抄本,也带方言的味道。'交'字是交合的意思,指合券取钱。"而纸币产生于四川,并非偶然,"四川的币制,几乎自公孙述铸铁钱、刘备铸直百钱以后,即同外面有隔离的形势。南北朝以来,特别明显……到了宋代,四川以铁钱为主,大的每千钱二十五斤,中等的十三斤。这对于商旅是一个很大的阻碍"。铁钱之重,不利于流通和交换。《宋史·食货志下二》载,太宗淳化二年(991),"宗正少卿赵安易言:尝使蜀,见所用铁钱至轻,市罗一匹,为钱二万",合 130 斤重。这种背景之下,交子可谓应运而生。

私交子的发行以那 16 家富商的经济实力作后盾,然如《文献通考·钱币考二》所云,"其后富人赀稍衰,不能偿所负",问题就来了,"争讼数起"。所以,寇瑊守蜀,"乞禁交子",而"薛田为转运使,议废交子则贸易不便",他提出的解决办法是:"请官为置务,禁民私造。"仁宗"诏从其请,置交子务于益州"。交子务,即掌管纸币流通事务的机关。官交子被法定货币的地位,表明真正意义上的纸币从此诞生。

初期的益州交子务执行两个规范制度,一个是现金准备,再一个是发行限额。就现金准备而言,是用四川通行的铁钱,每次用36万缗。就发行限额而言,规定每三年为一界,"界以百二十五万六千三百四十缗为额",每界换新币。这样,既为交子发行上了保险,又通过及时兑换以防止纸币破损,进而预防通货膨胀。但交子带来的弊端是,铜铁钱因为自身具有价值,私造者尚要付出相当成本,而伪造交子只需造一块钞版,纸墨等比较廉价,况且无需像铜铁钱那样一枚一枚地造,而是可以成贯成贯地来。因而发行纸币与打击造假几乎如影随形。《宋史》记载了若干法令,如"神宗熙宁初,立伪造罪赏如官印文书法";又如"崇宁三年,置京西北路专切管干通行交子所,效川峡路立伪造法。通情转用并邻人不告者,皆罪之;私造交子纸者,罪以徒配"。南宋孝宗淳熙三年(1176)有臣僚指出:"人心徇利,甚于畏法,况利可立致,而刑未即加者乎?"他主张抓住核心,在纸币的质量上下功夫,造假用纸不是一个突破口吗?"抄撩之际,增添纸料,宽假工程,务极精致,使人不能为伪者",认为这是上策;而"禁捕之法,厚为之劝,厉为之防,使人不敢为伪者,次也"。

关于"纸币之父",大抵都认为真宗时的张咏。彭信威先生指出,此说始见于神宗时的《湘山野录》,"公以剑外铁缗辎重设质剂之法,一交一缗,以三年一界换之"云云,而《宋史》张咏本传,以及记载交子最详细的《宋朝事实》和《楮币谱》,却都没有提到这件事。最早的纸币,真有研究不尽的课题。

2023 年 8 月 26 日

舞狮子

　　路上正走着，远远地听到前面锣鼓喧天，估计又有店铺新开张了。到得近前，果然。受邀的一干人马正在舞狮助兴。尽管那店面不大，门脸也就三四米宽，但开张而舞狮，是广州本地一项十分重要的民俗。

　　上世纪 80 年代中我从北国初来，未几就发现这里的舞狮子与北方的区别不小，说是迥异也并不为过。在时间上，北方在节庆尤其是过年时舞狮子，平时基本上见不到；这里的活跃于各种场合，开张大吉，更是必请。在造型上，北方狮子是道具狮子皮囊将表演的两人完全包裹，丝毫不露人的痕迹；这里的则是两人一头一尾手举象征意义的狮皮，仿佛遮雨一般。在动作上，北方的呈现一种笨拙，狮子滚绣球、舔毛、瘙痒、伸懒腰等，憨态可掬；这里的融入了武术元素，相当轻灵，水平高的攀登梅花桩，如履平地，或昂首直立，或闪展腾挪，或坐肩上头，且每每表现为竞争，以采青为代表……黄飞鸿电影系列中都少不了舞狮，可窥一斑。对了，这里叫醒狮，据说与清朝外交家曾纪泽提出的"中国先睡后醒论"相关。

　　前文《狮子》曾经说过，狮子是外来物种，来得比较早，《后汉书》已有颇多地方提到。作为娱乐活动，舞狮子的历史也相当悠久。

《宋书·宗悫传》载,文帝元嘉二十二年(445),"伐林邑,悫自奋请行"。宋军统帅刘义恭以宗悫"有胆勇,乃除振武将军"。时林邑"倾国来拒",派出一支大象组成的部队,"前后无际,士卒不能当"。宗悫便献了一计:"吾闻师子威服百兽。"于是,宋军"乃制其形,与象相御,象果惊奔,众因溃散,遂克林邑"。制其形,意谓宋军这边的狮子模样是做出来的,饶是假家伙,照样吓跑了大象。舞狮子的雏形,该在南朝刘宋这里吧。"狮"乃后起字,因而前人道及,每为"师子"。

舞狮子在唐朝,已经成为正式的宫廷舞蹈。《旧唐书·音乐志》载,立部伎演奏的八部曲中,"《太平乐》,亦谓之五方师子舞。师子鸷(凶猛)兽,出于西南夷天竺、师子等国"。该舞中的狮子,"缀毛为之,人居其中,像其俯仰驯狎之容"。与此同时,"二人持绳秉拂,为习弄之状"。这就是典型的舞狮子了。《新唐书·礼乐志》载,高祖燕乐中之《龟兹伎》,"设五方师子,高丈余,饰以方色。每师子有十二人,画衣,执红拂,首加红袜,谓之师子郎"。五方,古代以青、赤、黄、白、黑五色,分别代表东、南、中、西、北五方。那么,唐朝宫廷中的舞狮子,场面一定相当壮观。

民间也可以看到舞狮子。元稹和白居易因共同倡导新乐府运动而世称"元白",诗作号为"元和体"。二人各有一首《西凉伎》,都提到了舞狮子。元作有句云:"吾闻昔日西凉州,人烟扑地桑柘稠。蒲萄酒熟恣行乐,红艳青旗朱粉楼……前头百戏竞撩乱,丸剑跳踯霜雪浮。师子摇光毛彩竖,胡腾醉舞筋骨柔。"白作有句云:"西凉伎,假面胡人假师子。刻木为头丝作尾,金镀眼睛银帖齿。奋迅毛衣摆双耳,如从流沙来万里。紫髯深目两胡儿,鼓舞跳梁前致辞。"对舞狮子的表述就更直接了。陈寅恪先生指出："元白二公之作，则皆本其亲所闻见者以抒发感愤，固是有为而作，不同于虚泛填砌之酬和也。"

二人是如何抒发感愤的？寅恪先生有进一步论证：元稹"少居西北边镇之凤翔，殆亲见或闻知边将之宴乐嬉游，而坐视河湟之长期沦没。故追忆感慨，赋成此篇"，且"颇疑其诗中所咏，乃为刘昌辈而发。（《旧唐书·刘昌传》所述刘昌之功绩，疑本之奉勅谀墓之碑文，不必尽为实录也。）既系确有所指，而非泛泛之言，此所以特为沉痛也"。白居易的呢，寅恪先生结合《资治通鉴》及两《唐书》关于宪宗、宣宗、吐蕃等的相关记载，"故知乐天诗篇感愤之所在，较之微之仅追赋其少时以草野之身，居西陲之境所闻知者，固又有不同也"。换言之，读懂白诗，须先读唐朝历史。

因为舞狮子，唐朝还发生了一起事件，事关大诗人王维。

《太平广记》"王维"条云，王维"为太乐丞，为伶人舞《黄师子》，坐出官。《黄师子》者，非一人不能舞也。"《唐语林》亦云："王维为大乐丞，被人嗾令舞《黄狮子》，坐是出官。《黄狮子》者，非天子不舞也，后辈慎之。"不仅王维因此被贬谪，"朝与周人辞，暮投郑人宿"，而且连累了著名史学家刘知幾的长子、时任太乐令刘贶"配流"。刘知幾闻讯，"诣执政诉理，上闻而怒之，由是贬授安州都督府别驾"，把自己也搭了进去。

舞狮子何以引得玄宗龙颜大怒？怕与其担心皇位的稳定有关。《资治通鉴·唐纪二十八》载，开元八年（720）冬，"上禁约诸王，不使与群臣交结"。禁令之后，"光禄少卿驸马都尉裴虚己与岐王范游宴，仍私挟谶纬"，不听，那就"流虚己于新州，离其公主"。又，"万年尉刘庭琦、太祝张谔，数与范饮酒赋诗，贬庭琦雅州司户，谔山茌丞"。然而他并不动岐王，说得很好："吾兄弟自无间，但趋竞之徒强相托附耳，吾终不以此责兄弟也。"但暗地里，他一百个不放心。五方狮子舞中的黄狮子代表"中",只有他能享用,王维"被人嗾令"表演,那"人"一定是某王,某王想干什么?

舞狮子中的这种人文内涵,算是这项传统民俗中的一丝添堵吧。

2023 年 8 月 30 日

牛郎织女

今年七夕节，河南鲁山县出了新闻，他们落成的"牛郎织女"雕塑才一露面，就被舆论批了个灰头土脸，始而集中的是雕塑的美丑问题，得知雕塑耗费 715 万元之巨后更炸了锅，因为有专业人士从工程材料到施工量一项项测算，认为 30 万元足矣。

鲁山县之所以要大手笔搞这个塑像，目的是要将该神话故事"据为己有"。神话之"安家落户"，十几年前我就曾撰文反对。现在看来，这种寻找"文化抓手"的做法愈演愈烈。关于"牛郎织女"的发源地，在鲁山之外，粗略数数，竞争的不就有山东济南、江苏苏州、湖北荆州、安徽宿州、广西桂林、湖南岳阳、云南红河哈尼族彝族自治州、贵州黔东南苗族侗族自治州吗？简直呈全方位、全面开花的态势。与其在无谓事情上纠缠不已，倒不如爬疏一下神话本身。

织女与牵牛，本是天上的两个星宿。《诗·小雅·大东》云："维天有汉，监亦有光；跂彼织女，终日七襄。虽则七襄，不成报章。睆彼牵牛，不以服箱。"汉，天河。织女三星在天河南，牵牛三星在天河北，隔河相对。此章将二者关联在一起，显见是出于方位考虑。东汉应劭《风俗通义》中的"织女七夕当渡河，使鹊为桥"，虽简略，但有了后世故事雏形。两汉所纂《古诗十九首》其十，对织女进一步拟人化，大作"织"字文章："迢迢牵牛星，皎皎河汉女。纤纤擢素手，札札弄机杼。终日不成章，泣涕零如雨。河汉清且浅，相去复几许。盈盈一水间，脉脉不得语。"明清之际的学者李因笃评价："写无情之星，如人间好合绸缪，语语认真，语语神化。"

两晋强化了牵牛、织女的关系。张华《博物志》云，有个住海边的人听说"天河与海相通"，就准备好干粮"乘槎而去"。十几天后，"奄至一处，有城郭状，屋舍甚严。遥望宫中多织妇，见一丈夫牵牛渚次饮之"。牵牛人还惊问他"何由至此"。那人说明来意，问这是哪里。牵牛人没有直接告诉他，他后来知道这是天上的"牵牛宿"。周处《风土记》云："七月七日，其夜洒扫庭中，露施几筵，设酒脯时果，散香粉于筵上，以祀河鼓、织女，言此二星神当会。"河鼓，即牵牛星。为什么祭祀呢？"守夜者咸怀私愿……而愿乞富乞寿，无子乞子"。傅玄《拟天问》亦有"七月七日，牵牛织女，时会天河"句。

至少在南朝，牛郎织女故事已基本定型。宗懔《荆楚岁时记》云："七月七日，为牵牛、织女聚会之夜。"有趣的是，隋杜公瞻在此注曰："尝见道书云：牵牛娶织女，借天帝二万钱下礼，久不还，被驱在营室中。"任昉《述异记》云："大河之东，有美女丽人，乃天帝之子，机杼女工，年年劳役，织成云雾绢缣之衣，辛苦殊无欢悦，容貌不暇整理，天帝怜其独处，嫁与河西牵牛为妻。"不料自此，织女"即废织纴之功，贪欢不归。帝怒，责归河东，一年一度相会"。到那一天，"鹊首无故皆髡，相传是日河鼓与织女会于汉东，役乌鹊为梁以渡，故毛皆脱去"。冯梦龙《醒世恒言》第二十六卷，借七夕到来复述了这个故事，说"织女自嫁牛郎之后，贪欢眷恋，却又好梳妆打扮，每日只是梳头，再不去调梭弄织"，引得天帝嗔怒。当然,冯梦龙的"拿来"不止此处,又如其借七夕发表的一番议论:"你想那牛郎、织女眼巴巴盼了一年,才得相会,又只得三四个时辰,忙忙的叙述想念情惊,还恐说不了,那有闲工夫又到人间送巧?岂不是个荒唐之说!"这该是对罗隐《七夕》诗的化用,罗诗云:"月帐星房次第开,两情惟恐曙光催。时人不用穿针待,没得心情送巧来。"

牛郎织女故事一旦形成,便为后来人津津乐道,洪昇《长生殿》正非常青睐,《神诉》《雨梦》《觅魂》《补恨》《得信》等出均有言及,以第二十二出《密誓》最为详尽。七月七日,织女"暂撤机丝,整妆而待",准备赴约。忽"星河之下,隐隐望见香烟一缕,摇扬腾空",仙女告诉织女:"是唐天子的贵妃杨玉环,在宫中乞巧哩。"织女感动了:"生受他一片赤心,不免同了牛郎,到彼一看。"在下界,唐明皇正笑对杨贵妃:"妃子巧夺天工,何须更乞。"进而"想牵牛、织女隔断银河,一年才会得一度,这相思真非容易也"。杨贵妃则哭了,因为"牛郎织女,虽则一年一见,却是地久天长。只恐陛下与妾的恩情,不能够似他长远"。于是,明皇乃与贵妃请牛郎织女双星作证,来个"海誓山盟",演绎了白乐天的"七月七日长生殿,夜半无人私语时",密誓所云也是乐天成句:"在天愿为比翼鸟,在地愿为连理枝。天长地久有时尽,此恨绵绵无绝期。"这回牛郎被感动得一塌糊涂:"你看唐天子与杨玉环,好不恩爱也!悄相偎,倚着香肩,没些缝儿。我与你既缔天上良缘,当作情场管领。况他又向我等设盟,须索与他保护。"不过织女比较清醒:"只是他两人劫难将至,免不得生离死别。若果后来不背今盟,决当为之绾合。"背今盟,自然是后来马嵬坡发生的事情了。

"两情若是久长时,又岂在朝朝暮暮。"洪昇落笔《长生殿》之时,脑袋里想是跳出了秦少游《七夕》诗,因而牛郎织女监誓之后、

回斗牛宫之前,借二神之口揶揄了一下下界:"天上留佳会,年年
在斯,却笑他人世情缘顷刻时。"

2023 年 9 月 7 日

钟鼓楼

吴曾《能改斋漫录》提到一则俗语："闲人有忙事。"他说这俗语唐朝已有，韩偓诗云"须信闲人有忙事，且来冲雨觅渔师"嘛。自家虽然退休了，上周仍然被集团派往北京从事一项新闻专业性较强的工作，多少应了这俗语。在京某日黄昏，车从北二环高架桥上驶过，忽然远远地望见鹤立鸡群的钟鼓楼。

钟鼓楼，钟楼和鼓楼的合称，古代用以计时报更的建筑。"复有楼台衔暮景，不劳钟鼓报新晴"，杜甫"不劳"，但百姓日常非常需要。宋李诫《营造法式》云："鼓钟双阙，城之定制。"钟、鼓楼东西分置，乃古城的标配。至今见存的，北京钟鼓楼之外，还有西安钟鼓楼、南京鼓楼、宁波鼓楼、临汾鼓楼、开封鼓楼等，仅甘肃河西地区，就还有武威钟鼓楼、永昌钟鼓楼、张掖鼓楼、酒泉鼓楼等。为使城市四周都能听到报时声，钟鼓楼一般建在市中心。

《东京梦华录》记载宋时京师最重冬至节，"虽至贫者，一年之间，积累假借，至此日更易新衣，备办饮食，享祀先祖"。官俗亦然，"冬至前三日，驾宿大庆殿。殿庭广阔，可容数万人。尽列法驾仪仗于庭，不能周遍。有两楼对峙，谓之'钟鼓楼'。上有大史局生，测验刻漏。每时刻作鸡唱，鸣鼓一下，则一服绿者，执牙牌而奏之，每刻曰'某时几棒鼓'，一时则曰'某时正'"。《春明退朝录》亦云："京师街衢置鼓于小楼之上，以警昏晓。太宗时命张公泊制坊名，列牌于楼上。按唐马周始建议置鼕鼕鼓，惟两京有之，后北都亦有鼕鼕鼓，是则京都之制也。"然"二纪以来，不闻街鼓之声，金吾之职废矣"。清朝设置的钟鼓司，专门掌管计时报更。

与城市钟鼓楼相对应，还有皇宫钟鼓楼与寺庙钟鼓楼。有人研究，就时间关系来看，城市钟鼓楼的出现应晚于皇宫，而早于寺庙的。清《啸亭杂录》云："钟鼓司司谯漏，城北钟鼓楼，每夕委官及校尉直更。神武门钟楼，凡上驻跸圆明园，则每夕鸣钟记更漏，上在宫日则已。午门钟鼓，凡上祀郊庙受朝贺，则鸣钟鼓以为则"。神武门所设钟鼓以及端门所设大钟、午门所设大鼓，即皇宫钟鼓楼。城北钟鼓楼，即今日所目睹之。当然了，城市之外也可能有钟鼓楼，如《孔氏谈苑》"村置鼓楼"条云："齐李崇为兖州刺史，州有劫盗，崇乃村置一楼，楼悬一鼓。盗发之处，槌鼓乱击，诸村如闻者挝鼓一通，次闻者复挝以为节。俄顷之间，声布百里，伏其险要，无不擒获。诸村置鼓楼，自此始也。"在这里，鼓楼的功能是发出警报并集合大家。

在寺庙方面，晚击鼓，早撞钟，所谓"暮鼓晨钟"，既报时间，又借此劝人精进修持。佛寺的标准布局，是一进山门，便见二楼相对，左（东）钟，右（西）鼓，然后才是天王殿、大雄宝殿等。1992年5月，我在丹霞山别传寺入住过两夜，记忆中每天清晨不过四点来钟吧，便为钟声惊醒。近在咫尺，睡眠质量再高的人怕也顶不住那种音量。或因其太吵，《酉阳杂俎》云平康坊菩提寺的钟鼓楼布局，因为权贵住宅而不得不改变，不是"寺之制度，钟楼在东"吗？"唯此寺缘李右座林甫宅在东，故建钟楼于西"。李林甫并不抠门，每逢生日，"常转请此寺僧，就宅设斋。有僧乙尝叹佛，施鞍一具，卖之，材直七万"。还有一僧抓住这点，"因极祝右座功德，冀获厚衬。斋毕,帝下出彩筐,香罗帕籍一物,如朽钉,长数寸。僧归,失望,惭愧数日"。其实李林甫施的是佛骨舍利,这家伙不识货罢了。平康坊住着不少人家,裴光庭、孔颖达什么的,且李林甫住的本是李靖的房子,因该宅"久无居人,开元初李林甫为奉御,居焉"。那么,将菩提寺钟楼布局的"不合规矩"归咎于后来成为负面人物的李林甫,会不会有"欲加之罪"的成分?

刘心武小说《钟鼓楼》获得过第二届茅盾文学奖,书名所指正是北京钟鼓楼。小说通过 20 世纪 80 年代初钟鼓楼下一个四合院里的薛家举办婚礼,展示了彼时北京居民日常生活和社会变革。"鼓楼在前,红墙黄瓦。钟楼在后,灰墙绿瓦。鼓楼胖,钟楼瘦",是小说对钟鼓楼的形象概括。鼓楼在前、钟楼在后表明,这一纵贯元、明、清三代的报时中心,没有遵循东钟西鼓的传统布局,而是共同处在中轴线上。钟楼通高 47.9 米,鼓楼通高 46.7 米,从前远远地就能看到、听到。乾隆皇帝《御制重建钟楼碑记》描述了钟楼报时的情形:"当午夜严更,九衢启曙,景钟发声,与宫壶之刻漏,周庐之铃柝,疾徐相应。清宵气肃,轻飙远扬,都城内外,十有余里,莫不耸听。"看介绍,钟楼二层有个永乐大钟,通高 7 米,重达 63 吨,堪称"古钟之王"。我在之前到得钟鼓楼近前也有若干次,只是每因时间关系而没有登楼,留下不小的遗憾。

专业人士指出,北京城中轴线自南而北可分三大段,如果将建筑比作凝固的音乐,第一段自永定门到正阳门最长,节奏也最和缓,好比序曲;第二段自正阳门至景山,贯穿宫前广场和整个宫城,虽短但处理最为浓郁,是全曲高潮;第三段自景山至钟、鼓楼最短,是高潮后的收束,相距很近的钟、鼓二楼就是全曲结尾的几个有力的和弦了。这个比喻十分贴切、生动。

2023 年 9 月 12 日

鳄鱼

9月9日起,茂名市茂南区北界罗村连续遭受暴雨袭击,迅猛上涨的洪水导致一个鳄鱼养殖场堤围崩塌,共有71条鳄鱼借机出逃。

《清稗类钞》云鳄鱼,"爬虫中之体大而猛恶者,长者至丈余,背有鳞甲,甚坚硬,四肢短,后肢有蹼,口大,齿为圆锥状,有齿槽,尾长。性凶暴贪食。居热带地方之河口或沼泽间"。因其生性十分凶猛,茂名在鳄鱼出逃后,旋即于该养殖场方圆5公里范围内不分昼夜展开地毯式搜捕,截至本文落笔之际,尚有两条未被捉回。与此同时,他们将北界罗村及彭村湖附近的水域全部用铁丝网进行围蔽,以免村民受到鳄鱼伤害。

在前人眼中,鳄鱼非常令人恐怖。《太平广记》云:"其身土黄色,有四足,修尾,形状如鼍,而举止矫疾。口森锯齿,往往害人。南中鹿多,最惧此物。鹿走崖岸之上,群鳄噪叫其下,鹿必怖惧落崖,多为鳄鱼所得,亦物之相摄伏也。"当年,李德裕贬官潮州,"经鳄鱼滩,损坏舟船,平生宝玩,古书图画,一时沈失,遂召舶上昆仑取之",不料,他们"见鳄鱼极多,不敢辄近"。昆仑,我国古代泛称今中印半岛南部及南洋诸岛以至东非之人。《萍洲可谈》云:"广中富人,多畜鬼奴,绝有力,可负数百斤。"说他们"色黑如墨,唇红齿白,发卷而黄",其中一种"入水眼不眨,谓之昆仑奴"。昆仑奴、新罗婢,唐朝上流社会流行使用的两类仆役。裴铏传奇《昆仑奴》塑造了一位有勇有谋、武功高强的昆仑奴形象。崔生满腹心事,昆仑奴曰:"但言,当为郎君解释,远近必能成之。"如此勇猛的昆仑奴,在鳄鱼面前居然不敢靠近,鳄鱼的威慑力可窥一斑。

曹操小时候力战鳄鱼的故事,在民间流传很广。翻开《太平御览》引《幼童传》所载曹操"幼而智勇"的这个例子,说的其实是战蛟。云其十岁时,"尝浴于谯水,有蛟来逼,自水奋,蛟乃潜退"。游完泳,他照常回家,"弗之言也",好像什么也没发生一样。后来见到有人被蛇吓得跑掉,曹操笑了:"吾为蛟所击而未惧,斯畏虵(蛇)而恐耶?"大家一问才知道,"咸惊异焉"。今天普遍认为,前人所说的"蛟",许多时候正是鳄鱼。《汉书·武帝纪》载,元封"五年(前106)冬,行南巡狩……自寻阳浮江,亲射蛟江中,获之"。颜师古注"蛟"曰:"郭璞说其状云似蛇而四脚,细颈,颈有白婴,大者数围,卵生,子如一二斛瓮,能吞人也。"又,《墨客挥犀》云:"蛟之状如蛇,其首如虎,长者数丈,多居溪潭石穴下,声如牛鸣。岸行或溪行者,时遭其害……然此物似神通人,或见其首尾,能杀者亦少。"以蛟来比照鳄鱼,确有几分形似甚至神似。

所以,如曹操那般与蛟即鳄鱼打过照面而取胜的,都属于壮举。《世说新语·自新》云,"周处年少时,凶强侠气,为乡里所患。又义兴水中有蛟,山中有邅迹虎,并皆暴犯百姓",所以义兴人称之三害,周处乃害中之害。有人使出连环计,游说周处杀虎斩蛟,"实冀三横唯余其一"。周处也不含糊,"即刺杀虎,又入水击蛟,蛟或浮或没,行数十里,处与之俱。经三日三夜,乡里皆谓已死,更相庆,竟杀蛟而出"。自己为民除害遇到危险,而"闻里人相庆",周处"始知为人情所患,有自改意",后来也果然成为浪子回头的典范。

提及鳄鱼，不能不提及韩愈。为了整治潮州鳄鱼，韩愈"令判官秦济炮一豚一羊，投之湫水"，送给鳄鱼，又撰《鳄鱼文》对之讲明利害关系，于是"数日，湫水尽涸，徙于旧湫西六十里。自是潮人无鳄患"。用清人储欣的话说："羊豕以食之，礼也；导之归海，仁也；不听则强弓毒矢随其后，义也。享其礼、感其仁、畏其义，安得不服！"不过，另一位清人屈大均另有看法："昔韩愈守潮州，鳄鱼为暴，为文以祭弗能去。后刺史至，以毒法杀之，其害乃绝。"他说《周礼·秋官》云"壶涿氏掌除水虫，以炮土之鼓以驱之，以焚石投之"，通过制造各种响声，足以把包括鳄鱼在内的水中毒虫吓跑，"假使昌黎读《周礼》，得此杀怪之方，则尽鳄鱼之种类以诛，何暇与之论文哉！"

自韩愈起而潮人无鳄患，话的确说早了。《方舆胜览》引《类苑》云，宋陈尧佐谪潮州通判，"时潮人张氏子濯于江边，为鳄鱼食之。公曰：'昔韩吏部以文投恶溪，鳄为远徙。今鳄鱼食人，则不可赦矣。'乃命吏督渔者网而得之，因鸣鼓告其罪，戮之于市"。陈尧佐为此事曾自作一篇《戮鳄鱼文序》，云"乙亥岁，予于潮州建昌黎先生祠堂，作《招韩辞》，载鳄鱼事以旌之，后又图其鱼为之赞"，以"俾天下之人，知韩之道不为妄也"。然而次年夏天，"张氏子年始十六，与其母濯于江涘，倏忽鳄鱼尾去其母，号之弗能救，洎中流则食之无余。予闻而伤之……昔昌黎文公投之以文，则引而避，是则鳄鱼之有知也。若之何而逐之。姑行焉，必有主之者矣。苟不能及，予当请于帝，躬与鳄鱼决……予始慎之，终得之……既而鸣鼓召吏，告之以罪，诛其首而烹之"。

《太平广记》另云，扶南国出鳄鱼，"扶南王令人捕此鱼，置于堑中，以罪人投之。若合死，鳄鱼乃食之；无罪者，嗅而不食"。当然,这是前人的又一天真幻想。苟如是,鳄鱼摇身一变成法官了,可能吗?

2023 年 9 月 17 日

黄粱梦

邯郸市平调落子剧团演出的大型魔幻舞台剧《黄粱梦》,这些天爆红了网络。《石家庄日报》报道说,该剧以戏曲艺术平调落子为核,兼容杂技、交响乐、舞蹈等其他艺术形式于一体,尤其是穿插其中的魔术表演,常让台下观众惊喜不断。而浏览所见,火爆的原因大抵集中在那些直白的歌词,如相爷自道:做官还是大官好啊,"翻手为云覆手雨,眉毛一动山河摇"。

黄粱梦的原型故事,可溯至唐代沈既济传奇《枕中记》。邯郸道上邸舍中,落魄的卢生原本一门心思"建功树名,出将入相,列鼎而食,选声而听",却"已过壮室,犹勤田亩"。道士吕翁便给他一个瓷枕,说睡一觉,"当令子荣适如志"。果然,卢生在梦里实现了飞黄腾达的理想,"三十余年间,崇盛赫奕,一时无比"。当其入睡之时,旅店主人正在"蒸黄粱为馔",而"欠伸而寤"后,"主人蒸黄粱尚未熟"。他不大相信那些风光不曾存在:"岂其梦寐耶?"吕翁笑了:"人世之事,亦犹是矣。"

黄粱,即黄小米。《楚辞·招魂》有"稻粢穱麦,挐黄粱些",洪兴祖云:"挐,糅也。言饭则以秔稻糅穱,择新麦糅以黄粱,和而柔嬬,且香滑也。"又引《本草》云:"黄粱出蜀、汉,商、浙间亦种之,香美逾于诸粱,号为竹根黄。"李时珍《本草纲目·谷二·粱》

引寇宗奭云:"黄粱白粱,西洛农家多种,为饭尤佳,馀用不甚相宜。"开玩笑说,从《枕中记》故事来看,末句绝对了。

《枕中记》借黄粱梦辛辣地嘲讽了利禄熏心之人,自问世后,便不断为后人所演绎。著名作者就可以挑出马致远、汤显祖与蒲松龄。马致远有元曲《邯郸道醒悟黄粱梦》,汤显祖有"临川四梦"之一的《邯郸记》,蒲松龄更仿照《枕中记》写了《续黄粱》,收入其《聊斋志异》中。当然,他们都不是简单地复述故事。

在马致远那里,吕翁成了吕洞宾,他"欲上朝进取功名,来到这邯郸道",道士成了钟离权,两人在黄化店相遇。钟离权"想世人争名夺利,何苦如此",劝吕洞宾跟他出家。吕洞宾却没看得起道士生活:"俺为官的,身穿锦缎轻纱,口食香甜美味。你出家人草履麻绦,餐松啖柏,有甚么好处?"未几还径自睡去,梦中内容与卢生的大同小异。醒来后他问:"饭熟了未?"店主王婆云:"还饶一把火儿。"但吕洞宾梦中"见了酒色财气,人我是非,贪嗔痴爱,风霜雨雪",所谓"一梦中尽见枯荣",也终于"省悟"。

《邯郸记》的情节主要是:何仙姑升入仙班后,蟠桃树下的落花没人清扫,张国老命吕洞宾"于赤县神州再觅一人,来供扫花之役"。在岳阳楼一带寻访未果,吕洞宾望见北方有一缕青气,便寻到"邯郸县赵州桥西",在桥北小饭店遇到卢生。此人"一时困倦起来",店小二觉得他是饿的,"小人炊黄粱为君一饭",吕洞宾则"解囊中赠君一枕",还是磁州窑烧出的荧无瑕。

《续黄粱》将人物、地点另起炉灶:曾孝廉,福建,进士。然仿照《枕中记》体裁,如文末所说:"黄粱将熟,此梦在所必有,当以附之'邯郸'之后。"曾孝廉这一梦,让我们看到了小人得志后假公济私、睚眦必报、荒淫无耻的肮脏嘴脸。如,"念微时尝得邑绅王子良周济我,今置身青云,渠尚蹉跎仕路,何不一引手?"于是,"早旦一疏,荐为谏议,即奉谕旨,立行擢用"。如,"念郭太仆曾睚眦我,即传吕给谏及侍御陈昌等,授以意旨。越日,弹章交至,奉旨削职以去"。又如,"忽忆曩年见东家女绝美,每思购充媵御,辄以绵薄违宿愿,今日幸可适志。乃使干仆数辈,强纳资于其家"。

《枕中记》《邯郸记》中的卢生算是善终,其"末节颇奢荡",靠的是"前后赐良田、甲第、佳人、名马,不可胜数",而其他人是伸了手的。马致远笔下的吕洞宾,"统领三军,收捕吴元济",阵前收了人家"三斗珍珠,一提黄金",干脆不打了。《续黄粱》言及贪官在地狱如何受到惩罚,如"(阎)王命会计生平卖爵鬻名,枉法霸产,所得金钱几何",得知有"三百二十一万",即曰"彼既积来,还令饮去",于是,"取金钱堆阶上如丘陵,渐入铁釜,熔以烈火。鬼使数辈,更相以杓灌其口:流颐则皮肤臭裂,入喉则脏腑腾沸。生时患此物之少,是时患此物之多也"。这些演绎都不可避免地融入了时代元素,起时人于地下而问之,我们对作品的理解程度一定不可与之同日而语。当下的这出《黄粱梦》正是这样,"吃不完的珍馐,花不完的钱嘿;听不完的颂歌,收不完的礼呀;哈哈,摆不完的阔气,弄不完的权,过不完的年……"这几句唱词,不是令诸多会心的网友吁嗟不已吗?

"困来也作黄粱梦,不梦封侯梦石湖"(范成大句);"举世空惊梦一场,功名无地不黄粱"(李东阳句);"华表铭旌断送黄粱梦,君看盖世功名总是空"(褚人获句)……关于黄粱梦,历来有说不完的话题。网友呼吁让新版《黄粱梦》"上春晚",值得考虑。当年,《刘三姐》让我们见识了彩调剧,《十五贯》救活了昆曲这个戏种。借《黄粱梦》来普及一下平调落子剧,也是传承并弘扬传统的一种有效方式。

2023 年 9 月 26 日

滕王阁

　　国庆假期期间在江西南昌滕王阁旅游区,背诵《滕王阁序》免门票活动照常开展。如果游客在六分钟内背诵出王勃这一名篇,且没有出现三处及以上错误,就可以免费登临滕王阁。一名男生因为没能如愿,还实名录制了自己的"丢脸"视频。在他看来,自己当年高考语文考了127分,不应该背不下来。

　　我高考那阵,语文满分是120,不知道到他这时满分是多少。不过,他既然敢亮出来炫耀,表明分数应该是很高的。不管怎样吧,我这里也不妨实名"丢脸"一回:从来没有背出过《滕王阁序》,记得读中学时课本尚未收入该篇。当然,其中一些句子是背得出的,"落霞与孤鹜齐飞,秋水共长天一色",最有名的这句不用说了,"物华天宝,龙光射牛斗之墟;人杰地灵,徐孺下陈蕃之榻……渔舟唱晚,响穷彭蠡之滨;雁阵惊寒,声断衡阳之浦",以及"时运不齐,命途多舛。冯唐易老,李广难封"什么的,也能张嘴即来。

　　滕王阁,始建于唐朝滕王李元婴。《读史方舆纪要》云:"唐显庆四年(659)滕王元婴为洪州都督时所造也。"显庆,唐高宗年号;洪州,江西南昌。历史上有两个洪州,另一个在河南辉县,小说《杨家将演义》中有"穆桂英大战洪州",1963年还拍成了京剧电影,大致说辽将白天佐进犯,宋帅杨延昭被困,杨宗保单骑突围求援,穆桂英带着身孕挂帅出征,最终设计将白天佐斩于马下,解了洪州之围。那场仗就是在辉县打的。杨家将故事经过了演义,但地名如假包换。

李元婴是高祖李渊的第22个儿子,也是最小的儿子。这个人劣迹斑斑,前文《滕王》(载《天淡云闲》)多有道及。《旧唐书》本传中,就其"颇骄纵逸游,动作失度",高宗曾"与书诫之",说他"巡省百姓,本观风问俗,遂乃驱率老幼,借狗求置,志从禽之娱,忽黎元之重",甚至"时方农要,屡出畋游,以弹弹人,将为笑乐",又"凝寒方甚,以雪埋人,虐物既深,何以为乐?家人奴仆,侮弄官人"等等。高宗正告他:"朕以王骨肉至亲,不能致王于法,今与王下上考,以愧王心。人之有过,贵在能改,国有宪章,私恩难再。"

李元婴总共建了三个滕王阁,南昌这个之外,山东滕州、四川阆中还各有一个。滕州的最早,那是他受封的地方;阆中是他任隆州刺史的所在,建得最迟。前几年到阆中,知道那个滕王阁还在,复建的吧,没到跟前。滕州我没去过,网上看到一文,乃"2022年度滕州市文化和旅游局"对"民建滕州基层委员会委员"《关于重修历史地标滕王阁的建议》的提案答复:关于"滕王阁",指的应是江西省南昌市的"滕王阁"。目前没有充分的史料依据来证明滕州"滕王阁"的存在。这个答复可能稍嫌草率,南昌"滕王阁"因为王勃的文字最著名而已。

滕王阁屡毁屡建,唐朝至少就重建或重修了三次。王勃作序的,已是时任南昌都督阎伯屿重建的。韩愈《新修滕王阁记》所记,则是洪州刺史、江南西道观察使王仲舒重修的。在文中,韩愈主要表达了自己对滕王阁的向往,却几次想去都没去成。"少时则闻江南多登临之美,而滕王阁为第一,有瑰奇绝特之称。及得三王（王勃、王仲舒、王绪）所为序、赋、记等，壮其文辞，益欲往一观而读之"，未果。贬谪潮州，"又不得过南昌尝所愿焉"。在任上，"吾虽欲出意见，论利害，听命于幕下，而吾州乃无一事可假而行者"，找个借口都找不到，"则滕王阁又无因而至焉矣"。文字平铺直叙，与《滕王阁序》的情由景生、情景交融、用典浑然天成等，不可同日而语。

滕王阁自王勃之后就成了著名景观。孝宗乾道八年（1170），范成大赴任静江府（今广西桂林）知府，从家乡苏州出发，途经江西时"登滕王阁"。其《骖鸾录》云："其故基甚侈，今但于城上作大堂耳，榷酤又借以卖酒，'佩玉鸣鸾'之罢久矣。其下江面极阔，云涛浩然。"他登的是"故基"，看起来，滕王阁又该重建了。

与范成大生活年代大致相当的辛弃疾，曾"筵客滕王阁"，未知是否重建了的，然滕王阁似乎正有酒楼的功能。《随隐漫录》云，那一回，大家正喝得高兴呢，"诗人胡时可通谒"，门口没让他进来，他生气了，"呵詈愈甚"。辛弃疾说："既称诗人，先赋滕王阁，有佳句则预坐。"老胡当即来了句"滕王高阁临江渚"，引得大家哄笑。熟悉《滕王阁序》的人都知道，那正是序尾"四韵俱成"的第一句。但胡诗人接下来并不是"佩玉鸣鸾罢歌舞"，而是"帝子不来春已暮。莺啼红树柳摇风，犹似当年旧歌舞"。余不懂诗，觉胡诗实为对王诗诗意的改写，辛弃疾等"乃相与宴而厚赒之"，看起来是入了他们的法眼。

清朝学者王夫之对滕王阁并不看好，以为其"连甍市廛，名不称实；徒以王勃一序，脍炙今古"。倒不必较这个真，许多名胜的诞生不就是因为名人的文字或文人的名篇吗？记得早些年，湖南岳阳楼那里已有这种做法，在规定时间内背诵出范仲淹的《岳阳楼记》就可以免门票。这些做法值得推崇，无论从景区的主观动机上还是从达成的客观效果上，对光大这些千古名篇都起到了不可估量的积极作用。

2023 年 10 月 3 日

豆

午间在超市买了一盒"毛豆粒",准备炒来吃。太太坏笑地说,毛豆粒就是"青春期"的黄豆。还真是这样。

黄豆,豆的一种。作为植物,豆的种类甚多,其实皆结荚。黄豆之外,绿豆、蚕豆、豌豆、豇豆等,在百姓的餐桌上也极为常见。《植物名实图考》中还有黎豆、刀豆、龙爪豆、乌嘴豆等,具体都是什么,于我而言懵然无知。汉代以前,豆还有个文雅的称呼:菽,即豆类的总称。

《诗·豳风·七月》是一首农事诗,描写农民一年四季的劳动过程和生活情况。在吃的方面,有"六月食郁及薁,七月亨葵及菽";在收获方面,有"九月筑场圃,十月纳禾稼。黍稷重穋,禾麻菽麦"。按周振甫先生的译文,前一句是"六月吃李和葡萄,七月煮豆和葵苗",后一句是"九月修筑打谷场,十月把禾稼收藏。早熟晚熟的黍子高粱,禾麻豆麦一起藏"。

菽麦,即豆与麦。典籍中也常能见到"菽粟"这个词,即豆和小米。《孟子·尽心上》在谈到圣人该如何治理天下时,认为当"使有菽粟如水火"。因为百姓没有水和火就不能生存,所以"昏暮叩人之门户求水火,无弗与者",多的是嘛。如果天下"菽粟如水火,而民焉有不仁者乎?"要是粮食像水和火那样多,百姓哪有不仁爱的呢？

豆在从前，虽然每每与粮食相提并论——不仅从前，到了毛主席，还有"喜看稻菽千重浪，遍地英雄下夕烟"的名句——不过，在许多时候，却是作为映衬粮食的重要而存在的，并不表明菽或豆与粮食同等重要，充其量只是对粮食的补充。

《礼记·檀弓下》中，子路感慨"伤哉贫也！生无以为养，死无以为礼也"。孔子不这么看："啜菽饮水，尽其欢，斯之谓孝。敛首足形，还葬而无椁，称其财，斯之谓礼。"啜菽，孔颖达疏曰"以菽为粥而常啜之"。孙希旦补充："食有黍稷之属，今但啜菽而已，食之贫也。"就是说菽跟黍稷，那是差了不少档次的东西。

《战国策·韩策一》载，张仪为韩国与秦国联合攻击楚国即连横而游说韩王，首先直指的便是韩国粮食短板："韩地险恶，山居，五谷所生，非麦而豆；民之所食，大抵豆饭、藿羹。"你们百姓吃的是豆做的饭、豆叶做的羹，且"一岁不收，民不餍糟糠"，连糟糠也吃不饱。反观我们，如何如何，所以"先事秦则安矣，不事秦则危矣"。在《荀子·荣辱》那里，还有个形象比喻：人不学，则其心正其口腹之欲，假如一个人从没看过"刍（牛羊）豢（犬豕）稻粱"，眼里只有那些"菽藿糟糠"，一俟"粲然有秉刍豢稻粱而至者"，他会感到惊讶："此何怪也？"

当然，特殊情况另当别论。《后汉书·冯异传》载，刘秀打江山时去平定王郎，"自蓟东南驰，晨夜草舍，至饶阳无蒌亭。时天寒烈，众皆饥疲，异上豆粥"。第二天早晨，刘秀谓诸将曰："昨得公孙豆粥，饥寒俱解。"豆粥，用豆熬成的粥。有趣的是，豆羹却未必是用豆制成的羹，而很可能是一豆之羹，就是不多、很少的意思。豆，也指食器。《孟子·尽心下》有"好名之人能让千乘之国，苟非其人，箪食豆羹见于色"句，是说好名的人，可以把有千辆兵车国家的君位让给别人，若不是那受让的对象，就是要他让一筐饭、一碗汤，不高兴的神色都会在脸上表现出来。

豆类作物与粮食作物外表相差较大，极易识别，分不清的就是笨蛋。《左传·成公十八年》载，"晋栾书、中行偃使程滑弑厉公"，然后"逆周子于京师而立之"。周子才14岁，他还有个哥哥呢，然"周子有兄而无慧，不能辨菽麦，故不可立"。又，《三国志·蜀书·彭羕传》载，彭羕对马超说了诸葛亮"老革荒悖"的话，以为"卿（马超）为其外，我为其内，天下不足定也"，结果被马超告发。彭羕在狱中上书诸葛亮辩白："先民有言，左手据天下之图，右手刎咽喉，愚夫不为也。况仆颇别菽麦者哉！"我有跟人家说要谋反那么傻瓜吗？不过，我说你老了那句话肯定错了，"此仆之下愚薄虑所致，主公实未老也"。

三国时曹植的《七步诗》众所周知，涉及的关键词就是豆。《世说新语》云：曹丕令弟弟曹植"七步中作诗，不成者行大法"。曹植张口即来："煮豆持作羹，漉菽以为汁。萁在釜下然，豆在釜中泣。本自同根生，相煎何太急？"曹丕听出了弦外之音，"深有惭色"。《七步诗》还有20字版，即"煮豆燃豆萁"再接后三句。清人陈祚明认为，此乃"窘急中至性语，自然流出。繁简二本并佳"，繁的，"觉淋漓似乐府"；简的，"简切似古诗"。也有人觉得没什么，如清人黄子云虽然相当推崇曹植，《七步诗》在窘迫中构此，也不错，"大雅则未必也"，认为"末俗无知，喜其易于入耳，往往家传而户诵。学者慎勿堕入彀中，堕则沦为解缙、唐寅矣"。为什么捎带着挖苦一下那两位鼎鼎大名的人物，不甚明白。还有的，如宝香山人，也是清朝人，不相信该诗的真实性："《世说新语》亦《齐谐》之余，小说之祖，因此诗同根相煎，似对其兄语，以七步附会之耳。'煮豆燃豆萁'，亦非子建口气。"

不管怎么说,《七步诗》之后,"豆萁才"便喻才思敏捷,"豆萁相煎"或"豆萁燃豆"便喻兄弟相残。豆而有知,怕是始料不及的吧。

2023 年 10 月 7 日

晒太阳·负暄

昨天例行年度体检。鉴于若干指标好于我这个年龄段，有医生便不免多聊几句，询问锻炼方式之类。有一位甚至从电脑中调出我去年的体检指标进行比对，指着一个数字问："喜欢晒太阳吗?"是的，我很喜欢晒太阳。上班那时，每天中午去饭堂吃饭前便换好走路的衣服。吃完，除了大雨，无论何种天气都径直走出大门，走上一个小时。晒一晒，尤其阳光很足的时候，觉得能晒走一上午的疲劳。

晒太阳，从前有个很雅的名称:负暄。那是曝背取暖，所以一般冬天才晒。当然了，例外总是有的。七夕，传统民俗是晒经书和衣裳。《世说新语·排调》云，郝隆在这天"日中仰卧"，晒肚皮。人家问他这是干啥，他说"我晒书"，他觉得自己满腹诗书。东汉边韶说自己"腹便便，五经笥"，装的都是学问，郝隆可能袭其语意。

负暄，典出《列子·杨朱篇》。云"昔者宋国有田夫"——又拿宋人开涮，"常衣缊黂，仅以过冬"。缊黂，乱麻絮做成的衣服。"暨春东作，自曝于日"。这一晒，舒服极了，"不知天下之有广厦隩室，绵纩狐貉"。他跟老婆说:"负日之暄，人莫知者;以献吾君，将有重赏。"但有个富邻居告诉他，从前有人"美戎菽，甘枲茎芹萍子者,对乡豪称之",不料乡豪尝了,却"蜇于口,惨于腹,众哂而怨之,其人大惭。子,此类也"。就是说,你觉得很好的东西,人家不一定这么觉得。这用今天的说法,叫"贫穷限制了想象力"。但"献曝"一词也就此诞生,表示所献菲薄、浅陋但出于至诚的谦辞。如苏轼《教坊致语》所云:"而献芹负日,各尽野人之寸心。"自身的动机无可厚非。

稽康《与山巨源绝交书》引用了该典:"野人有快炙背而美芹子者,欲献之至尊,虽有区区之意,亦已疏矣。愿足下勿似之。"山涛任吏部尚书郎时,想请嵇康出来替代自己的职务,而在嵇康看来,山涛此举正属于野人献曝,算得上愚蠢,咱们两个对官位的认识南辕北辙。当然,嵇康言辞尖刻,激愤之情溢于言表,未尝没有针对司马氏政治的成分。

单纯的晒太阳,好处多多。如周密《齐东野语》云:"袁安卧负暄,令儿搔背,曰:'甚快人意。'"又云"晁端仁尝得冷疾,无药可治,惟日中炙背乃愈"。但史上文人墨客尤其是经历宦海的那些,他们笔下的晒太阳,更多是将此视作消泯忧愁、抚慰心灵的理想生活方式。陶渊明《咏贫士》七首之二,"凄厉岁云暮,拥褐曝前轩。南圃无遗秀,枯条盈北园"云云,意谓虽然荒凉如此,但"闲居非陈厄",不像孔子那样是被困住了,而是自己的选择。那么,同样是负暄,其背后的情感形态因作者的际遇不同而意味不同。

白居易有首《约心》:"黑鬓丝雪侵,青袍尘土涴。兀兀复腾腾,江城一上佐。朝就高斋上,熏然负暄卧。晚下小池前,澹然临水坐。已约终身心,长如今日过。"那是元和十一年(816)他在江州写的,头一年,他因上书言事被贬谪江州司马,心灰意冷,反正白头发都这么多了,每天晒晒太阳就算了。由江州司马迁忠州刺史后,元和十四年(819),他又写了首《负冬日》:"杲杲冬日出,照我屋南隅。负暄闭目坐，和气生肌肤。初似饮醇醪，又如蛰者苏。外融百骸畅，中适一念无。旷然忘所在，心与虚空俱。"啥也不想做，每天晒太阳最好，心态仍然没有缓过来。

司马光《上元书怀》也是这样："老去春无味，年年觉病添。酒因脾积断，灯为知病嫌。势位非其好，纷华久已厌。唯余读书乐，暖日坐前檐。"邵雍还和了一首："养道自安恬，霜毛一任添。且无官责咎，幸免世猜嫌。蓬户能安分，藜羹固不厌。一般偏好处，曝背向前檐。"将茅檐负暄抽象为与庙堂酬酢相对的观念定位，意味着这是两种截然不同的道路选择，而他视前者为向往所在。

有人研究，负暄作为一种题材，经由历代诗人开掘进入诗歌，至宋大为盛行。不少人的斋堂号，已露出端倪。如唐既有"炙背庵"、邹浩有"炙背轩"、李昭玘有"负日轩"、周紫芝有"负暄亭"、楼钥有"白醉阁"等。《齐东野语》中，周密介绍了自己的"献日轩"："幕以白油绢，通明虚白，盎然终日，四体融畅。"又云王直方"尝名日窗为'大裘轩'"，谢无逸还不无幽默地赋诗一首，"小人拙生事，三冬卧无帐，忍寒东窗底，坐待朝曦上。徐徐晨光熙，稍稍血气畅，薰然四体和，恍若醉春酿。此法秘勿传，不易车百辆"云云。民间则把阳光径直呼为"黄绵袄子"，表现出一种质朴的青睐。《鹤林玉露》云："壬寅正月，雨雪连旬，忽尔开霁，闾里翁媪相呼贺曰：'黄绵袄子出矣！'"

当代张中行先生有著作《负暄琐话》《负暄续话》和《负暄三话》，记其大半生中可传之人、可感之事和可念之情。在《负暄续话》"后记"中，他说"有不少人不知道'负暄'是什么意思，问我"，然后就拈出《列子·杨朱篇》进行解释。其实，在前一册《负暄琐话》的"小引"中，先生说得已经很明白了："左思右想，似乎可做的只有早春晚秋，坐在向阳的篱下，同也坐在篱下的老朽们，或年不老而愿意听听旧事的人们,谈谈记忆中的一些影子。"那些发问的人,根本没有看书。

2023 年 10 月 12 日

珠江

说起来，自己跟珠江颇有些缘分。

如自己的名字，父母当初所取是比较随意的，没什么讲究，然珠江正为西江、北江、东江的总称。又如我还在黑龙江省富拉尔基第一重型机器厂当工人时，喜欢看《人民画报》一连连载数期的大型专题，其中还手抄了两个，一个是《丝绸之路》，一个就是《珠江》。现在都保存着。再如1985年负笈中山大学，学校北门正靠珠江岸边。毕业后安家在校园，住房离珠江也就百米左右，仅隔着下渡村的菜田，虽然只是二楼，也能望到江面。彼时江面上运载沙石的船只穿梭不停，柴油机的"嘟嘟嘟"声，夜里听起来有些扰人清梦。

珠江是我国第三长河流，长度仅次于长江与黄河。读史乃知，史上的珠江所指极狭，只限于广州市区到入海口这一段河道。

清朝道光十九年（1839）二月二十七日，钦差大臣林则徐乘船自省城广州"赴虎门验收夷船鸦片"，途经二沙尾、猎德、黄埔、鱼珠……在广州生活过的人，会很熟悉这些名字。日暮之后，"仍漏夜行"，然后到"墩头，其北岸有南海庙，俗谓之波罗庙"。饶是"荡桨人多，舟行颇速"，也还是第二天才能抵达虎门。此《林则徐日记》所载。顺便说一句，此中"墩头"怕为文忠公笔误。南海神庙所在为庙头村,我读研究生时某年波罗诞,几个同学在那里勤工俭学了3天,不闻村有别名。

参照顾祖禹《读史方舆纪要》便知,林则徐走的这段水面才叫珠江。珠江出广州后分为两股,一股"东过沥滘堡,北去城十余里,亦谓之东冲(涌)",一股"经西朗,凡十余里,谓之蚬江,俗呼白蚬壳江,汇于府东南八十里南海庙前"。屈大均《广东新语》"白鹅潭"条亦云:"珠江上流二里,有白鹅潭,水大而深。每大风雨,有白鹅浮出,则舟楫坏。"白鹅潭,即今之沙面一带,著名的白天鹅宾馆矗立在那里,宾馆因白鹅潭而得名吧。

有人考证,"珠江"之名始于明朝嘉靖年间的黄佐,其有《雨后珠江登望》诗,且首句云"珠江烟水碧濛濛"。而为什么叫珠江,《读史方舆纪要》也说了:"江中有海珠石,是曰珠江,一名沉珠浦。相传昔贾胡挟珠经此,珠忽跃入江中,今有石屹峙江心。南汉创慈渡寺于其上,亦名海珠寺。"海珠石之大,《广东新语》说"广袤数十丈,东西二江水环之,虽巨浸稽天不能没"。那是个官民同乐的所在。石上"古榕十余株,四边蟠结,游人往往息舟其阴。端阳、七夕作水嬉,多有龙郎蛋女,鲙鱼酤酒,零贩荔支、蒲桃、芙蕖、素馨之属,随潮来往"。《粤剑编》云,海珠寺亦"宦游者以为饯别之所"。殊为可惜的是,1931年,因为城市建设,海珠石于爆炸声中烟消云散。

在今天的地图上,珠江的标注仍然遵循传统,广东境内仍主要叫西江,广州以下才叫珠江。再拿《读史方舆纪要》说话,西江在"府西北五十里。其上流为浔、郁二江,合贺江而东过肇庆府入府界"。浔江(郁江汇入)以及浔江的上游黔江、红水河,已是广西;再上,进贵州、云南,又叫南盘江、北盘江了。长江、黄河则不然,从源头流出未几便径呼本名,并不是不同的地段有不同叫法。

广义的珠江，历史上承载了诸多著名事件。如秦始皇将岭南纳入中原版图。公元前214年，任嚣、赵佗"将楼船之士"，过灵渠，沿西江而下"南攻百越"。又如汉武帝平定南越吕嘉叛乱。时五路大军"咸会番禺"，其中一路"使驰义侯因巴蜀罪人，发夜郎兵，下牂牁江"。牂牁江即北盘江、红水河。

狭义的珠江，在屈大均笔下充满了生活情趣。《广东新语》"河南"条云，广州海珠区有"河南"的叫法，"人以为在珠江之南，故曰河南，非也"，而得于汉章帝时的杨孚，杨孚"举贤良，对策上第，拜议郎。其家在珠江南，常移雒阳松柏种宅前，隆冬蜚雪盈树，人皆异之，因目其所居曰河南"。杨孚故宅的水井，至今见存于中山大学隔壁的下渡路。杨孚是岭南第一位著书立说的学者，其《异物志》也是我国第一部地区性的物产专著，对岭南风物进行了系统整理，不啻为岭南文化研究的开拓者。

又，"素馨"条，则足以让我们领略了广州何以别名花城。云珠江南岸庄头村，"周里许，悉种素馨"，广州人买起素馨来手笔很大，"富者以斗斛，贫者以升"。素馨用途多多，"怀之辟暑，吸之清肺气"，且可"以花蒸油取液，为面脂头泽"，此能"长发润肌"。又可"取蓓蕾，杂佳茗贮之，或带露置于瓶中，经一宿，以其水点茗，或作格悬系瓮口，离酒一指许，以纸封之。旬日而酒香彻，其为龙涎香饼香串者，治以素馨，则韵味愈远"。七夕时，广州人"多为素馨花艇，游泛海珠及西濠、香浦。秋冬作火清醮，则千门万户皆挂素馨灯……或当宴会酒酣耳热之际，侍人出素馨球以献客"，至于"无分男女，有云髻之美者，必有素馨之围"。老辈人说，广州市花现在是木棉，以前是素馨。

在西江上航行，我有过多次经历。读本科时，全班到广西富川县实习、到珠海斗门县实习，都是自大沙头码头登船，前者到白鹅潭一拐,溯西江而上,后者顺流而下,走的正是林则徐那条路。1989 年 9 月我在封开县"劳动锻炼",封开为梧州前一站,一年内来来往往走得更多。珠江之缘,如此这般。

2023 年 10 月 20 日

后 记

　　落笔本篇后记之际,告别职业生涯刚好5个月整。从1997年11月起笔撰写第一篇,到2023年10月写就最后一篇,意味着这十集"报人读史札记"用时整整26年,也基本上贯穿了自己在南方报业传媒集团的职业生涯。1997年2月,我从广东省政协机关调入报社。读本科前,在富拉尔基第一重型机器厂当了5年工人,南方日报既是我的第3个工作单位,也是最后一个。

　　计划中,这将是"报人读史札记"系列的最后一集。对"殊未已"的解读,彭玉平教授赐序中言及宋之问句,坦白说我还真不知道,更不知道对应的是"复归来",当时用的是王安石《游北山》句:赏心殊未已,山日下西荣。对荆公诗意未免生吞活剥,而用意却正如彭教授所云:本心殊未已,文心将"已"。前人留下的浩瀚作品中,还有太多的思想、知识与趣味,可以通过当下的新闻事件、身边的"芝麻绿豆"来展陈、来揭示、来与大家分享,进而领略历史蕴含的无穷趣味,但是,随着年龄的渐增,精力、专注度与昨天不可同日而语。以《珠江》收尾,属于刻意为之。我自幼生活在京郊潮白河边,因而时事评论文字几乎皆以"潮白"为笔名发表;负笈岭南后定居在珠江畔,"弹指一挥"也有38年,同样是"情到深处"。

　　为什么要写"报人读史札记"系列?《意外或偶然》后记中已有交待。有朋友曾随口询问这些材料都是从哪里找来的,我则亦玩笑亦认真地套用了毛主席的话：不是从天上掉下来的，也不是头脑里固有的，只能是从读书中来，从读书的同时观察、思索中来。舍此没有捷径可走。至于整个系列究竟援引了多少种典籍，没有统计过。具体来说，主要出自《左传》、《战国策》、二十四史、《清史稿》、《资治通鉴》、《续资治通鉴》、《续资治通鉴长编》、历代史料笔记丛刊、历代笔记小说大观、中国古代都城资料选刊、《元曲选》、《元曲选外编》、《全元戏曲》、《清稗类钞》、明清小品丛刊等，这些"大部头"均曾通读一过，以为属于基础性的阅读。通读的同时"留痕"，也就是作些自己看得懂的笔记，把潜在的、可能用得上的材料"一言以蔽之"，然后标注页码，用到时迅即查到原书。通读这些之外，还部分浏览了《太平广记》、古体小说丛刊、中国古典文学基本丛书、古典文学研究资料选编、中国古代地理总志选刊、学术笔记丛刊、中国史学基本典籍丛刊、新编诸子集成、十三经清人注疏等。而从前作为闲书阅读过的《西游记》、《水浒传》、《聊斋志异》、《封神演义》、三言二拍、《孽海花》、《官场现形记》、《二十年目睹之怪现状》等明清小说，亦均在取材范围之内。

行文中，即便对正野史材料采用的态度，基本上也是"拿来"，不做考据，除非一目了然靠不住的那些。为了表明取自原著，也为了体现前人文字的神韵，领略文字之美，所有篇章都大量使用了双引号。此举的另一层含义，前人也说过了："意到即可用，不必皆自己出。"

我在南方报业从事的是评论与理论。从业期间撰写了不计其数的署名评论，编辑了总共8册"潮白新闻时评精选"。粗略算一下，没纳入的，即使不署名而代报社发声的社论和本报评论员文章，也不会低于两千篇。这是职业。职业与事业，有时可以画上等号，但不会完全重合。"报人读史札记"系列可谓职业与事业的有机结合，圆了自己的另一个梦想。前一个梦想是在工厂时的高考梦。自己没有读过高中，20世纪80年代的高考又被形容为"千军万马过独木桥"，但一旦明确便义无反顾，披挂上阵三次，终于梦圆。另一个梦想就是历史梦。那是少年时便产生的兴趣，当年高考胜出的五个志愿中，四个填了"历史"专业，还是没能如愿。重新工作尤其是到报社工作后，遂有另辟蹊径的冲动，试图游走于历史与新闻之间。所谓"报人读史"，即是由新闻起兴，今古齐观，为新闻注入历史内涵。已经形成的这10册作品成效如何，自然要由读者来评判，但于个人而言意义非凡。

感谢彭玉平教授赐序！彭教授著作等身，赐赠而被我崇敬地摆上书架的，也有煌煌两大册《王国维词学与学缘研究》以及《诗文评的体性》、《〈人间词话〉讲演录》等。捧读之，尽管不能真正领会其精要，然受益良多是无疑的。如今，又为"报人读史札记"系列画上了美妙的终止符。感谢母校出版社王天琪社长！有了天琪社长始终如一的大力支持，拙作从内容到形式才能统一成为完整系列。

最后要感谢太太骆腾。前面所列典籍，如彭教授所言："自是必备之长物。"唯此，不仅阅读、使用时能够得心应手，而且还能大胆地用红蓝铅笔在书上画杠杠、标符号。但购置之，是一笔相当庞大的开销。在家庭初建，经济并不宽裕之时，太太对此也毫无二话，该买的旋即搬回。又，有时苦于没有合适的题材，搜肠刮肚之际，太太则常常贡献智慧。

退出工作岗位后，人生开启了新阶段。然而，"学不可以已"。彭教授说的"悠闲地作文"，尤其是作读史札记系列文字，也许不再，但"自在地读书，安静地遐想"不会终止。我知道，即便只是作为修养的一种,读书、读史书,也是有着无穷乐趣的,也是没有尽头的。

2023 年岁末于羊城不求静斋